Sassan Niasseri

Shoot 'em in the Head

Eine Film- und Seriengeschichte der Zombies

Für meinen Vater Behrus Niasseri

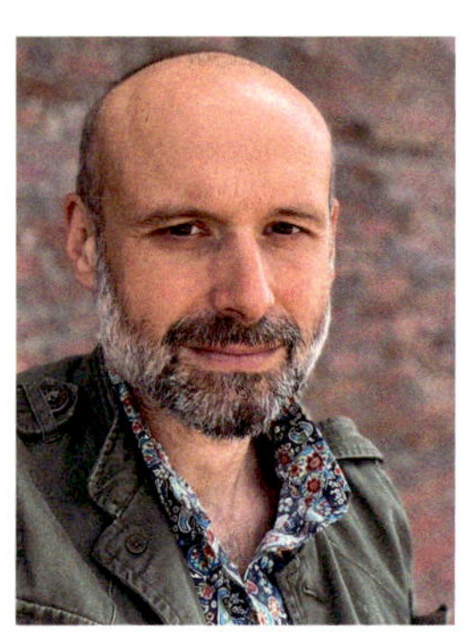

Der Autor

Sassan Niasseri wuchs an der friesischen Nordseeküste auf und studierte Diplom-Psychologie an der Freien Universität Berlin. Er volontierte beim Stadtmagazin *Tip*, wo er danach als Literatur-Redakteur arbeitete. Er ist Gesamt-Redaktionsleiter der Webseiten von *Rolling Stone* und *Musikexpress*. Im Schüren Verlag erschien 2021 sein Buch *A Lifetime full of Fantasy. Das Phantastische Kino – Aufstieg, Fall und Comeback*.

Informationen zum vorliegenden Buch, darunter ausführliche Interviews, finden Sie unter the-zombie.de oder per Scan dieses QR-Codes:

Sassan Niasseri

Shoot 'em in the Head

Eine Film- und Seriengeschichte der Zombies

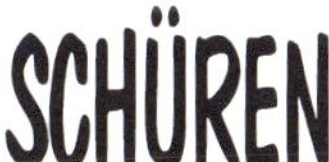

Die Deutsche Bibliothek – CIP-Einheitsaufnahme
Die Deutsche Bibliothek verzeichnet diese Publikation in der deutschen Nationalbibliografie; detaillierte bibliografische Daten sind im Internet unter http://dnd.ddb.de abrufbar.

Abbildungsnachweis
AMC Networks/ Entertainment One (62, 64, 66), The Asylum / Dynamic Television (63), Capcom (34), Columbia Pictures (28–32), Continental Distributing (1–8), Disney Platform Distribution (67), Epic Records / Sony Music Entertainment (23), Fox Searchlight Pictures (35–39), Magnet Releasing (51), Netflix (58–61), Next Entertainment World (57), Orion Pictures (24–27), Oro Films (33), Paramount Pictures (52), Sony Pictures Releasing (53–56), Summit Entertainment (65), Third Rail Releasing (47–50), United Film Distribution Company (9–21), Universal Pictures (40–46), Variety Distribution (22)
Sollten trotz aller Bemühungen, die aktuellen Copyright-Inhaber herauszufinden, andere Personen und Formen zu diesem Kreis gehören, werden sie gebeten, sich beim Verlag zu melden, damit sie in künftigen Auflagen des Buches berücksichtigt werden können.

Schüren Verlag GmbH
Universitätsstr. 55 | D-35037 Marburg
www.schueren-verlag.de

Umschlaggestaltung: Martin Baaske, Berlin
Gestaltung: Erik Schüßler
Druck: Drukarnia Tolek, Mikołów
Printed in Poland
ISBN 978-3-7410-0432-2 (Print)
ISBN 978-3-7410-0049-2 (eBook)

Inhalt

Das Monster:
«Ich muss doch schnell laufen, wenn *sie* schnell läuft.
Wie soll ich sie denn sonst erwischen?»

Der Regisseur:
«Du sollst sie *später* erwischen.»

DIARY OF THE DEAD

Einleitung
Er wird immer für Sie da sein und auf Sie warten

Ein früher, sommerlicher Abend. Eine junge Frau namens Barbra fährt mit Ihrem älteren Bruder Johnny zum Friedhof. Sie besuchen das Grab ihres Vaters. Sie scheinen allein zu sein, der Bruder fühlt sich unbeobachtet. Er nutzt die Gelegenheit, spielt kleiner Junge und fängt an, sie zu piesacken. Er verstellt seine Stimme und tut so, als wäre er ein Geist, der seine Schwester auf diesem Gottesacker in die Unterwelt ziehen will: «Sie kommen, um dich zu holen, Barbra!» Barbra ist genervt. Sie will einfach einen Kranz ablegen.

In Wirklichkeit sind sie nicht allein. In weiter Entfernung, kaum zu erkennen, schlurft ein Witwer die Gräberreihen entlang, mit hochgezogenen Schultern unter einem fleckigen Anzug. Sie bemerken ihn, er macht beim Gehen leise Geräusche.

Sie wenden ihre Blicke ab. Traurige Gestalten sind die häufigsten Besucher eines Friedhofs, und in die Trauer Fremder mischt man sich nicht ein. Zunächst wirkt der Witwer verloren, aber er findet seine Richtung. Er scheint zur Straße zu wanken. Dabei wird er an den zwei zankenden Geschwistern vorbeikommen.

Er bemerkt sie. Er geht auf sie zu.

Wir sehen ihn nun deutlicher. Er ist Mitte 30 vielleicht, hager, groß, hat blondes, akkurat gescheiteltes Haar, aber auch eingefallene Augen in einem ausgezehrten Gesicht. Er zieht seine Mundwinkel nach unten, was ihn aussehen lässt wie ein beleidigtes Kind. Ob er gefährlich wirkt? Eigentlich nicht. Aber warum sollte er das auch?

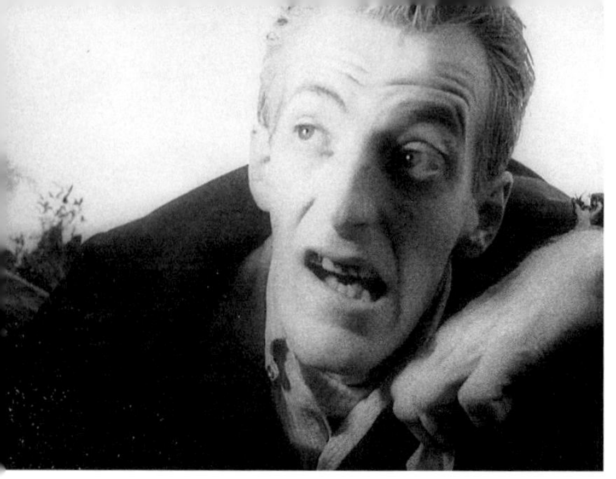

1 Bill Hinzman verkörpert «Zombie #1». Johnny kam seiner Schwester Barbra zu Hilfe, er rangelte mit dem Untoten. «Zombie #1» stürzt zu Boden. Aber er hat sein Opfer im Blick. (DIE NACHT DER LEBENDEN TOTEN, USA 1968)

Entfernen wir uns kurz von dieser Szene. Vielleicht ahnen Sie bereits, wer dieser orientierungslose Eumel ist. Er ist eine Filmfigur, er stammt aus George A. Romeros DIE NACHT DER LEBENDEN TOTEN. Gestalten wie den freudlosen Schleicher werden wir danach oft im Kino sehen, sehr, sehr oft. Häufiger sogar als jede andere ... Monster, denn das ist er, ein Monster. Man nennt ihn Zombie.

Wie muss dieser verwahrloste Mann, der in DIE NACHT DER LEBENDEN TOTEN den – heute prophetisch anmutenden – Rollennamen «Zombie #1» erhielt, auf Kinogänger des Jahres 1968 gewirkt haben? Er ist ungepflegt, sieht ansonsten aus wie ein normaler Mensch. Er bewegt sich nicht nur in der Zeit nach Mitternacht, sondern auch im Tageslicht. Und doch fällt er sein Opfer unvermutet an. Nicht, um es auszurauben, sondern um es zu beißen. Er will es sogar essen. Das droht auch der Frau auf dem Friedhof, Barbra, und ihrem Bruder, dem witzelnden Johnny. «Zombie #1» setzt nicht zum Sprung an wie ein Raubtier, er stürzt sich, plump wie ein Betrunkener, auf Barbra. Als suche er Halt (Abb. 1).

Der Schlurfer ist «untot», und das ist nicht dasselbe wie «tot». Tote stehen nach ihrem Tod nicht wieder auf. Untote begeben sich auf eine Suche, die kein Ende hat, aber ein immerwährendes Ziel: Nahrung finden, bevorzugt lebendige.

George A. Romero gilt als «König der Zombies», und auch wenn «Zombie #1» nicht der erste Leinwand-Zombie war, so ist er doch derjenige, der zum Rollenmodell für fast alle folgenden wurde: eine dahintrottende, dümmlich erscheinende Gestalt, die wir zunächst nicht als finster wahrnehmen würden.

Was macht ein Monstrum aus? Vor Romero war die Frage einfach zu beantworten. Monster sind widernatürlich, mit unserer Wissenschaft nicht zu erklären. Sie besitzen eine Mythologie, haben ihre Wurzeln also im Jenseitigen, wie die beiden Ungetüme, die vor dem Romero-Zombie das Kino und Fernsehen beherrschten: Vampire und Werwölfe. Der Vampir, ein «Herr der Finsternis», steht in direktem Kontakt mit Dämonen, vielleicht sogar Satan, und das «Wertier» namens Werwolf fand schon in der griechischen Antike bei Ovid Erwähnung; König Lykaon wurde in das Biest verwandelt, von Gottvater Zeus. Vampir und Werwolf entstehen also durch – bestrafende – Maßnahmen, die in der Überwelt beschlossen und von dort oder auf Erden von teuflischen Stellvertretern ausgeübt werden. Der Vampir ist ein dem Volksglauben entstammendes Monster, seine Lebensbedingungen, seine Stärken und Schwächen sind unzureichend definiert. Sie wurden über Jahrhunderte in Erzählungen variiert, wie unser Glauben an die Gotteslehre selbst. Der Blutsauger meidet das Sonnenlicht, es kann ihn töten – manchmal aber auch nicht. Einen Pflock in sein Herz zu rammen, ist immer richtig – manchmal aber reicht schon ein Dolch. Vor einem Kreuz schreckt er zurück – doch nicht immer muss es ein christliches Kreuz sein, das gegen ihn eingesetzt wird. Und ebenso effektiv zur Abwehr Draculas ist der Einsatz von Lebensmitteln, die nicht in seiner Anwesenheit verzehrt, sondern ihm lediglich präsentiert werden müssen, wie Knoblauch.

Der Vampir ist so untot wie der Zombie. Aber die Möglichkeiten der Weiterverbreitung seines Virus beziehungsweise seine Fortpflanzung sind gebunden an eine Abmachung mit Satan, die viele Menschen, also Leser oder Kinogänger, nicht mehr erfassen können. Je nach Geschichte hat der Vampirbiss eine der vier Folgewirkungen: Das Opfer stirbt; das Opfer stirbt nur, wenn es komplett ausgesaugt wird; das Opfer wird selbst zum Vampir; das Opfer wird nur dann zum Vampir, wenn es im Gegenzug auch Draculas Blut getrunken, also höchste Weihen erhalten hat.

Zwar wird auch die Geburt des Untoten manchmal im Jenseits verortet, die Monstrosität aus religiöser Sicht beschrieben. Der legendäre Satz aus George A. Romeros ZOMBIE (1978) lautet: «Wenn in der Hölle kein Platz mehr ist, kommen die Toten auf die Erde zurück.» In Wirklichkeit aber drückt der Ausspruch etwas anderes aus: die Unbegreiflichkeit gegenüber dem, was plötzlich auf der Erde geschieht und die Flucht der Menschen in die Frömmigkeit, weil sie sich vor einem biblischen Inferno fürchten, einem Ereignis, das nicht rational erklärt werden könnte.

Dabei hat auch der Zombie-Mythos seinen Ursprung im Glauben. Untote haben ihren Platz in den afrikanischen Yoruba-Religionen. Dazu der haitische Voodoo-Priester, der Scheintote zu willenlosen Sklaven macht; es ist ein Geistlicher, der die Zeremonie durchführen muss. Aber das seit Romero populär gewordene Exemplar von Zombie ist – das trifft auf nahezu alle sich ihm anschließenden Film- und Serien-Exemplare zu – weder Teufelswerk noch Gotteswerk. In DIE NACHT DER LEBENDEN TOTEN brachte womöglich eine Venus-Raumsonde eine mit Partikeln verseuchte Probe mit, die Tote in Untote verwandelt, so wie «Zombie #1». Das Unheil ist also vielleicht nicht terrestrischen Ursprungs, aber auch kein Ergebnis übernatürlicher Einwirkung. Es waren Menschen, die mit ihren Geräten zu weit ins All hinauswollten und nun mit den Folgen ihrer Expedition leben müssen.

Dem menschengemachten Untoten geht demnach menschengemachtes Scheitern voran. Wir selbst tragen die Verantwortung. Bei Romero ist es die Weltraum-Erforschung, bei anderen Regisseuren sind es Umweltkatastrophen oder misslungene (Labor-)Experimente.

Damit verstehen wir immer noch nicht, warum ein Verstorbener wiederauferstehen kann. Aber wir erfahren, wie das passierte. Das Zwiegespräch Draculas mit dem Beelzebub dagegen übersteigt unser Vorstellungs- und überfordert unser Einfühlungsvermögen. Dracula dient einer Macht, die wir niemals erforschen könnten, weil wir nicht im Jenseits unterwegs sind.

Der Vampir existierte schon immer, es gibt ihn seit es Gut und Böse gibt. Der Untote aber existiert aus anderen Gründen. Er existiert, weil ein Mensch Hypnose aufgesetzt oder ein Mensch im weißen Kittel beim Hantieren mit dem Erlenmeyerkolben Unfug gemacht oder ein Mensch seine Sonde zum falschen Planeten geschickt hat. Der Zombie ist damit ein Verwandter von Dr. Frankensteins unglückseligem Monster.

Und deshalb gehen uns Zombiefilme nahe. Wir treffen immer wieder Entscheidungen mit ungewissen Ausgängen, sind also Quasi-Forscher, überschätzen uns oft und begehen Fehler, die Konsequenzen haben. Es ist der Schlendrian, gegen den der Zombie gewinnt. Es ist der Perfektionist, gegen den der Zombie verliert. Und wer wäre nicht gerne Perfektionist? Fehler verzeihen wir anderen leichter als uns selbst.

Die Quotenrekorde von Serien wie The Walking Dead (2010–2022), All of Us Are Dead (2021) oder Kassenerfolge wie World War Z (2013) fußen auf der künstlerischen Verarbeitung menschengemachter Katastrophen: Nine Eleven, Rinderwahnsinn, Gen-Experimente an Nahrung und Tieren. Falls Corona aus einem Labor entwichen und dann die Pandemie ausgelöst haben sollte, könnte das passiert sein wie in I am Legend (2007).

Nun ist der Zombie auch deswegen das Go-to-Monster der Apokalypse, weil er beherrschbar ist, zumindest dann, wenn er nicht in einer Horde auftritt. Er ist langsam, er lässt sich ablenken. Sein Sieg über die Menschheit bedingt allein unsere Unfähigkeit, in Krisen untereinander ein Auskommen zu arrangieren, eine Allianz zu schmieden. Missgeschicke, die zum Untergang vom Homo sapiens führen, gründen sich keineswegs im gemeinsamen Blick nach vorn, im abgestimmten Kampf gegen den Untoten. Stattdessen töten wir uns gegenseitig, zusammengepfercht als Schicksalsgemeinschaft. Erst dann, wenn wir schon dezimiert sind, kommt der Zombie, der lange Zeit vor unseren Türen lauerte, zum Todesstoß hinzu. Es ist ein Merkmal fast aller Zombie-Storys, dass dem Untoten der Einbruch in die postapokalyptische Prepper-Zone allein deshalb gelingt, weil unter den Abgeschirmten Lagerkoller entsteht. In existenziellen Notlagen ist Lagerkoller ein Luxus, den man sich nicht leisten sollte. Bei lautem Gezänk vergessen wir den in der Außenwelt heranschlurfenden Tod und investieren zu wenig Arbeit in die Instandhaltung unserer Barrikaden. Unsere Antwort auf den eingebrochenen Zombie ist verhängnisvolle Hektik.

Im Angesicht dieser Katastrophe erwarten uns eine schlechte und eine gute Nachricht.

Die schlechte Nachricht: Für das Problem zwischenmenschlicher Missverhältnisse, die zum Sieg des Wiederauferstandenen führen, gibt es keine Lösung. Dafür reicht ein Blick auf den Umgang mit einer realen Gefahr, wie der Corona-Pandemie seit 2020. Wir kämpfen nicht vereint gegen das Virus, wir kämpfen untereinander, weil wir unterschiedliche Bewältigungsstrategien zur Staatsräson machen wollen, gegen Gesetze auf die Straße gehen oder den unsichtbaren Feind schlicht leugnen. Es gibt zu viele freiwillig Ungeimpfte. So werden wir das Virus nicht ausrotten können.

Die gute Nachricht: Weil wir nichts dazulernen, wird es auch weiterhin Zombiefilme geben, ob mit oder ohne Corona. Wir verstehen intuitiv, wofür diese Beiträge stehen: die Spaltung der Gesellschaft. Die Tagline des Debakels stammt aus The Walking

Dead: *«Fear the dead. Fight the living.»* Der wahre Feind ist kein Untoter, sondern ein Warmblüter, der noch atmet. Der Gedankengang ist so traurig wie verheerend und leider menschlich: Um im Gefecht gegen die Zombies zu bestehen, sollte ich gegenüber meinem Nachbarn im Vorteil sein – in der Konfrontation mit den Wiederkehrern muss es den Nachbarn zuerst treffen. So entsteht ein Zweifrontenkrieg, der Ressourcen bindet. Und am Ende gewinnt weder mein Nachbar noch ich, sondern jener Gegner, der das Virus in sich trägt.

Im Zombie-Kosmos werden Differenzen unter Menschen verschiedener sozialer oder ethnischer Herkunft bei Gefahr nicht beigelegt. Ganz anders in der Science-Fiction: Nicht nur Menschen untereinander, sogar verschiedene Spezies verschiedener Planeten verbünden sich, um einem Antagonisten die Stirn bieten zu können, wie in den Schlachtfinalen von Star Wars: Der Aufstieg Skywalkers (2019) oder Avengers: Endgame (2019). Aber sind diese Vereint-sind-wir-stark-Aufmärsche nicht auch ein bisschen langweilig? Zombiefilme und -serien brechen das Bündnisgesetz, vielleicht zählen sie deshalb zu den erfolgreichsten im Horror-Genre.

Die Neu-Erdenbewohner aus der Hölle sind auch Grundlage wissenschaftlicher Studien geworden. Steven C. Schlozman hat einen Lehrstuhl für Psychiatrie in Harvard, schrieb mit *The Zombie Autopsies* ein Buch über Untote und erklärt die unvermutete Gefährlichkeit der stolpernden Beißer mit einer biopsychologischen Reaktion. Unsere Spiegelneuronen melden sich, wenn wir Schmerzen bei einem Mitmenschen beobachten. Wir empfinden mit, wir spiegeln den Schmerz. Müssen wir mitansehen, wie unser Gegenüber einen Tritt in sein Gemächt abbekommt, zieht sich bei uns unten alles zusammen. Dank Spiegelneuronen sind wir empathisch. Sehen wir nun einen Zombie, werden diese Nervenzellen aktiv – der Untote sieht, Verstümmelung hin oder her, menschlich aus, er ist einer von uns. Wir zögern so lange mit der Vernichtung des Pseudomenschen, bis es zu spät ist. Deshalb, so Schlozman, kriegen die Zombies uns immer.

Der Verzehr lebender Menschen ist eine naturgemäß blutige Angelegenheit, aber die Akzeptanz gegenüber Gore und Splatter ist breiter geworden. Mittlerweile spielen auch Komödienstars wie Matthias Schweighöfer in Zombiefilmen mit. Wurden die meisten Werke ab Ende der 1970er-Jahre entweder wegen drastischer Szenen indiziert oder in die Ab-18-Ecken der Videotheken verbannt, kam es mit Beginn des neuen Jahrtausends, dank 28 Days Later (2002) und Dawn of the Dead (2004), zum Comeback der wandelnden Leichen, obwohl einige dieser Filme noch härter sind als die Streifen der ersten Welle.

Der Zombie ist als Love Interest in Teenie-Romanzen (Warm Bodies, 2013), in animierten Familienkomödien (ParaNorman, 2012) und im Gay Porn (L.A. Zombie, 2010) vertreten, hat seinen Weg in den deutschen Film gefunden (Rammbock, 2010), ist Gegenstand des Klamauks (Shaun of the Dead, 2004, Zombieland, 2009, Z Nation, 2014–2018) und wurde ins Arthouse-Kino überführt (Jim Jarmuschs The Dead Don't Die, 2019). Mit der dreiteiligen Reihe Zombies – Das Musical (2018–2022) gibt es sogar eine Disney-Produktion, die auf dem hauseigenen Disney-Channel ausgestrahlt wird.

In der bislang populärsten Fernsehserie des Jahrhunderts, GAME OF THRONES (2011–2019), droht die Weltherrschaft durch «Weiße Wanderer» genannte Wiederkehrer. Der meisterwartete Netflix-Film 2021 hieß … ARMY OF THE DEAD. Und 2023 läuft mit NACHTS IM PARADIES schließlich die erste deutsche Zombieserie an, mit Jürgen Vogel in der Hauptrolle. Im selben Jahr werden auch die SATURDAY NIGHT LIVE-Veteranen Dan Aykroyd und Chevy Chase erstmals von Untoten verfolgt (ZOMBIE TOWN). Zuvor sorgte im Januar 2023 die Serienumsetzung des Konsolenspiels THE LAST OF US (bei Drucklegung noch nicht angelaufen) für euphorische Vorabrezensionen.

Aber der Siegeszug der Untoten wurde nicht allein durch unsere Lust am Effektspektakel eingeläutet. Der Auferstandene bedient eine maßgebende religiöse und philosophische Frage, die Frage nach einem Leben nach dem Tod. Auch deshalb gehören Priester zum Stammpersonal des Zombie-Kinos. Geistliche können nicht oft genug betonen, dass der Himmel dennoch auf uns wartet, sobald das untote Dasein beendet wird.

Technologieunternehmen wie Alphabet, Meta und Amazon stecken Milliarden in konzerneigene oder fremde medizinische Forschungsabteilungen, die das Altern aufhalten, also den Tod aufhalten sollen. Unsterblichkeit als Lebensziel wird in Silicon Valley offen diskutiert, ohne dass irgendjemand den Arzt ruft. Ist diese Art von ewigem Leben, sollte es Realität werden, nicht vielmehr untotes Leben?

Versuche, wiederauferstandene Verwandte zu domestizieren und in den Alltag der Hinterbliebenen zu integrieren, erscheinen als Angebote, Familiensysteme bis in alle Ewigkeit intakt zu halten (SURVIVAL OF THE DEAD, 2009). Und doch spricht aus der Angst vor dem Untoten auch die irrationale Angst vor «dem Fremden». Prepper-Tipps, oft geboren aus Verschwörungserzählungen, erleben seit dem Elften September ein Hoch und werden in der Zombie-Literatur zu Bestsellern. Im *Zombie Survival Guide* (2003) erklärt Max Brooks, wie Hobby-Handwerker ihre eigenen vier Wände zur Festung umbauen können. Der Zombie als willkommene Begründung dafür, uns abzuschotten.

Seit meiner Kindheit habe ich einen wiederkehrenden Albtraum. Ich laufe durch eine endlose Wüste. Ich drehe mich um, weit entfernt sehe ich einen Mann, er läuft mir hinterher. Ich erkenne in ihm einen Zombie. Ich kann schneller durch den Sand stapfen als er, noch ist er nur ein schwarzer Punkt am Horizont. Aber das wird sich bald ändern. Die Sonne plagt mich. Ihn nicht. Ich habe meine Wasserreserve bald aufgebraucht. Er braucht kein Wasser. Verstecken kann ich mich vor ihm nicht, die Wüste bietet keine Höhlen, kennt keine Wälder. Er wird niemals an mir vorbeilaufen, wir beide haben uns permanent im Blick. Die Kampf-oder-Flucht-Reaktion setzt ein, aber die meinen Körper flutenden Botenstoffe treiben mich zur Verzweiflung. Flüchte ich, holt er mich irgendwann ein. Er muss nicht rennen, tapsen reicht. Suche ich die Konfrontation und gehe ihm entgegen, wäre ich erledigt. Ich habe keine Waffe, um ihm den Schädel einzuschlagen, keinen Stein, den ich aufheben könnte. Drücke ich seinen Kopf tief in den Sand, erstickt er nicht. Ich kann dieses Duell nicht gewinnen. Jedes Mal wache ich auf, ohne eine Lösung gefunden zu haben.

Mein Albtraum schildert die denkbar ungünstigste Situation, und sie erklärt mir, vielleicht ja auch Ihnen, warum der Zombie uns mittlerweile mehr fasziniert als jedes andere Monster. Der Vampir? Beherrscht tausende schwarzmagische Tricks, wird zur Fledermaus, überquert innerhalb einer Sekunde die komplette Sahara und landet auf meiner Schulter. Das wäre mein Endspiel in Zeitraffer. Der Blutsauger verfügt über ein Verhaltensrepertoire und ein Verwandlungspotenzial, das wir nicht kennen. Der Zombie aber ist keine Daseinsform, der wir uns nicht gewachsen fühlen. Wir fühlen uns ihm sogar überlegen. Fehlen uns jedoch die Errungenschaften unserer über Jahrtausende aufgebauten Zivilisation – Waffen, Transportmittel, Ruhemöglichkeiten in einer Infrastruktur aus sicheren Behausungen, permanente Verfügbarkeit von Lebensmitteln –, dann schlägt seine Stunde. In dieser Wüste wären wir geliefert.

Denken Sie an das erste Mal, als Sie Dracula auf der Leinwand sahen, das erste Mal, als die Mumie ihrer Gruft entstieg, das erste Mal, als der Werwolf aus der Dunkelheit heraus zum Sprung ansetzte, das erste Mal, als Dr. Frankenstein seine Kreatur enthüllte. Das waren, sofern die Filmemacher ihr Handwerk beherrschten, Jump-Scares. Plötzliche Einblendungen, die uns erschreckten. Von diesem Moment an bis zum Ende des Films gab das Monster den Ton an, nicht der Mensch. Es ist die Gala der Bestie. Wir sind die Opfer, die durch Schreckmomente handlungsunfähig werden. Wir sind die Rehe im Scheinwerferlicht.

Und nun denken Sie an das erste Mal, als Sie Romeros «Zombie #1» sahen. Er wankte wie betrunken durchs Bild, unscharf, in weiter Entfernung, ging seines Weges. Er signalisierte keine Gefahr. Wir wiegten uns in trügerischer Sicherheit.

Der Zombie hat Zeit. Er wird immer für uns da sein. Er braucht nur ein bisschen länger, bis er uns eingeholt hat.

In diesem Buch betrachte ich die Evolution der Zombiefilme. Die besten ihrer Art funktionieren als Creature Features genauso wie als Sinnbilder; sie spiegeln die Ängste ihrer Epoche. George A. Romeros Nacht der lebenden Toten begründete das Genre als nicht schwer erkennbare, aber Tabu-brechende Allegorie auf das politische Unruhen-Jahr 1968. Sein nicht minder fantastischer Nachfolge-Film Zombie initiierte das Splatterkino, weckte aber auch Mitgefühl für die Untoten.

Und das neue Jahrtausend hält für jede Ära und jede Furcht, für jede Krankheit, Phobie und Paranoia den passenden Zombie bereit.

Eine Apokalypse kennt kein Happy End.

1

Gott hat die Regeln geändert: George A. Romero und seine Zombies (1968–1985)

Die Nacht der lebenden Toten

«It was 1968, man. Everybody had a ‹message›. The anger and attitude and all that's there… is just because it was the sixties.»
George A. Romero

George A. Romero (1940–2017) war der Schöpfer der Zombies, wie wir sie kennen. Eine Leistung, die nicht überschätzt werden könnte. Kein Regisseur kann von sich behaupten, den Vampir erfunden zu haben. Keiner, der sich Erfinder des Werwolfs nennen darf. Romero und sein Co-Autor John A. Russo erdachten den Zombie als Untoten, der Menschenfleisch frisst. Gestoppt werden kann er nur durch Zerstörung seines Gehirns, da dieses Organ sein Restbewusstsein lenkt und auch für Bewegungssteuerung zuständig ist.

Aber der Erste, der «Zombies» genannte Geschöpfe über die Leinwände trotten ließ? Das war Romero allerdings nicht. Mit The White Zombie brachte Victor Halperin 1932 den ersten Zombie ins Kino, Dracula-Star Bela Lugosi spielt darin einen Hexer.

Das zweite wichtige Werk war Jacques Tourneurs ICH FOLGTE EINEM ZOMBIE von 1943. Romero erkennt beide Arbeiten an – um sich von ihnen abzugrenzen.

«Diese Art Zombies», sagte er in einem Interview von 2009, «sind arme Jungs aus der Karibik, die die Drecksarbeit für Bela Lugosi erledigen mussten.»[1] Lugosi unterhielt eine Truppe scheintoter Getreuer, die unheimlich aussahen, aber berechenbar waren. Er war der Herrscher seiner Festung, die Zombies beschäftigt mit der Ernte.

Beide Filme fielen in die Zeit der Großen Depression, der Weltwirtschaftskrise, sie verarbeiten außerdem die ehemalige Sklaverei in den Vereinigten Staaten. Das Verhältnis zwischen Herren und Zombies offenbarte – ökonomische – Ungleichheit und Klassenkampf, was im Monsterfilm kein offenkundiges Motiv war. Die Darlegung sozialer Ungerechtigkeit war auch Romeros politische Agenda, nur wollte er Zombies als Gefahr inszenieren, nicht als Diener, die den Müll raustragen.

Seine Kreatur hat Romero jedoch nicht Zombie genannt. Er bezeichnet sie in DIE NACHT DER LEBENDEN TOTEN als «Ghul» oder «Fleischfresser» und in Gedanken, wie er später sagte, als «toten Nachbarn» – aber immerhin als Nachbarn, als Jedermann von nebenan. Romeros Protagonisten nannten den Romero-Zombie auch deshalb nicht Zombie, weil der Kreatur eine Mythologie fehlt, die über Jahrhunderte hätte weitergetragen werden können. Diese Kreatur war neu und hatte keinen Namen.

«Der traditionelle haitische Voodoo-Zombie», führte Romero in einem anderen Gespräch aus, «ist nicht tot. Ich aber wollte die Toten auferstehen lassen. Die frisch Verstorbenen. Sie sind zu schwach, um sich aus ihren Gräbern zu buddeln. Zu schwach, um Gehirne zu essen, denn sie könnten niemals Schädel aufbrechen. So läuft das bei mir mit den Zombies. *Not that it's my way or the highway*, das behaupte ich nicht. Aber ich habe meine Regeln.»[2]

Für Beleuchtung und Kamera, sagte Romero, habe er sich an einem anderen Werk orientiert, einem nicht naheliegenden: die Theaterstück-Verfilmung ORSON WELLES' OTHELLO (1952) mit ihrem Versuch einer filmischen Hell-Dunkel-Malerei. Der Kritiker Stuart Klawans verwies auf Romeros Faible für Chiaroscuro und glaubt, der Regisseur habe sich von Francisco de Goyas Gemälde *Saturn verschlingt eines seiner Kinder* inspirieren lassen, das einen göttlichen Menschenfresser zeigt.[3]

Die Idee vom jagenden statt gefügigen Zombie kam Romero und seinem Co-Autor John A. Russo bei der Lektüre von Richard Mathesons Roman *Ich bin Legende* von 1954. Der letzte Mensch auf Erden hat sich in seinem zum Fort umgebauten Haus verschanzt und wird nachts von Vampiren belagert. Der Lone Survivor soll sterben, zur Legende werden, damit nur noch Blutsauger den Planeten besiedeln. «Der Roman», sagte Romero, «dreht sich also um eine Revolution. Und ich dachte: Wenn ich von einer Revolution erzähle, beginne ich bei ihrem Anfang. Richards Buch dagegen setzt an ihrem Ende an, es ist ja nur noch ein einziger Mensch übrig.»

1 *Cinemablend*, bit.ly/32CEds1 (31.01.2023).
2 *The Telegraph*, bit.ly/3EqFH61 (31.01.2023).
3 *Mere Anarchy Is Loosed*, NIGHT OF THE LIVING DEAD-DVD (Criterion Collection).

Romero sagte, er wolle mit seiner Zombie-Invasion ein neues Zeitalter erschaffen, eines, das unumkehrbar ist, auf ewig gilt. «Der Sinn von Fantasyfilmen besteht in der Etablierung einer neuen Weltordnung. Die alte wollte ich umstoßen.»[4] In seinen ersten drei Zombiefilmen (1968–1985) schildert er den Untergang der Menschheit; in seiner zweiten Trilogie (2004–2009), wie Zombies und Menschen koexistieren könnten.

Bei Matheson sind es Moskitos, die eine Seuche übertragen. Romero deutet in Die Nacht der lebenden Toten Venus-Mikroben als Auslöser an, verweigert sich aber einer eindeutigen Darlegung der Genese seiner Ghule. «Gott hat die Regeln geändert. Mehr Erklärungen bedarf es meiner Ansicht nach nicht. Und es ist mir auch egal.» Die Wissenschaftler haben keine Antworten. Die Menschen keine Zeit die Wissenschaftler zu befragen. Sie sind mit Selbstverteidigung beschäftigt.

Den Arbeitstitel «Night of Anubis» ließ Romero fallen. Zum einen, weil er sich nicht sicher war, ob sein Publikum die Anspielung verstehen würde. Zum anderen, weil er unklar lassen wollte, ob die Zombie-Plage nicht vielleicht doch eine Gottesstrafe, also übernatürlichen Ursprungs ist. Anubis war ein griechischer Gott, der ein Totenheer gegen die Lebenden anführt.

Die Dreharbeiten zu seinem Spielfilmdebüt begannen im Juli 1967, in der Gegend rund um Pittsburgh, Pennsylvania. Romero war 27 und ein Werbefilmer. Zu seiner Vita gehörte ein Besuch bei Fred Rogers im OP-Saal. Der Star-Moderator lud ein Fernsehteam zu sich, um die Entnahme seiner Mandeln für seine Vorschulfernsehserie Mister Roger's Neighbourhood (1968–2001) festzuhalten. Die Kleinen sollten erfahren, dass Operationen nichts Schlimmes bedeuten mussten. Dass der spätere «König der Zombies» für den Job engagiert werden würde und im Rachen des Kinderlieblings Mr. Rogers nach Inspirationen für spätere Gore-Feste suchte, konnte keiner ahnen.

In Die Nacht der lebenden Toten würde Romero selbst zu sehen sein, in einer Nebenrolle. Er spielt einen Reporter, der einen Sheriff nach der Entstehung der Seuche befragt, und ist nur schwer zu erkennen. Unser heutiges Bild Romeros ist das seiner letzten Lebensjahre. Ein knochiger, hochgeschossener Mann, die langen grauen Haare zum Zopf gebunden, sein Lächeln so breit, dass beide Mundwinkel die riesigen Brillengläser zu berühren schienen. Die Brillenfassung wiederum war so dick und flächig, dass der Eindruck entstand, Romero betrachtete unsere Welt durch eine Kamera, wie ein Außenstehender mit sehr großem Abstand. Vielleicht wirkte er deshalb so amüsiert. Meist trug er außerdem eine Daunenweste mit gefüllten Werkzeugtaschen. Er erinnerte an einen Großvater, der das kleine Abenteuer beim Angeln sucht.

Im Jahr 1967 aber kleidete sich Romero noch in Anzüge, die man sonst nur zu Bewerbungsgesprächen anzieht, war beleibter und unruhiger und wischte sich stets die pomadisierten Haare aus dem Gesicht. Er sah aus wie ein Beatnik unter Strom (Abb. 2).

4 Birth of the Living Dead, Dokumentation.

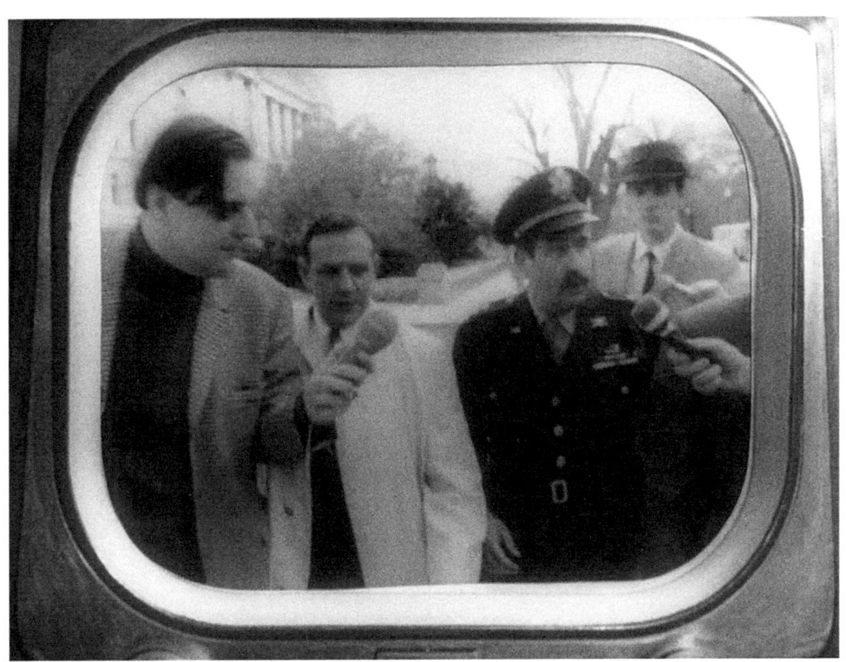

2 George A. Romero (l.) in einem Cameo als Reporter, der den Polizeichef nach dem Ursprung der Zombie-Seuche befragt. (DIE NACHT DER LEBENDEN TOTEN, USA 1968)

Die Produktionskosten betrugen rund 114.000 Dollar, was im Jahr 2023 rund 749.000 Euro entspricht. Romero drehte – nicht aus Kostengründen, sondern bewusst – in schwarzweiß und beschränkte sich – aus Kostengründen – auf zwei Hauptschauplätze, den Friedhof sowie ein Farmhaus. Er übernahm die Kamera, den Schnitt und schrieb mit seinem Freund John A. Russo das Drehbuch. Fast jedes Crewmitglied war in mehreren Funktionen tätig; Produzent Russell Streiner zum Beispiel fungierte auch als Darsteller Johnnys, dem ersten Opfer von «Zombie #1».

Die schlechte Qualität ihres Filmmaterials erwies sich als Vorteil. Es verstärkte Kontraste. Alles, was schwarz war, wurde schwärzer, alles, was weiß war, wurde noch weißer. Es entstand ein Film-noir-Effekt, der Blendungen verursachte: Was kommt da so grell aus dem Nichts geschossen, um mich zu packen?

Bei Effekten wurde improvisiert, selbst, wenn echtes Feuer im Spiel war und Schauspieler angezündet werden mussten. In Ermangelung von Schutzkleidung galt die Devise: Wenn ihr merkt, es wird zu heiß, werft euch auf den Boden und rollt umher, bis die Flammen erstickt sind. Und Action! Menschen weisen hier eine Gemeinsamkeit mit Zombies auf: Sie haben Angst vor Feuer. Die reflexhafte Abwehr gegenüber Flammen lässt sich nicht abstellen. Warum aber der Untote vor Feuer zurückweicht oder schützend die Hände hebt, ist unklar. Schließlich empfindet er keinen Schmerz, hat keine Angst davor. Es sind solche Momente, in denen Romeros Leuten die Performance als

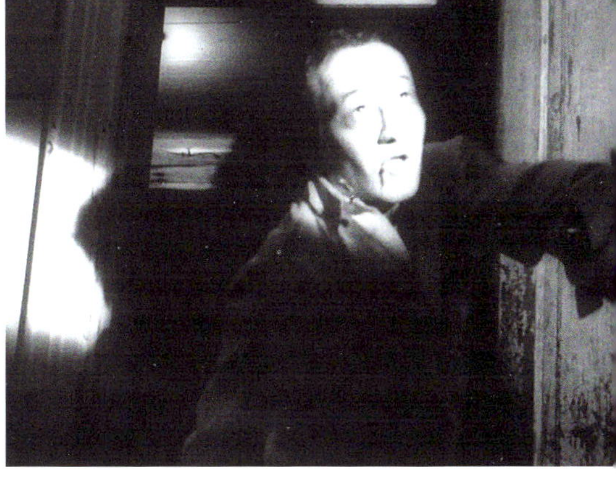

3 John A. Russo als Zombie. (DIE NACHT DER LEBENDEN TOTEN, USA 1968)

Wiederkehrer schwer gemacht wurde, sie wollten sich ja nicht verbrennen.

Im Jahr 2023 feiert der Film sein 55. Jubiläum. Vom Kernteam leben noch fünf Beteiligte: Judith Ridley und Kyra Schon alias Judy und Karen, zwei der sich im Farmhaus verbarrikadierenden Menschen. Außerdem Barbra-Darstellerin Judith O'Dea und ihr Filmbruder Russell Streiner alias Johnny, die beiden Charaktere, die in DIE NACHT DER LEBENDEN TOTEN auf den ersten Zombie treffen, «Zombie #1». Die zwei Pechvögel vom Friedhof sind im echten Leben also noch quicklebendig.

Das Quintett komplettiert John A. Russo, der die Vorlage schrieb und im Film in einer Nebenrolle als Untoter zu sehen ist (Abb. 3).

Ein Gespräch mit John A. Russo, dem Erfinder der fleischfressenden Zombies

John A. Russo ist für die Etablierung jener Kreatur, die wir als Zombie kennen, entscheidend verantwortlich. Sein Freund Romero war derjenige, der die Untoten als auferstandene Tote konzipierte. Russo ist derjenige, der die Zombies als Menschenfresser erdachte.

Es verbietet sich natürlich, vom Erscheinungsbild auf die Kreativität eines Menschen zu schließen. Aber wer Russo heute sieht, würde ihm derart gruselige Fantasien wahrscheinlich nicht unterstellen. Der 1939 geborene Regisseur, Produzent und Autor trägt seine spärlich gewordenen Haare schicksalsergeben mit Seitenscheitel, hat einen Schnurrbart und ist altersentsprechend von kompakterer Statur als früher. Er wirkt wie ein Pensionär, dem man gerne die Tüten hochträgt. In selbstgedrehten Indie-Komödien wie MY UNCLE JOHN IS A ZOMBIE (2016) überzeugt er heutzutage in der Rolle als geriatrisches Leckermäulchen aus dem Jenseits.

Im Gespräch erweist sich Russo als scharfzüngiger, geschulter Verwalter seines geistigen Erbes. Anhand seiner gerappten und druckreifen Sprechweise wird deutlich, dass er seine Position schon oft verteidigt hat. Er bezeichnet sich als eigentlicher Erfinder des 1968er-Zombies. Und ist vielbeschäftigt. Mails beantwortet er um fünf Uhr morgens, und am Tag unseres Interviews hat er einen neuen Roman bei seinem Verlag eingereicht.

Russo hat am Handy keine Mühe, über Zombieattacken und politische Sinnbilder zu dozieren und gleichzeitig in einem Supermarkt seinen Einkauf zu tätigen und dabei mit einer Verkäuferin zu schimpfen, von der er sich schlecht bedient fühlt. Das Gespräch mit mir klingt dann so: «Wenn Zombies ihr Opfer erst einmal gepackt haben … Ma'am, nun kommen Sie schon, Sie schulden mir acht Dollar, die kriege ich noch zurück!», oder «als Robert Kennedy erschossen wurde, hatte George Romero natürlich… oh Mann, nun zückt sie den Taschenrechner. Meine Güte Ma'am, es sind acht Dollar. A-C-H-T. Jetzt holt sie sich auch noch Hilfe! Egal, wo waren wir stehen geblieben?»

Bei der Entstehungsgeschichte von Die Nacht der lebenden Toten!

«Richtig! In der frühesten Fassung handelte das Script von Teenagern, die zu Halloween eine Kiste Bier stehlen und sie auf einem Friedhof verstecken. Als der Raub auffliegt, wird einer der Jungen von seinen Eltern bestraft und flüchtet von zu Hause. Er rennt wieder zum Friedhof. Dort trifft er auf einen Außerirdischen. So stand es in meiner ersten Version. Erst später machte ich aus dem Alien einen Zombie.» Romeros Drehbuchentwurf, sagt Russo, sah bereits den Beginn mit dem Geschwisterpärchen vor, das von einem Unbekannten auf einem Friedhof verfolgt wird. Barbra, Johnny und «Zombie #1» waren also schon angelegt.

Dann berichtet Russo von dem Dialog zwischen ihm und seinem Regisseur, der zur Geburtsstunde des modernen Zombies wurde.

«Ich sagte zu George: ‹Dieser Anfang hat ja Spannung und sonst was, aber was genau ist dieses Ding, das die beiden jagt?› Er antwortete: ‹Das weiß ich noch nicht.› Ich: ‹Sieht für mich so aus, als könnte das ein Toter sein. Aber worauf ist er aus?› – ‹Das weiß ich nicht.› Also sagte ich: ‹Er könnte ein Mann sein, der Menschen fressen will.›» Russo sagt also wie beiläufig, dass er den Zombie nicht nur als Menschenfresser, sondern auch als Untoten entwarf – was nach gängigem Stand Romero zugeschrieben wird. Beweisen lässt sich Russos Behauptung nicht. Die beiden Filmemacher zeichneten ihre Sitzungen nicht auf. Hat Russo Recht, wäre Romeros Bedeutung als Zombie-Vater infrage gestellt. Als geistiges Eigentum bliebe dem Regisseur lediglich die Idee von Wahnsinnigen, die unversehens über andere Menschen herfallen.

Und doch rudert Russo zurück, sagt, dass er seine Rolle in der Entstehungsgeschichte des Films nicht überbetonen wolle. Allerdings sollten die Leute «die Wahrheit kennen» und sein Anteil am Ursprung des Kino-Zombies bekannt bleiben. Er redet nur gut über den 2017 verstorbenen Romero, der sich wiederum nicht mehr dazu äußern könnte, wer seiner Ansicht nach welche Ansprüche an die Urheberschaft des zeitgenössischen Untoten erheben kann. «Ich übernahm Georges Friedhofs-Erzählung für das Drehbuch», sagt Russo, «und schrieb die zweite Hälfte des Films allein.»

Die Nacht der lebenden Toten erschüttert das Kino

Das Horrorkino hat womöglich alles gezeigt, was sich zeigen lässt, weil jede Idee durch (Computer-)Effekte umgesetzt werden kann. Die Fantasie hat ihre Unantastbarkeit verloren. Umso schwerer fällt die Vorstellung, welche Entrüstung die Bilder dieses Werks im Jahr 1968 ausgelöst haben müssen. Die Nacht der lebenden Toten war der erste Film, in dem Menschen zu sehen waren, die andere Menschen essen. Er zeigt, wie

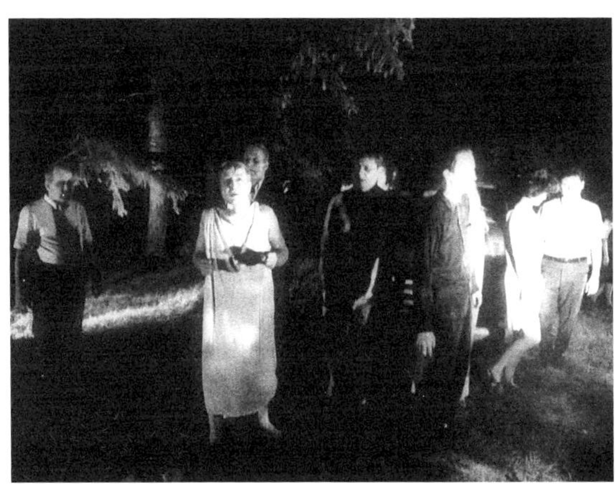

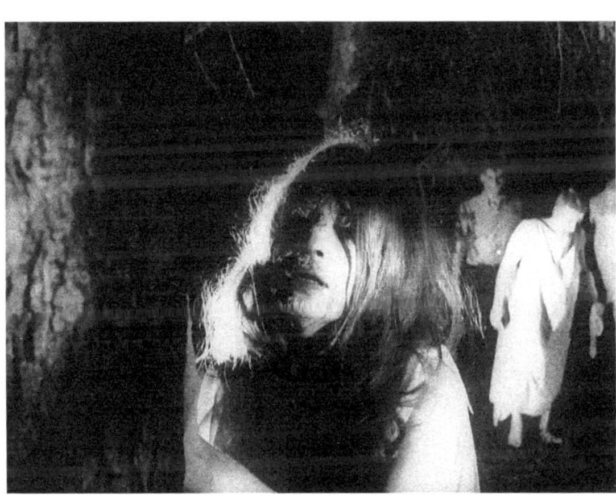

4–5 Untote im Wald. Der Zombie in Großaufnahme ist Marilyn Eastman, die, wie so viele Crewmitglieder, in mehreren Funktionen agierte – Eastman verkörpert auch die sich im Haus verbarrikadierende Helen Cooper. (Die Nacht der lebenden Toten, USA 1968)

blutverschmierte Untoten-Darsteller an Knochen nagen und Eingeweide aus Leibern ziehen. Wie sie Insekten aus Baumrinden herausreißen und sich ins Maul stopfen. Es war der erste Film, der ein Monster in Gestalt einer komplett nackten Frau zeigte. Der erste Film, in dem ein Kind auf seine Mutter einsticht, mit einer Gartenkelle.

Ungeheuer sahen bis dahin anders aus. Sie waren durch Radioaktivität mutierte Insekten, kleine grüne Männchen oder Geschöpfe der legendären Hammer-Studios, die Geschichten über Dracula und Frankenstein auf die Leinwand brachten. Sie lebten in unerreichbaren Schlössern in Transsilvanien, waren adelig und trugen Samtkostüme.

Bei Romero leben sie unter uns, im amerikanischen Mittleren Westen. Romero bezeichnete seine Zombies als Vertreter der «Blue Collar Worker», als Industrie-Arbeiter und Handwerker, gebückte Leute, die schmerzende Körper haben und Außenseiter sind (Abb. 4–5).

In Romeros zweitem Untoten-Film Zombie gibt es eine in den Rezeptionen unberücksichtigt gebliebene, aber wichtige Szene. Eine Rocker-Gang plündert die Regale eines Kaufhauses, klaut Juwelen, Hüte, Armbanduhren, Waschmaschinen und Fernseher, und einer der Biker schnappt sich ein Bürohemd – und legt es sofort wieder zurück. Wozu noch ins Büro gehen? «White Collar»-Jobs sind Vergangenheit geworden, das haben sich die Überlebenden des Jüngsten Gerichts hart erarbeitet.

Die Untoten als Rächer der Arbeiterklasse würden nach Romero noch häufiger im Kino zu sehen sein. In John Carpenters Die Fürsten der Dunkelheit (1987) zum Beispiel sind sie noch mittelloser, sie sind Obdachlose in einer verwahrlosten Gegend von Little Tokyo in Los Angeles. Dort belagern sie eine Kirche, in der Geistliche und Forscher, also Privilegierte, unerklärliche Phänomene beobachten.

Die Nacht der lebenden Toten feierte seine Premiere am 1. Oktober 1968 im Fulton Theater in Pittsburgh. Gebucht wurde eine Matinee, was bedeutete, dass viele Kinder und Jugendliche in den Saal strömen würden. Das Altersfreigabesystem für Kinofilme wurde erst ein Jahr später, 1969, eingeführt. Der anwesende Kritiker Roger Ebert notierte: «Fast ausnahmslose Stille. Zur Hälfte des Films wich der vergnügte Grusel einem unerwarteten Terror. Ein kleines Mädchen, vielleicht neun Jahre alt, saß in der Reihe gegenüber von mir. Es weinte still. Kein Kind wusste sich vor dem zu schützen, was es sah. Als der Held stirbt, ist das kein unglückliches Ende, sondern ein tragisches. Keiner *(der Darsteller)* kommt am Ende lebend raus. Es ist einfach vorbei.»[5]

Wer das damals las, hätte unmöglich an einen Welterfolg glauben können. Aber Die Nacht der lebenden Toten spielte im Laufe der Jahre 30 Millionen Dollar ein, das 250-fache seines Budgets. Im Jahr 1999 wurde er in die amerikanische National Film Registry aufgenommen und gilt damit als «historisch, kulturell oder ästhetisch erhaltenswertes Kulturgut». Die zeitgenössischen Besprechungen fielen dennoch überwiegend negativ aus, pendelten zwischen Empörung und einem gemeinschaftlichen Desinteresse, das fast schon institutionell verankert wirkte.

Dass ausgerechnet ein Zombiefilm hervorragend als Spiegel seiner politischen Ära diente, wurde von der Kritik ignoriert, aber vom Publikum erkannt. *«It was black and white, it was crude, it was Pittsburgh»*, fasste Romeros späterer Maskenbildner – damals noch Kinogänger – Tom Savini die Atmosphäre zusammen.

1967 war das Jahr, in dem die Bürgerrechtsbewegung immer bedeutsamer wurde. Protestmärsche in den Südstaaten waren längst Konvention, nun kam es auch an der Ostküste, in New York und Newark, zu Ausschreitungen unter den Demonstrierenden, die wiederum von Polizisten niedergeknüppelt wurden. Schwarze lehnten sich gegen den Rassismus der Weißen auf. Der Begriff «Amerikanisches Ghetto» etablierte sich, nachdem eine von Präsident Lyndon B. Johnson in Auftrag gegebene Studie zum Ergebnis kam, dass die zunehmende Spaltung der Gesellschaft in Reich und Arm vor allem mit der Hautfarbe zusammenhängt.

In Romeros Film geht eine bewaffnete Bürgerwehr auf Patrouille, um die Landschaft von Zombies zu säubern, mit scharf anschlagenden Schäferhunden an kurzer Leine. Ein Bild, das an die Polizisten erinnert, die im echten Leben ihre Schäferhunde auf Demoteilnehmer hetzten.

5 *Chicago Sun-Times*, bit.ly/3z1sDmw (31.01.2023).

Auch die Proteste gegen den Vietnamkrieg nahmen zu. Im Januar 1968 starteten die nordvietnamesische Armee und der Vietcong die Tet-Offensive, ihre bis dahin größte Militäroperation gegen die amerikanischen Streitkräfte. Obwohl die Tet-Offensive kein Erfolg war, wurde die US-Militärführung vom Angriff einer unerwartet großen Armee aus 80.000 vietnamesischen Soldaten folgenreich beeindruckt.

Bis heute nachhallende Fernsehaufnahmen und Fotos gingen um die Welt, darunter die Hinrichtung des festgenommenen Nordvietnamesen Nguyễn Văn Lém per Schläfenschuss durch einen südvietnamesischen General. Bilder wie dieses schufen ein Bewusstsein dafür, dass die Kommunisten aus Nordvietnam keine Teufel, sondern auch Opfer sein können, und die Südvietnamesen nicht ausschließlich heldenhafte Widerständler sind. Später wurde das Massaker von My Lai bekannt, bei dem US-Soldaten im März 1968 in ein südvietnamesisches Dorf einmarschierten, Frauen vergewaltigten und fast alle Bewohner töteten. 504 Menschen, darunter Kinder und Alte.

Die öffentliche Meinung zum Vietnamkrieg wandelte sich endgültig, und die Demonstrationen in Amerika ebbten nicht ab. Historiker sprachen von einem Zweifrontenkrieg: in der Ferne Vietnam und daheim die Aufstände der Bürgerrechtsbewegung. In DIE NACHT DER LEBENDEN TOTEN sind die von der Zombie-Seuche in den USA kündenden Nachrichtenbilder ähnlich krisselig wie die den Amerikanern übermittelten News aus Asien, und Romero lässt einen Nachrichtensprecher einen – wenn auch um Aktualität bemühten – Freudschen Versprecher aufsagen: Gegen die Untoten sei «der Oberbefehlshaber der Streitkräfte in Saigon, Pardon, Washington» abkommandiert. Die einzige verbalisierte Verknüpfung Romeros mit dem Krieg, der bis heute als größtes militärisches Fiasko der Vereinigten Staaten gilt. Auf dass der Oberbefehlshaber auch diese Schlachten, nicht gegen den Vietcong, sondern gegen Zombies, verliere.

Am Ende des letzten Drehtags, die Filmrollen befanden sich im Kofferraum, hörte Romero im Autoradio die Nachricht von der Ermordung Martin Luther Kings. Das war der erste Tiefschlag für ihn. Am Tag, als er DIE NACHT DER LEBENDEN TOTEN dem Produzenten Walter Reade Sr. vorführte, kam der zweite. Robert Kennedy, der Bruder John F. Kennedys, wurde ebenfalls erschossen. Er befand sich im Wahlkampf für das Amt des Präsidentschaftskandidaten der Demokraten. «Sie können sich vorstellen, wie aufgeladen die Stimmung unter uns war», erinnerte sich Romero. «Als Duane *(Jones, in der Hauptrolle als Ben)* einem Typen ins Gesicht schlug – nun, zu diesem Zeitpunkt sagten wir nur noch: Verdammt, wer will sich das denn an einem Tag wie heute noch ansehen. Bobby Kennedy wurde gerade ... Wir blieben die ganze Nacht wach und hörten Radio. So war das im Jahr 1968.»[6]

Autor John A. Russo erzählt im Gespräch, dass er seinen Freund Romero als angespannt wahrnahm. «George und Russell Streiner, unser Produzent, hatten Angst. Sie fuhren nach New York, im Gepäck eine Story, in der ein Schwarzer Held getötet wird. Wie das wohl ankommen würde? Wie es sich herausstellte, hat das die Leute vom

6 *Interview*, 04/1973.

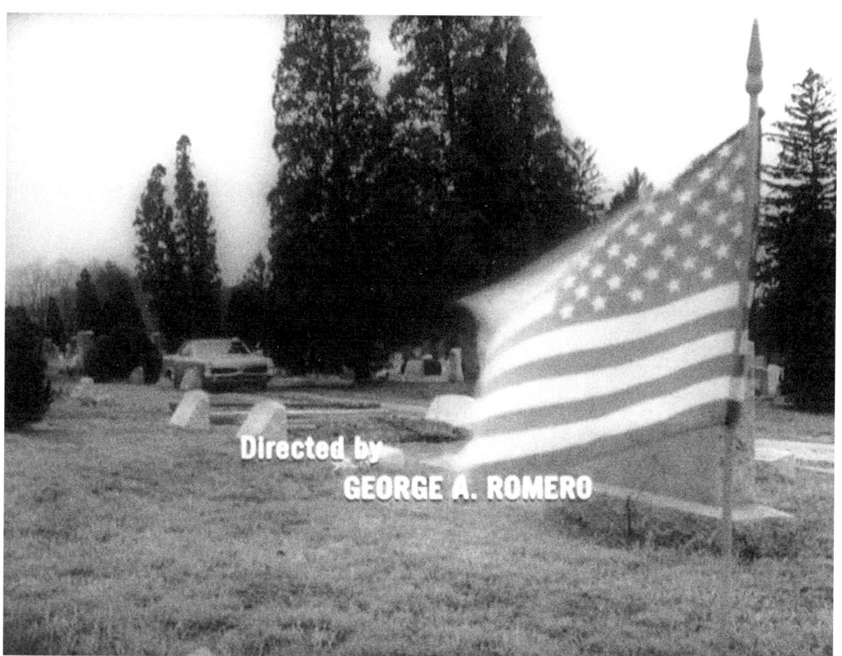

6 Regisseur Romero blendet seinen Namen ein, als Barbra mit ihrem Auto auf den Weg zu jenem Friedhof einbiegt, den ihr Bruder nicht mehr lebend verlassen wird – und in direkter Fahrtrichtung zu einer Stars-and-Stripes-Flagge. Die USA, eine todbringende Nation. (Die Nacht der lebenden Toten, USA 1968)

Verleih nicht gestört.» Lachend fügt Russo hinzu: «So richtig viel verstanden vom Film hatten die eh nicht.»

Die Nacht der lebenden Toten ist dennoch kein semiotisches Minenfeld. Jedes Sinnbild ist eindeutig. Dass der junge Romero vielleicht ein Patriot war, aber mit der Regierung seines Landes nicht mehr einverstanden, zeigen subtile Kompositionen, wie im Vorspann (Abb. 6).

Ein zweiter, die amerikanische Kultur prägender Film des Jahres 1968, Stanley Kubricks 2001: Odyssee im Weltraum, könnte von Romero nicht weiter entfernt sein. Im Zeitalter des Space Age, ein Jahr vor der ersten Mondlandung, zeigt Kubrick Astronauten auf ihrem Weg zur All-Erkundung und stellt Fragen zur Entstehung des Universums, die er zwar mit stellaren Präsentationen wie dem «Monolithen» und dem «Star Child» selbst beantwortet, über die Kinogänger aber heute noch rätseln. Die Leute in den amerikanischen Straßen protestierten derweil gegen das Apollo-Programm und forderten, das Geld nicht für Raumschiffe, sondern soziale Projekte auf Erden auszugeben. Bringt erst mal diesen Planeten in Ordnung, dann sehen wir weiter.

«Nun, das waren die 1960er», sagte Romero in einem Interview aus dem Jahr 2005 zu Simon Pegg, der kurz zuvor mit Shaun of the Dead eine Zombiekomödie drehte.

«Wir rauchten die ganze Zeit und redeten über Politik. Über die Revolution. Ich wollte in der NACHT DER LEBENDEN TOTEN erzählen, was in der ersten Nacht passiert, und wie die Leute damit umgehen.»[7]

In Romeros nebensächlicher Erwähnung der lediglich «ersten Nacht» steckt wahrscheinlich ein tieferer Gedanke. Zum Zeitpunkt der Dreharbeiten 1967 hatte er noch nicht entschieden, ob die Lebenden oder die Untoten diesen Krieg gewinnen sollten. Die erste Nacht kennt noch keine Sieger.

Amerikanische Horrorfilme der 1950er- und 1960er-Jahre waren geprägt vom «Us vs. Them»-Gedanken: Wir gegen sie. Wer kein Patriot ist, ist womöglich Kommunist. Alien-Invasion und Infiltration, Mutation und Metamorphose definierten durch Filme wie DAS DING AUS EINER ANDEREN WELT (1951) oder BLOB – SCHRECKEN OHNE NAMEN (1958) das phantastische Kino. Was aus dem All kommt, dreht uns politisch um. Die neu erdachten Monster, ob Außerirdischer oder in Riesentiere verwandelte Insekten, symbolisierten die Furcht vor der Überrumpelung durch den roten Gegner (noch besser ist es natürlich, man genießt die Filme wegen der Mega-Ameisen und denkt dabei nicht an Russen). Der Sowjet strebe unsere Neugesinnung an, indem er unsere eigenen Leute, die längst undercover im Dienst des Systemfeindes stehen, auf uns loslässt.

In vielen dieser Werke geht es um lediglich ein einziges Ungeheuer, das aufgrund überlegener Körperkraft eine Vielzahl von Menschen ausschalten kann. Prägend für Romero aber war Don Siegels DIE DÄMONISCHEN (1956), der nicht ein solitäres Monster gigantischen Ausmaßes in den Mittelpunkt stellt, sondern etliche lediglich menschengroße Monster, die uns imitieren, um unsere Gesellschaft zu durchdringen. DIE DÄMONISCHEN war «Die Nacht der lebenden Toten» vor der NACHT DER LEBENDEN TOTEN: Außerirdische landen auf der Erde, tarnen sich als Menschen und überwältigen uns, indem sie in Horden Jagd auf Einzelne machen. Da die transformierten «Pod People» alle dasselbe tun und alle gleich dreinschauen, wurde eine sozialistische Dystopie – zumindest aus Sicht der Amerikaner – gleich mitgeliefert.

Das Zombie-Genre ist wie geschaffen für jene uns im Kalten Krieg terrorisierende «Us vs. Them»-Paranoia. Untote bilden eine irreale Gegner-Armee. Untote sehen aber, abgesehen von den vielen grässlichen Wunden, aus wie wir. Wir können sie auseinanderhalten, weil wir auch innerhalb unserer Spezies Gesichter auseinanderhalten können. Bei einer Ansammlung kleiner grüner Männchen wäre das ebenso wenig möglich wie bei einem Schwarm von Killerbienen. Gleichzeitig gibt es im Zombie-Heer keine Subjekte. Jeder Einzelne ist Teil eines amorphen Gemenges und gesteuert durch einen Fresstrieb. Es war damals verlockend, im vermeintlich stumpfen Widersacher den anonymen, die Befehle einer Diktatur befolgenden Sowjet zu sehen, der den freiheitsliebenden West-Soldaten bedrängt. Zombies erblicken den Feind und bewegen sich sofort auf ihn zu. Keiner von ihnen verschnauft, keiner bleibt zurück und muss Rückendeckung geben, keiner schleicht sich von hinten heran.

7 *Time Out*, bit.ly/3Imuvty (31.01.2023).

Auch darin unterscheidet sich der Zombiefilm vom Vampirfilm: Vampir-Armeen bestehen aus sprechenden Individuen, die ihre Exzentrik aus dem Glauben beziehen, Auserwählte Satans zu sein. Eine Armee voller Exzentriker zu filmen, würde aber jede Erzählung sprengen, denn jedes dieser Monster hätte etwas zu sagen, bevor es in das Gefecht zieht, etwas zu sagen, während es kämpft, und etwas zu sagen, falls es stirbt. Jeder Vampir besteht auf seine eigene Szene.

Die Darstellung eines Untoten-Heeres ist also gekennzeichnet durch Depersonalisierung. In der bipolaren Welt sind Zombies die idealen Soldaten einer Streitmacht, weil keiner dieser Kämpfer über Persönlichkeit verfügt. Sie sind Elemente einer Manövriermasse und Stellvertreter politischer Feinde, weil sie gewissenlos, ja seelenlos erscheinen – und genau das wird dem politischen Feind in jedem (Propaganda-)Krieg vorgeworfen: skrupellos zu sein, seelenlos zu sein. Unbeachtet bleibt dabei die Kameradschaft innerhalb der Sowjet-Zombie-Brigaden. Manchmal zanken sich die Untoten zwar, weil jeder den erlegten Systemfeind als Nahrungsquelle für sich allein haben will. Aber nie würden sie sich deshalb gegenseitig verletzen oder gar töten.

Ob George A. Romero vor Drehbeginn mögliche Parallelen seiner Zombies zu Soldaten erkannte, ist unklar. Aber die Untoten in Die Nacht der lebenden Toten können als Wiederkehrer der in Asien gefallenen Menschen firmieren, seien es Amerikaner oder Vietnamesen. Und sie belagern nun das Haus, in dem sich sieben Menschen verschanzt haben, darunter die auf dem Friedhof angegriffene Barbra, der die Flucht gelang. Der Kompetenteste von ihnen ist Ben (Duane Jones), ein Schwarzer. Das war 1968 ein Novum. Ein Schwarzer als einziger Hauptdarsteller unter Weißen Nebendarstellern, das galt als unerhört. Und dieser Schwarze Mann schließt sich nicht nur mit der Weißen Barbra, einer Angelsächsin par excellence, in ein Haus ein, er ohrfeigt sie auch, als sie ihn ohrfeigt (Abb. 7). Später wird Ben einen Weißen, der die Gemeinschaft in Gefahr bringt, sogar erschießen. Der Kritiker Elvis Mitchell, ein Chronist afroamerikanischer Identitätstheorie im Film, bezeichnet Ben als Vorgänger von jenen in den frühen 1970er-Jahren das US-Kino stürmenden Blaxploitation-Helden wie Shaft oder Youngblood Priest in Superfly, die sich von Weißen Tyrannen nichts mehr befehlen lassen.[8]

Ben ist ein Revolutionär, und das darf ein die Landschaft reinigender Redneck, der Weiße aus der Bürgerwehr, nicht ungestraft lassen. Bens Ende erfolgt nüchtern, wie eine geschäftsmäßige Abwicklung – und ist ein Schock.

Die Untoten gelangen ins Haus, und Ben schließt sich, als letzter Überlebender, im Keller ein. Die Zombies oben in der Diele vergessen den Gejagten und schlurfen davon, in den Wald. Als Ben die Kellertür wieder aufsperrt und durch die verlassenen Räume schleicht, jubiliert er nicht als Survivor eines Action-Dramas, er erhält sogleich einen tödlichen Gewehrschuss zwischen die Augen. Die anrückende Patrouille draußen hat ihn für einen Zombie gehalten. Oder für einen sowieso bald toten Menschen mehr oder weniger, auf den es nicht ankommt. Einen Schwarzen mehr oder weniger, auf den es nicht ankommt.

8 *Birth of the Living Dead*, Dokumentation.

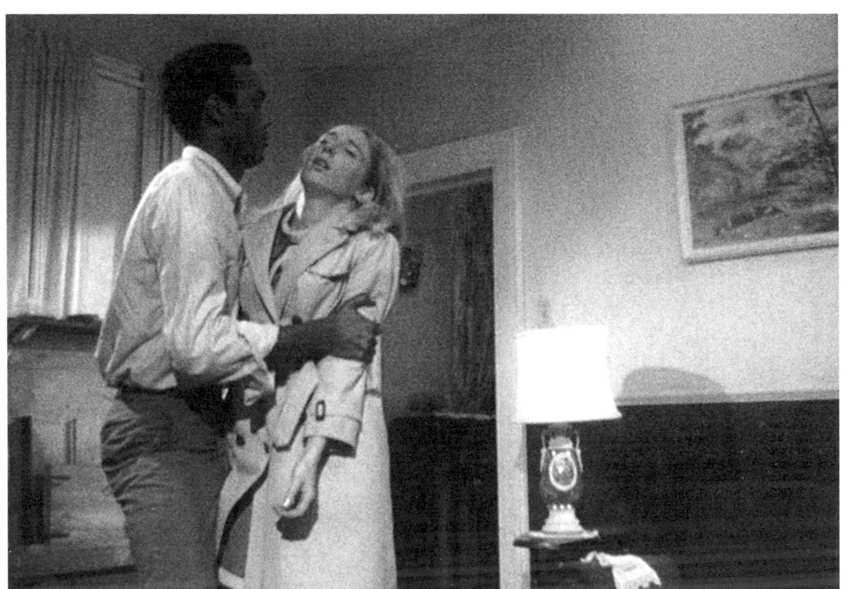

7 Ben (Duane Jones) hat Barbra (Judith O'Dea) geohrfeigt, sie wird ohnmächtig. (Die Nacht der lebenden Toten, USA 1968)

Zwischen Bens Comeback aus dem Keller und dem Ende des Abspanns vergehen keine drei Film-Minuten. Die Credits laufen über Fotoaufnahmen seiner Leiche, die von der Nationalgarde mit Fleischerhaken aus dem Haus gezerrt und auf einen Berg aus erlegten Zombies geworfen wird. Der Held stirbt nicht nur tragisch, sondern auch unglücklich, im Rahmen einer mutmaßlichen Verwechslung. Das meinte der Kritiker Roger Ebert, als er bei der Kinopremiere seine Gedanken mit «am Ende ist einfach alles vorbei» beschloss.

Autor John A. Russo war bei Drehbeginn 28 Jahre alt. Die Antikriegs- und Bürgerrechtsbewegung hat er unterstützt. Als politischer Film indes, sagt er, sei Die Nacht der lebenden Toten nicht gedacht gewesen. Damit widerspricht er jeder Deutung. «Eine Allegorie», versichert er, «war zu keiner Zeit beabsichtigt. Wir haben einfach eine Geschichte erzählt, das ist alles.» Die Untoten standen also nicht für die Toten in Amerika oder Vietnam? Nein, sagt Russo. «*That's not allegory, that's a good story.* Unabhängig davon darf jeder eine Geschichte so interpretieren, wie er will.» Die Filmhandlung fasst er mit sieben Wörtern zusammen: «*Story of a man doing his job.*» Ben hat die Aufgabe, die Zombies zu erledigen.

Russo führt die weit verbreiteten Vietnam-Metaphern auf einen nach der Filmpremiere erschienenen Artikel in der Zeitschrift *Sight & Sound* zurück, in der der Rezensent behauptete, in den Soundtrack zur Nacht der lebenden Toten seien traditionelle Lieder über die Befreiungskämpfe von Afroamerikanern gemischt worden – was nicht zutrifft. Russo regt sich auf: «Damit gingen die Gerüchte um diesen ganzen Allegorie-Bullshit doch erst los!»

Der Wahl eines afroamerikanischen Protagonisten würde Regisseur George A. Romero in seinen drei folgenden DEAD-Filmen treu bleiben, aber das Casting Duane Jones' sei ohne Blick auf die Hautfarbe erfolgt. Das Drehbuch liefert keine Hinweise auf Bens Ethnie. «Duane war ein Freund», sagte Romero in einem Gespräch ein Jahr nach der Premiere. «Er kam zum Casting, sah passend aus, las gut vor, also nahmen wir ihn. Mehr war für mich nicht von Belang.»[9]

Wenn das stimmt, hat Romero den Zeitgeist ohne jede Ahnung getroffen. Sein Film erzählt vom Angehörigen einer Minderheit, der im prä-apokalyptischen Leben, aber auch im Angesicht des Weltuntergangs wie ein Mensch zweiter Klasse behandelt wird. Romero ist ein Geschichtenerzähler, der die Zeit reflektiert, ohne uns etwas lehren zu wollen: Ben hält keine Wutrede gegen die Ungerechtigkeit, er muss den ihm implizit entgegengebrachten Rassismus nicht anklagen, damit wir ihn verstehen. Auch deshalb konnte keiner Romero vorwerfen, schulmeisterlich zu sein.

«We started the ball rolling», sagt John A. Russo. Dank des Guerilla-Drehs hätten viele Filmschaffende die Möglichkeit erkannt, mit einfachen Mitteln und wenig Geld phantastische, aber überzeugende Welten zu kreieren. Russo benennt vor allem Tobe Hooper und BLUTGERICHT IN TEXAS (1974), Sam Raimi und TANZ DER TEUFEL (1981), aber auch Drama-Regisseure wie Spike Lee oder Joel und Ethan Cohen als seine Nachfolger: «Sie mussten dieselbe Erfahrung machen wie Romero und ich. Es war kein Geld da, um sich aufwendig dekorierte Sets und Kostüme leisten zu können. Make-Up aber schon! Zombie-Schminke kostet nichts und ist schnell gemacht!»

Sein größter Fan sei Quentin Tarantino. Russo traf den Regisseur 2005 bei der Premiere von Romeros LAND OF THE DEAD. «Quentin erzählte mir, dass er an einer Zombie-Story gearbeitet hatte, sie aber nicht beendete. Er kam auf mich zu und legte sofort los: ‹Du bist doch der Typ, der das Buch geschrieben hat!› Ich antwortete: ‹Welches? Ich habe um die 40 geschrieben.› Es stellte sich heraus, dass er mein Handbuch über Filmproduktion meinte. Quentin sagte, mein Ratgeber habe ihm bei der Fertigstellung seines Debütfilms RESERVOIR DOGS (1992) geholfen. Er wusste sogar, dass ich selbst gelegentlich Regie führte.» Russo fühlte sich geehrt und machte sich eine Gedankennotiz. «Quentins Lob war eines, das ich gut gebrauchen kann, wenn ich neue Projekte vorstellen will», erzählt er. «Ich verweise dann auf Tarantino als meinen Fan.»

Als Regisseur verfügt Russo also über das Selbstbewusstsein, überlegene Arbeiten der Epigonen zu würdigen. Keiner seiner Kinofilme nach der NACHT DER LEBENDEN TOTEN fand Anerkennung. Die meisten Fans und Kritiker denken schließlich, DIE NACHT DER LEBENDEN TOTEN sei allein Romeros Erfindung. Der Auskenner Tarantino dagegen wusste, mit welchem der vielen Premierengäste von LAND OF THE DEAD er außerdem reden musste. Tarantino liebt die lebenden Leichen, er spielte 2007 unter der Regie seines Freundes Robert Rodriguez im Zombiefilm PLANET TERROR mit. Später ließ er sich für ein Erinnerungsfoto zu jenem Friedhof fahren, mit dem DIE NACHT DER LEBENDEN TOTEN beginnt, dem Evans City Cemetery in Evans City, Pennsylvania.

9 *Interview*, 04/1969.

In DIE NACHT DER LEBENDEN TOTEN retten sich also sieben Menschen in ein Farmhaus. Die Spannungen führen zu Gewalt, aber Rassenhass wird nicht ausgesprochen, ist nur zu spüren, dank des nuancierten Spiels zwischen Ben und dem Familienvater Harry Cooper (Karl Hardman, der auch für Make-up und Produktion mitverantwortlich zeichnete), der andere Überlebensstrategien durchsetzen will. Er hilft der Gemeinschaft bei den Zombieattacken nicht, sondern plant den Rückzug ins Gewölbe. Er tituliert Ben nicht mit dem N-Wort, aber bezeichnet ihn grundlos als «Verbrecher» und meint damit vielleicht das N-Wort.

Konflikte wie diese begründeten die klassische Dramaturgie des Zombiefilms. Der Mensch erleidet den Tod durch Zombiehand, weil der Mensch vorher am Menschen gescheitert ist. Schwächer als hier würden die Untoten nie mehr sein. Nur das gibt den Überlebenden jede Gelegenheit, stattdessen aufeinander loszugehen. Die verschiedenen Taktiken zur Bewältigung der Zombies sah Romero als bildhafte Ausdrücke für die Verschiedenheit psychischer Zustände. Keiner versteht den anderen, jeder hält nur die eigene Entscheidung für logisch, bis hin zur Allmachtsfantasie. Cooper will sich im Keller verschanzen, dem sichersten Raum, aber ohne zweiten Ausgang. Ben möchte im Erdgeschoss bleiben, um notfalls aus dem Haus flüchten zu können. Sie sind zwei erwachsene Männer, die sich schon im normalen Leben nicht zusammenraufen könnten, weil sie es nicht gewohnt gewesen wären, miteinander zu diskutieren. Sie entstammen unterschiedlichen Nachbarschaften, unterschiedlichen Klassen.

Für eine verkommene Gesellschaft, darin ist sich die Jugend meist einig, ist die Elterngeneration verantwortlich. Die 68er-Bewegung speiste ihre Kraft aus der Wut der Jungen auf die Alten, die entweder begeistert in den Zweiten Weltkrieg gezogen seien, zu wenig Widerstand gegen die Kriegstreiber zeigten, oder Mitläufer waren, als die Herrschenden den Kriegszustand ausriefen. Dass in der NACHT DER LEBENDEN TOTEN ein verwandeltes Mädchen seine Mutter mit einer Gartenkelle zerhackt und dann erst isst, stellt eine besonders perfide Art mundgerechter Nahrungszubereitung dar. Hätte das untote Mädchen einen Verstand, man könnte ihm Bösartigkeit unterstellen. Abgesehen davon, dass der Film zwar Fleischverzehr, aber keinen einzigen Biss zeigt, womöglich, weil die Spezialeffekte nicht gut genug ausgesehen hätten (Abb. 8).

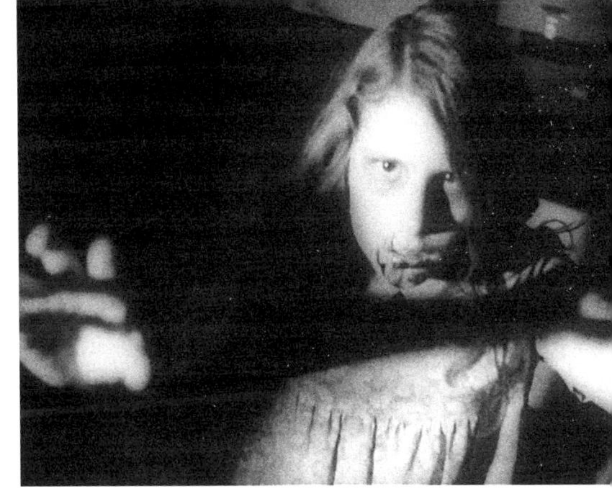

8 Die von einem Zombie gebissene Karen Cooper (Kyra Schon) hat sich in eine Untote verwandelt. Obwohl sie gleich eine Kelle von der Werkzeugwand nehmen wird, um auf ihre Mutter einzustechen, gönnt sie sich vorher den Luxus einer altmodischen Grusel-Inszenierung: Sie läuft mit ausgestreckten Armen auf Mama zu. (DIE NACHT DER LEBENDEN TOTEN, USA 1968)

Nur vier Monate vor der Nacht der lebenden Toten kam Roman Polanskis Rosemaries Baby ins Kino. Auch dies ein Film, der die 68er und die Angst der Eltern vor ihrem rebellischen Nachwuchs zu erspüren schien. Eine junge Mutter fürchtet sich vor ihrer ersten Geburt, glaubt, das Baby wäre des Teufels. Fünf Jahre später traktiert in Der Exorzist ein pubertierendes, von einem Dämon besessenes Mädchen seine Mutter mit allerlei Körperflüssigkeiten. Es gab Berichte über entsetzte Kinogängerinnen, die deshalb Fehlgeburten erlitten.

Das Motiv vom Kind als Rächerin an den Eltern, verkörpert durch eine kleine lebende Leiche, wurde noch Jahre später gewürdigt. In Uli Edels Christiane F. – Wir Kinder vom Bahnhof Zoo (1981) geht die 13-jährige Christiane in den Kinosaal der «Sound»-Diskothek und schaut sich einen Film an: Die Nacht der lebenden Toten. Wir sehen die Slasher-Szene mit der kleinen Karen und ihrer Gartenkelle. Wenig später nimmt Christiane zum ersten Mal Heroin und landet auf dem Strich. Mag Regisseur Edel die Entfremdung Christianes von ihren Eltern – der im Film abwesende Vater misshandelte sie, die Mutter vernachlässigt sie – nur umrissen haben, so hat er mit dieser Einblendung aus der Nacht der lebenden Toten doch die Selbstverständlichkeit, dass die Entwicklung eines Kindes ein Ergebnis von Erziehung ist, raffiniert dargelegt.

Der Angriff des Zombiemädchens nicht von außen, sondern im vorgeblich sicheren Haus bietet eine Beschleunigung des Dramas, dem alle bis dahin Überlebenden zum Opfer fallen. Die Zombie-Infektionsregeln gelten heute als gesetzt – gerät untotes organisches Material in den Blutkreislauf, war's das. Damals aber wusste kein Kinogänger davon. Dass ein gebissener Mensch an der kleinsten Bisswunde stirbt und dann zum Untoten wird, stand zu diesem Filmzeitpunkt, nach 84 von 96 Minuten, nicht fest. Ben, Cooper und die anderen waren derart in Kleinkriege eingebunden, dass sie versäumt hatten, den Verwandlungsfortschritt des seit Stunden fiebrigen Mädchens im Keller zu beobachten, geschweige denn zu erahnen, was es gerade durchlebt. Auch die infizierte Karen ist, nach der «Us. vs. Them»-Deutung, eine Schläferin, die unsere Gesellschaft durchwandert hat und ihren Einsatz ersehnt. Karen lauert im Keller, quasi unserem Unterbewusstsein – dort, wo das Verdrängte darauf wartet, nach oben kommen zu können.

Und erst nach 50 Minuten immerhin – Romero enthüllt seine Wahrheiten mit herrschaftlicher Ruhe – berichten Reporter, dass es sich bei den behämmerten Schleichern, die rund um Pittsburgh unterwegs sind, um auferstandene Leichen handelt, die Menschen fressen. Die in Die Nacht der lebenden Toten skizzierte Dramaturgie ist derart überwältigend, dass die Fehler des im Guerilla-Style gedrehten Films verzeihlich sind: Dem definitiv erlegten Zombie-Darsteller John A. Russo gelingt nicht der totenstarre Ausdruck, er rollt die Augen kurz vor der Abblende zur Kamera, wartet auf den Cut. Ein anderer Statist, mit einem erbeuteten, undefinierbaren Stück Fleisch in den Händen, blickt, bevor er reinbeißt, direkt ins Objektiv, im Sinne der «Ist es so weit, soll ich jetzt mampfen?»-Erwartung einer Regie-Anweisung.

Außerdem zeigen die Zombies ein unschlüssiges Angriffsverhalten. Sobald Ben aus dem Fenster schaut, laufen sie fast immer in weiter Entfernung auf das Haus zu, schaffen es gar nicht erst auf die Veranda – als erlitten sie einen regelmäßigen «Zurück auf Start»-Reset. Möglicherweise das Ergebnis einer choreografischen Entscheidung Romeros, nach der die entzerrte Anordnung vieler Zombie-Darsteller auf offenem Feld bedrohlicher, aber auch ästhetischer erscheint als der Tumult einander anrempelnder Zombies auf dem Vorbau des Hauses. Die Ghule in Die Nacht der lebenden Toten sind wie mit dem Pinselstrich gesetzte, großflächig verteilte Elemente eines Landschaftsgemäldes.

«Der Film ist stark, weil Barbra nicht überlebt» Ein Interview mit Judith O'Dea

Die größte Überraschung stellt der Tod Barbras am Filmende dar. Immerhin ist sie Protagonistin seit den ersten Handlungsminuten, als sie von «Zombie #1» auf dem Friedhof angefallen wird, aber davoneilen kann.

Der Film müsste ihre Heldinnenreise erzählen, und doch wird Barbra zunehmend unbedeutender. Es ist unklar, ob Romero zu gemütlich war, um ihr nach dieser Exposition und der Flucht ins Farmhaus eine Charakterentwicklung zu ermöglichen; vielleicht erkannte er, dass der Hahnenkampf zwischen Ben und Cooper relevanter ist. Vor allem in retrospektiven Besprechungen wird auf eine misogyne Darstellung dieser Frau hingewiesen, die mal als Häufchen Elend erscheint, dann wieder in Schockstarre verfällt. Als Ben ihr von seinen ersten Erlebnissen mit den Zombies erzählt, also Überlebenstipps weitergeben will, nestelt sie teilnahmslos an ihrem Kleid herum. Andererseits ist sie kein respektiertes Mitglied der Gruppe. Ben verurteilt sie immer dann, wenn sie ausnahmsweise vom ihr widerfahrenen Leid berichten möchte, zum Schweigen.

Als Zuschauer wartet man auf einen Erweckungsmoment dieser früh etablierten, potenziellen Heldin. Das erste Mal aber, als Barbra der Gruppe schließlich hilft, wird auch ihr letztes sein. Die Zombies, allen voran ihr untoter, zuvor auf dem Friedhof zurückgelassener Bruder Johnny, ziehen sie aus der Haustür und in die ewige Nacht. Doch erst im 1990er-Remake (2. Kapitel) wird die junge Frau, verkörpert von Patricia Tallman, zur munteren, neben Ben gleichberechtigten Kämpferin.

Barbra-Darstellerin Judith O'Dea feiert im Jahr 2023 ihren 78. Geburtstag und hat einen vollen Terminkalender. Nach Ende ihrer Schauspielkarriere gründete sie eine Kommunikationsfirma mit Schwerpunkt auf Gesprächstraining für Führungskräfte. Sie schult Mitarbeiter von Rüstungs- und Elektronikfirmen, aber auch Pflegeteams in Krankenhäusern. Für ein E-Mail-Interview steht sie zur Verfügung.

Bis heute versucht sich O'Dea an einer eher großzügigen Interpretation ihrer unberechenbaren Figur. Barbra habe sich als Selbstschutzmaßname in einen katatonischen Zustand versetzt, um überhaupt irgendwann der Gemeinschaft helfen zu können. «Ich nahm sie nie als zu passiv oder gar schwach war», schreibt sie. «Barbra musste den

Angriff eines Toten verkraften, eines Toten, der ihren Bruder direkt vor ihren Augen ermordete. Natürlich setzt einen das unter Schock.» Vor ihrem eigenen Tod rettet sie eine der Verbarrikadierten, Helen Cooper, als die Zombies sich ihren Weg ins Haus bahnen. «Am Ende arbeitet Barbra mit. Sie schafft es, Helen den Klauen der Ghule zu entreißen.»

Barbra zählt nicht zu den beliebtesten Charakteren des Romero-Universums. O'Dea kennt alle Beschwerden der Gemeinde. Aber für sie selbst seien die Aufnahmen eine Herausforderung gewesen. Mit dem Regisseur habe sie so gut wie keine Gespräche über das Wesen ihrer Leinwandfigur führen können, da das Script erst während des Filmens komplettiert wurde. Barbra sei ein «work in progress» gewesen, das Schicksal der jungen Frau habe vor Drehbeginn noch nicht festgestanden, Romero habe nicht gewusst, wohin mit ihr. Und als Schauspieldebütantin habe sie sich keine Vorschläge gegenüber Romero zugetraut. «Jahre später sagte George, er hätte Barbra gern als einzige Überlebende gesehen.» Dann habe er beim Dreh seine Meinung geändert. «Und ich bin froh darüber. Der Film wurde durch ihren Tod nur noch stärker.»

Judith O'Dea teilt die Ansicht John A. Russos, dass keiner der Filmbeteiligten eine politische Allegorie forcierte. Doch, einer womöglich schon: Duane Jones, der den Schwarzen Ben verkörpert. «Duane war sich bewusst, dass er als Afroamerikaner im Mittelpunkt stehen würde, dass es um Rassismus geht.» Tatsächlich habe er sich für Änderungen am Drehbuch eingesetzt, die den Rassismus expliziter herausstellen. O'Dea erinnert an die Szene, als Barbra ihm eine Ohrfeige verpasst, weil er das belagerte Haus nicht verlassen will, um nach ihrem Bruder Johnny zu suchen. «Als Ben sich weigert, sollte Barbra ihm dreimal ins Gesicht schlagen. Duane sagte zu George, dass das so nicht funktioniert. Sie möge ihn lediglich ein einziges Mal ohrfeigen – und er schlägt sofort zurück, und Barbra wird ohnmächtig.» Ben lässt sich nichts mehr bieten, auch wenn seine Wut die falsche Person trifft, keine Rassistin, sondern eine Hysterikerin.

Die Kritik an Judith O'Deas Darstellung der Barbra hat dem Kassenerfolg des Films nicht geschadet. Dass George A. Romero nach Ansicht vieler Kritiker gleich mit seinem Spielfilmdebüt sein Opus Magnum vorlegen würde, konnte der damals 27-Jährige nicht ahnen. Bald spürte er eine Bürde. Innerhalb der ersten zehn Jahre nach der NACHT DER LEBENDEN TOTEN drehte Romero vier Filme, darunter MARTIN (1977), einen avantgardistischen Vampirfilm mit einem identitätsgestörten, pubertierenden Blutsauger, der von seinen Liebesgefühlen überfordert ist. Aber die Leute erwarteten von Romero etwas anderes. Einen neuen Zombiestreifen. Denn mit dem Ende der NACHT schien auch das Genre bereits ein Ende gefunden zu haben, zumindest so lange, bis der «König der Zombies» selbst nachlegen würde.

Kein Untoten-Film konnte Romero nach 1968 Konkurrenz machen. Arbeiten wie DIE NACHT DER REITENDEN LEICHEN (1971) sind ein Witz. DAS LEICHENHAUS DER LEBENDEN TOTEN (1974) ist ein abstrakter Kunstfilm, ein verstörendes Märchen über Stadtflüchtlinge in britischer Landschaftsidylle, eine Parabel auf (hippieske) Jüngere, die die Gesellschaft liberaler gestalten wollen, aber von den Alten für Gangster gehalten werden. David Cronenberg vermochte mit PARASITEN-MÖRDER (1975) dem Genre immerhin eine Facette hinzuzufügen. Bei ihm werden die Quasi-Zombies durch sexuelle Aggressionen gesteuert.

Zwischen 1968 und 2009 würde Romero sechs DEAD-Arbeiten abschließen; manche zählen noch seinen 1973er-Film CRAZIES dazu, in dem ein Virus lebende, statt verstorbene Menschen durchdrehen lässt. Bei einem Œuvre von 17 Spielfilmen macht das eine Quote von mehr als einem Drittel allein den Untoten gewidmeter Werke. Die langen Pausen – nur sechs Zombie-Beiträge in 31 Jahren – begründete Romero mit einem hehren Ziel. Er sei stets in Lauerstellung gewesen, habe auf den richtigen Zeitpunkt gewartet. Die Zombies stünden für gesellschaftliche Umbrüche. Und diese Umbrüche gebe es nun mal nicht jedes Jahr.

Zehn Jahre nach seinem Debüt brachte Romero den zweiten Zombiefilm ins Kino. Ihm fehlte das Momentum, der emblematische Zweifrontenkrieg, geboren aus Krisen amerikanischer Innen- und Außenpolitik, die Allegorie auf Revolte, Zusammenbruch und neuer Weltordnung, wie sie DIE NACHT DER LEBENDEN TOTEN war. Romero gierte nach der nächsten effektiven Metapher, ein zweites 1968 ließ sich jedoch nicht herbeizaubern. Auch der Schockeffekt, den die einst neuen Monster namens Zombies auslösten, war nicht zu wiederholen.

Es sprach also alles gegen ZOMBIE. Und doch wurde dieser Film sein größter Triumph. Als ihn ein Interviewer mit dieser Wahrheit konfrontierte *(«It's your masterpiece»)*, hatte Romero sogleich eine Antwort parat. «Yeah. Aber wissen Sie auch, was das Problem daran ist?» – «Welches denn?» – «Jeder will seitdem, dass ich immer wieder einen Film wie ZOMBIE drehe, immer und immer wieder!»[10]

Eine bestimmte Person aus Romeros Umfeld ist froh, dass nicht nur ZOMBIE, sondern auch DIE NACHT DER LEBENDEN TOTEN so erfolgreich war. Judith O'Dea, deren Barbra das erste berühmte Zombie-Opfer der Filmgeschichte darstellt, berichtet, dass ihr noch heute, 55 Jahre nach der Kinopremiere, dieser eine Satz nachgerufen werde: *«They're coming to to get you, Barbra!»* «Sie kommen, um dich zu holen, Barbra!» «Oh ja», schreibt O'Dea. «Ich glaube, es vergeht kaum eine Woche, in der mir nicht irgendjemand diese wunderbare Zeile vorträgt. Und sie hat mich bis heute nicht ermüdet.» Das Erfolgsgeheimnis dieser Sentenz schreibt sie Russel Streiner zu, ihrem Filmbruder Johnny. Der habe den Zombiefluch einfach meisterhaft intoniert. Und genau diese Worte seien der Einstieg in eine Gruselgeschichte gewesen, wie man sie sich 1968 nicht hätte vorstellen können.

Bis zum heutigen Tag profitiert O'Dea von ihrer Horrorfilm-Prominenz. Sie sagt, dass sich vor Beginn ihrer Kommunikationskurse die Nachricht wie ein Lauffeuer verbreite: Sie war Romeros erste Hauptdarstellerin, und sie wurde von Zombies getötet. «Wenn ich dann vorne auf dem Podium stehe und in die Gesichter all der Manager, all der Führungskräfte blicke, habe ich manchmal das Gefühl, sie nehmen die Sache noch sehr viel ernster als sie eigentlich müssten», schreibt sie in ihrer Mail. Und beendet unser Interview mit einem Lach-Smiley.

10 Alexander, Chris: *Dawn of the Dead – Over and Over.*

ZOMBIE: Die Mall als Sehnsuchtsort

«You know Macumba? Voodoo. My granddad was a priest in Trinidad. He used to tell us, ‹When there's no more room in hell, the dead will walk the earth›.»
Peter, ZOMBIE

«We screwed this up by ourselves.»
Fran, ZOMBIE

Seit Anfang des Jahrtausends gibt es in den USA Abenteuer-Führungen durch aufgegebene Shopping Malls. Die einstigen, abbruchreifen Einkaufsparadiese sehen so geisterhaft aus, als stünden sie in Prypjat, jener ukrainischen Atomstadt, deren Totenruhe 2022 von Putins Truppen entweiht wurde. Berichten zufolge wirbelten die russischen Soldaten bei ihrem Einmarsch derart viel radioaktiven Staub auf, dass sie daran sterben könnten.

Die amerikanischen Einkaufscenter der Neuzeit verwaisen, weil die Leute durch den Siegeszug des Online-Shoppings zunehmend von zu Hause aus einkaufen. Das war nicht immer so. Früher gab es «Mallrats», und die liebten ihre Mall. Manche vielleicht über den Tod hinaus.

Daran erinnerte auch George A. Romero 1978 mit seinem zweiten Untoten-Epos ZOMBIE, dessen Originaltitel melodiöser klingt: DAWN OF THE DEAD. Auf die NIGHT folgt der Sonnenaufgang, und allein die Titelwahl mit seiner positiven Konnotation der Morgenröte deutet auf eine optimistische Perspektive auf den Gesellschaftswandel hin – aus Sicht der Zombies. Die Ära der Menschenfresser hat endgültig begonnen.

Romero konzipierte das Werk als Kapitalismuskritik und führte seine linkspolitische Linie fort. In DIE NACHT DER LEBENDEN TOTEN wurde der einzige Überlebende des Zombieangriffs von patrouillierenden Hillbillys für einen Untoten gehalten und erschossen. Auch in ZOMBIE verhalten sich die Menschen scheinbar wie Monster, aber die Monster manchmal auch wie Menschen. Mit dummer Miene schlurfen sie in der – damals keineswegs abgetakelten – Pittsburgher Monroeville Mall von Schaufenster zu Schaufenster, wie einst die Lebenden, angelockt von Konsumversprechen.

Heute erscheint das Sinnbild des abgestumpften Schaufensterbummlers überholt. Betrachten wir die Dinge, die uns unerschwinglich erscheinen, nicht einfach nur abgestumpft im Netz? Aber 1978 setzte Romero eine Beobachtung um, die ihn lange beschäftigte: Bei einem Besuch der Monroeville Mall ein paar Jahre zuvor zogen ihn Leute in den Bann, die mit demselben leeren Gesichtsausdruck von Laden zu Laden streiften. Geblendet, im Kauf- oder Glotz-Rausch. Menschen als Automaten, die ihn an seine Kreaturen erinnerten.

Er hatte sein Thema gefunden: Nach NIGHT kam DAWN, das Kaufhaus wurde sein neues Farmhaus. Und die sabbernden Bummler seine neuen Zombies. «Amerika», sagte er, «war zu einer sterilen Fast-Food-Gesellschaft verkommen.»[11]

11 Seligson, Tom: *George Romero: Revealing the Monsters within us.*

«Sie fühlen sich dorthin hingezogen, wo es sie an ihr altes Leben erinnert«, befindet in ZOMBIE der SWAT-Polizist Peter (Ken Foree). Mit seinem Partner Roger (Scott H. Reiniger), dem Piloten Stephen (David Emge) und dessen Lebensgefährtin, der Reporterin Francine (Gaylen Ross), macht er sich nach Ausbruch der Apokalypse daran, die Untoten aus der Monroeville Mall zu vertreiben und sie zum Prepper-Königreich umzufunktionieren.

In der Filmgeschichte gibt es viele Orte, die wie eigene Charaktere wirken, also ihre vielfältige Nutzbarkeit wie Eigenschaften erscheinen lassen. Das Overlook-Hotel gehört genauso dazu wie das Vandamm House und das Wirtshaus im Spessart. Die Monroeville Mall ist auch so ein Charakter. Die labyrinthischen Warentransport-Gänge, der Waffenladen, der Fahrstuhl, die Bekleidungsgeschäfte, der Hi-Fi-Store oder die Heizkessel-Halle werden zu Verstecken oder Rückzugsräumen, in denen gegen Untote gekämpft wird.

Die Monroeville Mall brach mit einem Filmgesetz: dass böse Dinge nur in bösen Häusern passieren können.

ZOMBIE machte das Shopping-Center legendär, die Mall ist bis heute Pilgerstätte für Fans, die in den sozialen Netzwerken Fotos posten: vom Fahrstuhl, in dem Stephen attackiert wird, aber auch von banalen architektonischen Elementen, wie den Deckenfenstern im Bürobereich der nicht öffentlich zugänglichen obersten Etage, durch die unsere Kinohelden sich Einlass in ihr Eldorado verschaffen. Hierzulande wurde die Monroeville Mall «das Kaufhaus» genannt. Der in Deutschland privat kursierende, falsche, aber fantasieanregende Filmtitel «Zombies im Kaufhaus» wurde in den 1980er-Jahren bekannter als der echte und zum Synonym für Splatter-Orgien, die auf VHS-Raubkopien herumgereicht wurden.

Gute Zombiefilme, diese Regel führte Romero mit DIE NACHT DER LEBENDEN TOTEN ein, schildern nicht den Krieg zwischen Menschen und Zombies, sondern zwischen Menschen und Menschen, die nach dem Zivilisationskollaps ihr Zusammenleben neu verhandeln müssen. Diese Verhandlung wird erschwert, weil die unbewachte Mall mit ihren Gratis-Angeboten Persönlichkeiten verändert. Der jetzt reiche SWAT-Fußsoldat kostümiert sich als Großwildjäger im Pelzmantel, die Journalistin als Model. Fran trägt derart viel Schminke auf, dass sie wie eine Keramik-Puppe aussieht, und hantiert dabei mit einem Revolver. Romero blendet über zu Schaufensterpuppen, die sie bei einer Kosmetiksitzung zu beobachten scheinen. Wir

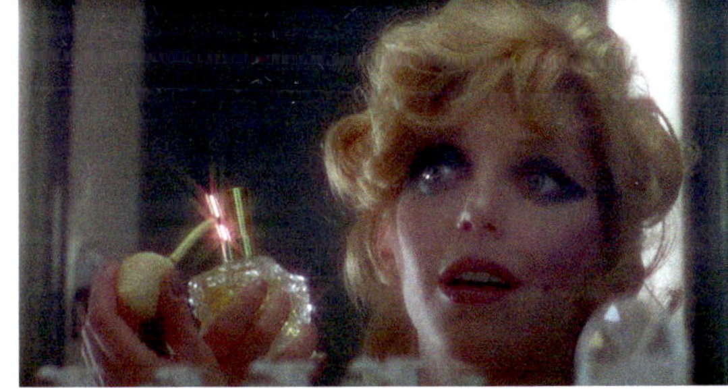

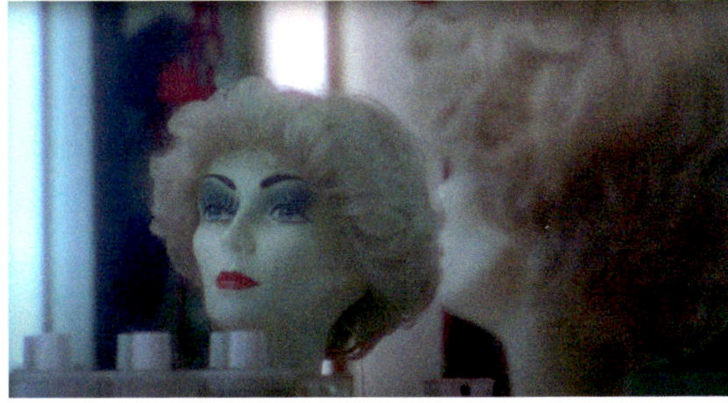

9-10 Fran (Gaylen Ross) schminkt sich und betrachtet das Ergebnis im Spiegel. Sie sieht aus wie das Mannequin neben ihr. (ZOMBIE, USA/I 1978)

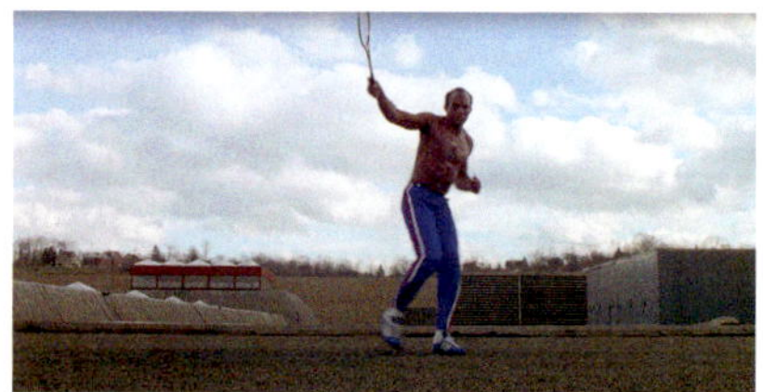

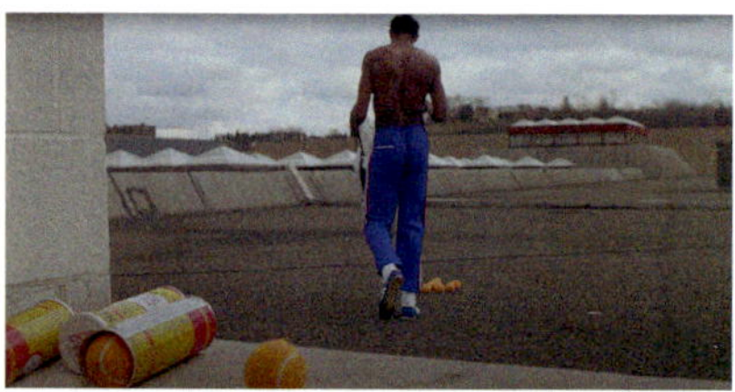

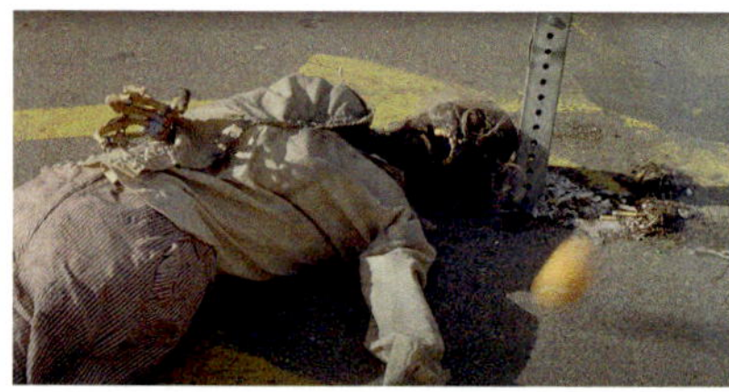

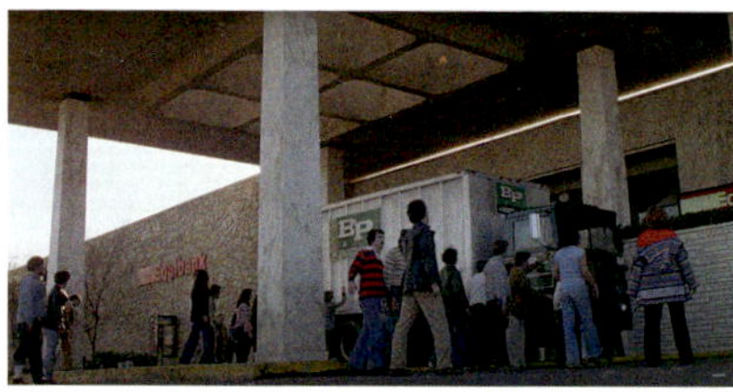

11–14 Peter (Ken Foree) verausgabt sich auf dem Dach des Shopping-Centers beim Squash. Von dort muss er die Zombies nicht sehen, auch der Zuschauer fühlt sich wie im monsterfreien Sportfilm. Als Peter seine Partie beendet und geht, fällt einer der Tennisbälle vom Dach herunter. Er landet auf dem Asphalt (als kleiner gelber Fleck zu sehen, neben einem Skelett) und mitten in das Reich der Untoten – die Welt draußen lässt sich nicht auf ewig ausblenden, egal, wie weit der Sportplatz in luftiger Höhe vom Boden entfernt ist. (ZOMBIE, USA/I 1978)

sehen also Fran, die sich in eine Puppe zu verwandeln scheint und damit zum Objekt wird. Dann eine Schaufensterpuppe, die sie zu betrachten scheint und dabei zum Subjekt wird. Es fällt immer schwerer zu beurteilen, welche der Einstellungen ein Lebewesen zeigen (Abb. 9–10). Die Irritation ist perfekt, nachdem die Zombies in das Kaufhaus eingefallen sind: Nun gesellen sich lebende Tote zu den lebendig wirkenden Puppen und den tot geschminkten Lebendigen. Die Menschen verlieren im Konsum die Nähe zu sich selbst. Sie verlieren ihre Identität.

Alle ums Überleben kämpfenden Menschen, ob in DIE NACHT DER LEBENDEN TOTEN, ZOMBIE oder dessen Remake, DAWN OF THE DEAD von 2004, eint die Möglichkeit des (berufs-)biografischen Neuanfangs. Die Apokalypse nivelliert Unterschiede und macht bestimmte Jobs (Musiker, leider!) überflüssig, oder, wie wir in der Corona-Pandemie gelernt haben: nicht systemrelevant. Die Endzeit bietet ihren Protagonisten an, alte Hüllen abzustreifen – oder zwingt sie dazu. Wer seinen Platz in der neuen Welt nicht findet, hat ein Problem. Dass die Soldaten in Romeros drittem Teil, ZOMBIE 2, auf Dienstgrade beharren, führt auch zu ihrem Untergang. Dazu später mehr.

Die Zombies draußen gieren nach Menschenfleisch, die Menschen drinnen nach Reichtum. Der Wohlstand macht das Quartett blind gegenüber einer neuen Gefahr. Andere Überlebende observieren die vier Schlaraffenlandbewohner per Feldstecher und planen den Einbruch ins Paradies. Da die Rocker auf ihren Motorrädern nur einen schnellen Beutezug und keinen Aufenthalt beabsichtigen, sichern sie die Tore des Kaufhauses bei ihrem Blitzangriff nicht ab. Mit ihnen gelangen auch die Untoten wieder hinein. Es ist dieser ewige Streit um Leadership unter den Lebenden, der wie immer jene entscheidende Unachtsamkeit hervorbringt, die der lahme, ausgesperrte und damit vermeintlich ungefährliche Zombie letztlich zu seinem Vorteil nutzt und so die geliebte Mall zurückerobert.

Unsere vier Prepper können im riesigen Kaufhaus also Märchenland spielen, aber der Tod lauert nur wenige Meter von ihnen entfernt. Romero verdeutlicht die prekäre Situation mit einer meisterhaften Montage (Abb. 11–14).

Ein ähnlich unvergesslicher Weltenwechsel offenbart sich in jenem Stimmungsumschwung von Harmonie zu Terror, in dem von friedlichen Zombie-Spaziergängern auf einer Schlittschuhbahn auf den rachsüchtigen Zombie-Stephen geschnitten wird, der in einem Fahrstuhl eingesperrt gewesen ist, dessen Türen sich nun öffnen. Sein Auftritt bietet den vielleicht einzigen Jump-Scare der Filmgeschichte, der nicht durch eine plötzliche, sondern allmähliche Einblendung vollzogen wird. Die Fahrstuhltür öffnet sich langsam wie gehabt, Stephen wird nur nach und nach sichtbar (Abb. 15–16).

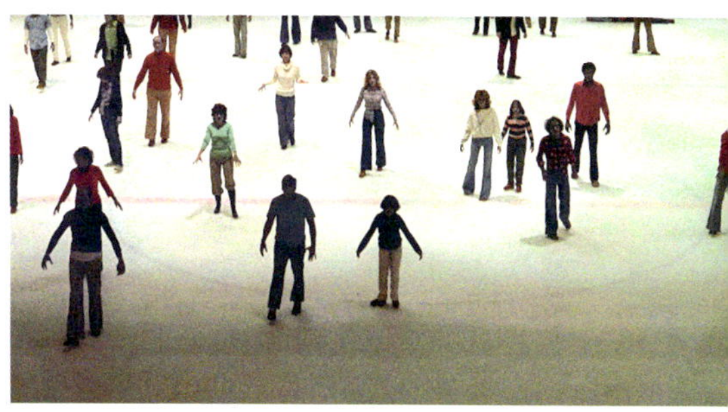

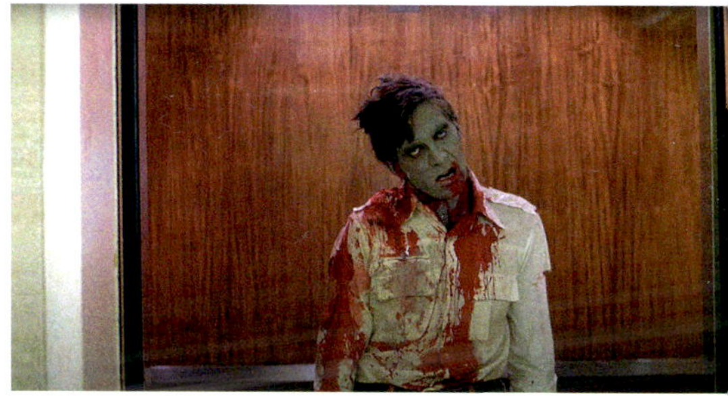

15–16 Die Zombies haben ihre Mall zurückerobert, still spazieren sie durch die Eiskunstlaufhalle. Doch schon die nächste Szene präsentiert den in einen Untoten verwandelten, wegen seiner Bisswunden furchtbar anzusehenden Stephen (David Emge). Er wird von den Untoten aus dem Fahrstuhl befreit und führt den Sturm auf seine ehemaligen Gefährten an. (Zombie, USA/I 1978)

«Wir waren die neuen Heldinnen» Ein Gespräch mit Gaylen Ross

Gaylen Ross, heute 72, Scott H. Reiniger, 74, Ken Foree, 75, und David Emge, 77, bilden das wohl berühmteste Helden-Quartett des Horrorkinos. Jeder Genre-Liebhaber weiß deren Rollenvornamen Fran, Roger, Peter und Stephen dem richtigen Film zuzuordnen (ihre Nachnamen werden in der Novelization von Zombie offenbart). Auf Messen gelten die vier Schauspieler als Edel-Gäste.

«Für den Herbst 2022 bin ich auf eine Convention in Deutschland eingeladen!», sagt Ross erfreut. Unser Gespräch findet per Zoom statt, sie sitzt in ihrem Studio in Pittsburgh, im Hintergrund ein massiver Filmschneidetisch, an dem sie wenige Minuten zuvor noch gearbeitet hatte. Zombies haben in ihrem heutigen Leben als Regisseurin keine Bedeutung mehr, aber sie weiß, was sie ihrer Romero-Rolle als Widerständlerin zu verdanken hat.

Ross stellt ein Gespür für Pointen unter Beweis, das auf lange Erfahrung mit Fragen der ZOMBIE-Fans hindeutet.

Existiert tatsächlich jenes sagenumwobene, nicht verwendete Filmmaterial vom Suizid Frans, die ihren Kopf in die Rotorblätter eines Hubschraubers hält? «Natürlich! Aber meine Kopfprothese hat Maskenbildner Tom Savini für eine andere Figur verwendet – als deren Schädel nach einem Kopfschuss explodiert!»

Was hat es mit der Zombie-Nonne auf sich, die Fran so melancholisch betrachtet? «Ich wollte sie erschießen – aber George bestand darauf, dass ich es unterlasse. Sie ist schließlich eine Nonne, und George katholisch. Nun, immerhin hat es im Film den Hare-Krishna-Zombie erwischt!»

Warum nimmt Fran den Heiratsantrag ihres Partners Stephen nicht an? «Was glauben Sie denn? Er ist ein wenig zu schwächlich für sie!»

Fragen nach Beziehungsproblemen zwischen Fran und Stephen, die sie als zu intim empfindet, werden auf ausdauernde Art beantwortet – Ross lacht einfach so lange, bis man eine neue Frage stellt. Es sind die Repliken und mimischen Reaktionen einer (Ex-) Schauspielerin, die weiß, dass der Mythos ihrer unsterblichen Figur besser unergründlich bleibt, damit er Bestand hat.

Nach ZOMBIE trat Ross nur noch ein weiteres Mal vor die Kamera, für Romeros CREEPSHOW (1982). Über die Vergangenheit spricht sie mit dem souveränen Abstand einer Cineastin, die größere Meriten in einem anderen Bereich gesammelt hat. Die preisgekrönten Arbeiten der Dokumentarfilm-Regisseurin und -Produzentin liefen auf Festivals wie der Berlinale (DEALERS AMONG DEALERS, 1995) und dem Toronto International Film Festival (KILLING KASZTNER: THE JEW WHO DEALT WITH THE NAZIS, 2010). Ob sie nun, als erfahrene Filmschaffende, den unzähligen Schnittfassungen von ZOMBIE nicht ihre eigene hinzufügen wolle? Sie wehrt die Frage grinsend ab: «Ich möchte mich nicht mehr auf der Leinwand sehen.»

Wie ihre Nachfolgerin in der DEAD-Trilogie, Lori Cardille aus ZOMBIE 2, ist Ross eine Pionierin des Action-Horror-Kinos. Sie weiß das, verweist jedoch auf Sigourney Weavers Figur der Ellen Ripley in ALIEN – DAS UNHEIMLICHE WESEN AUS EINER FREMDEN WELT (1979), der rund ein halbes Jahr nach ZOMBIE ins Kino kam und das «Girl with a Gun» etablierte. «Ende der 1970er-Jahre gab es den Sea Change, eine grundlegende Veränderung in den Geschlechterrollen. George hat das gespürt.» Man möchte George A. Romero für einen progressiven Umgang mit Frauenfiguren loben, gerade nach seinem Desaster mit der hypernervösen Barbra aus der NACHT DER LEBENDEN TOTEN. Aber Fran-Darstellerin Ross hat ihren Regisseur bearbeiten müssen, um so zu sein, wie sie auf der Leinwand zu sehen ist. «Die drei Männer erhielten ihre Macho-Momente, grandiose Shoot-em-up-Szenen», erinnert sie sich. «Aber für Francine war nichts anderes vorgesehen als Kleiderproben vor dem Spiegel.» Sie erinnert an jene Schminkszene, in der sie eine Pose einnimmt, scheinbar beobachtet von einer Schaufensterpuppe.

Ross durfte dabei einen Revolver in der Hand halten, aber Ihr reichte das nicht. Schließlich gab es im Kostümzimmer keine Zombies zu killen, Fran übte sich lediglich im Rollenspiel. Vom Kaufhausdach erledigt sie danach ein paar Untote mit dem Jagdgewehr. Später stellte Ross fest, dass dem Film in der Postproduktion Schreie von ihr hinzugefügt wurden, die einer Scream Queen würdig wären. Auch das hat sie geärgert.

Aber es gelang Ross auch, ihre Frustration in eigene, subversive Dialogzeilen zu kleiden. Auf Ross' Einfall geht der tradierte Rollenbilder karikierende Ausspruch zurück, den Fran ihren drei Männern zuwirft, die die Mall von Zombies bereinigt haben und dafür auf Service hoffen: «Ich würde euch ja Kaffee und ein Frühstück zubereiten, wenn ich denn Töpfe und Pfannen hätte!»

Francine ist schwanger, und das Boys-Team behandelt sie pfleglich, wenn auch übervorsichtig. Sie leben in der Welt der Untoten, wo man nicht zur Entbindung ins Krankenhaus fahren kann. Peter bringt einen Schwangerschaftsabbruch ins Spiel, von ihm selbst durchgeführt. Die Männer debattieren darüber, nicht wissend, dass Fran aus dem Nebenzimmer mithört. «Willst du eine Abtreibung?», fragt Peter. Die Frage stellt er nicht Fran, er stellt sie ihrem Partner, Stephen.

Fran ist derart schockiert, dass sie die Männer nicht unterbricht. Aber der Frust frisst sich nicht ins Innere. Die Konsequenz zieht Fran am nächsten Tag. Sie fordert Stephen auf, ihr das Fliegen mit dem Hubschrauber beizubringen, damit sie im Notfall allein vom Dach des Shopping-Centers fliehen kann.

«George war einer der ersten Regisseure, die in Hollywood das Thema Abtreibung zur Sprache brachten», sagt Ross. Zombiefilme, urteilt sie, seien nicht zuletzt politisch, weil bei der Abwehr eines vielleicht übermächtigen Feindes auch Fragen zur Geburtenkontrolle neue Bedeutung erhalten. Die Gesundheitsversorgung ist nicht mehr formalisiert, jede Schwangerschaft kann die Gebärende und ihr Kind gefährden. Andererseits ist die Menschheit grundsätzlich in Gefahr, wenn es kaum noch Nachkommen gibt. Doch wer will schon Menschen in so eine Welt setzen?

«Romero war gläubiger Christ, aber er erkannte, dass eine Abtreibung keine religiöse oder gesetzesmäßige Frage sein darf, sondern ausschließlich eine, die die Frau hinsichtlich ihres Wohlbefindens zu treffen hat. Männer, die über den Körper einer Frau entscheiden? Grotesk!» Ross verweist auf die Revision der Grundsatzentscheidung im Abtreibungsrecht, bekannt als «Roe v. Wade». Mit Beschluss im Juni 2022 können amerikanische Bundesstaaten erstmals seit 50 Jahren wieder über die Legalität von Schwangerschaftsabbrüchen entscheiden. De facto wird Schwangeren damit das Recht auf Selbstbestimmung genommen. *«Nobody cares about my vote»*, sagt Francine. Nach der Aufhebung von «Roe vs. Wade» haben unzählige betroffene Frauen ähnliches gesagt oder geschrieben.

Der Einfluss von ZOMBIE

Im Kinojahr 1978 war ZOMBIE nicht der einzige Kommentar zur außer Kontrolle geratenen Konsumkultur. Philip Kaufmans DIE KÖRPERFRESSER KOMMEN ist ein Remake von George A. Romeros Lieblingsfilm DIE DÄMONISCHEN: Extraterrestrische, mit einer unergründlichen Intelligenz ausgestattete Sporen gelangen durch Solarstürme auf die Erde und kreieren – zunächst heimlich, mit wachsender Macht ganz offen – für jeden Menschen, der mit ihnen in Kontakt kommt, einen Doppelgänger. Die Menschen betrachten diese außerirdischen Unterwanderungen als Grausamkeiten, weil sie bei der Reproduktion ihres Körpers sterben und ihre Zwillinge als Lebewesen auftreten, die sich in ihrer Gefühllosigkeit nicht voneinander unterscheiden. Aber sind diese Mikroorganismen wirklich unerbittlich? Vielleicht verfügen wir über ein gegenüber außerirdischem Verhalten nur ungenügend ausgebildetes Empfindungsspektrum. Vielleicht müssen die Aliens so erbarmungslos sein, weil unsere Rasse den Planeten heruntergewirtschaftet hat, weil uns Einhalt geboten werden muss. Die Neuankömmlinge versprechen «eine Welt, frei von Furcht, Angst und Hass».

Vielleicht ist ihr ausdrucksloses Mienenspiel nur ein Kennzeichen der Aussichtslosigkeit, unsere komplexen Gesichtsausdrücke zu imitieren (deshalb klingt ihr Kampfschrei auch so unnatürlich). Was sollen wir denn auch ausgerechnet von interstellar reisenden Pflanzen erwarten, die sich erstmals als Menschen versuchen? Was wir als Nicht-Vorhandensein jeglicher Emotion deuten, als Zombie-Verhaltensweise, ist womöglich das schwer zu vermittelnde Angebot, sich in einem rundumsanierten Körper auf das Wesentliche zu konzentrieren: Vermehrung und Schutz des Lebensraums. Dafür teilen die zu neuen Menschen gewordenen Außerirdischen womöglich astrophysikalisches Wissen, wenn nicht die Weltformel.

Allerdings befallen uns die Space-Blüten der «Körperfresser» ausschließlich im Schlaf, dem Zustand unserer größten Verletzbarkeit. Die Flüchtenden tun demnach alles, um wach zu bleiben. Denn wer müde wird, unproduktiv, wird durch die Außerirdischen entsorgt. Ein nihilistischer Horrorfilm als Parabel auf die Leistungsgesellschaft, in der Stillstand bestraft wird. Ein Obdachloser, also ein Mann ohne Arbeit, wird besonders hart rangenommen. Als Strafe für sein scheinbar nutzloses Dasein verpflanzen die Aliens seinen Kopf auf den Körper seines einzigen Gefährten, einen Hund.

Vielleicht haben uns die Extraterrestrischen aber auch reingelegt. Dem Versprechen einer «Welt, frei von Furcht, Angst und Hass» kommen sie schließlich auf bitterböse Weise nach. Sie machen alle Menschen zu Zombies. Sie verachten uns, und sie parodieren unseren Drang, Selbstbestätigung in Berufen zu finden. Donald Sutherlands Figur des Matthew, ein Inspektor der Gesundheitsbehörde, muss weiterhin – nun unnütz gewordene – Zeitungen nach Restaurant-Neueröffnungen durchforsten, die es nicht mehr geben wird. Seine Geliebte, die Chemikerin Elizabeth (Brooke Adams), erhitzt im Labor weiterhin ihre Gefäße, aber blickt dabei teilnahmslos zur Wand.

Die Tagline des Films lautet: *«You'll never close your eyes again.»* Die Körperfresser kommen, nach Zombie der zweite kapitalismuskritische Film des Jahres, bewies: Man kann durchaus Blumen sprechen lassen. Nur klingen sie nicht so, wie wir das gerne hätten.

Es gibt auch eine eher bedauerliche Gemeinsamkeit zwischen den Körperfressern und Zombie. Mit den Filmemachern hat sie wahrscheinlich nichts zu tun. Sie besteht in der Verantwortungslosigkeit der zuständigen Marketingabteilungen, bereits auf Plakaten und Heimvideo-Hüllen die am Filmende – zugegebenermaßen imposant aussehenden – verwandelten Hauptdarsteller Donald Sutherland beziehungsweise David Emge zu offenbaren. Der einzigartige Sutherland benötigte dafür nicht mal Make-up, und er schenkt uns das unfassbarste Ende, das je ein Horrorfilm präsentierte.

Einen größeren, mit voller Absicht beworbenen Spoiler gibt es nur beim Planet der Affen (1968) und der Abbildung jener Kolossalstatue, die Astronaut George Taylor (Charlton Heston) am Ende seiner Expedition entdeckt und so seines wahren Aufenthaltsorts gewahr wird. Die Produzenten schienen sich nicht sicher gewesen zu sein, ob die Zuschauer wirklich verstehen, was sie da am Strand sehen. Deshalb wohl musste Heston wütend auf den Sand einschlagen: «Ihr Wahnsinnigen! Ihr habt die Erde in die Luft gesprengt!»

Zombie entwickelte sich zum profitabelsten Film der Dead-Reihe. Er kostete 640.000 Dollar und hat bis heute 66 Millionen eingespielt. Für ein Kinojahr, das von positiv gestimmten Sci-Fi-Arbeiten wie Krieg der Sterne, Unheimliche Begegnung der Dritten Art und Superman regiert wurde, eine Sensation. Die *Village Voice* traf noch vor Kinostart die Prognose, dass Zombie sich zum «größten Kult-Blockbuster aller Zeiten» entwickeln könne, was die Wahrnehmung solcher Arbeiten schön zusammenfasst: Zombie könnte ein Hit werden, aber nach Kult-Maßstäben. Geliebt also von einer überschaubaren Gemeinschaft, die die Schönheit eines Films, der vorgeblich nicht für ein breiteres Publikum gemacht ist, erkennt. Aber ein Box-Office-Ergebnis von 66 Millionen Dollar? Dieser Streifen erwies sich als massentauglich.

Gaylen Ross sagt, sie kenne etliche Menschen verschiedenen Alters, die das Werk entdecken: «Dawn ist ein Familienfilm. Sogar Enkelkinder sehen ihn, die wissen gar nicht, aus welcher Ära er stammt!» Sie verweist auf Torten, die in Zombie-Visagen landen, das Slapstick-Stolpern der Zombies auf Rolltreppen oder die Hillbillys, die in den Wäldern Pennsylvanias biersaufend Sprüche klopfen und Jagd auf alles machen, was nicht lebendig ist. Gebechert wurde bei den Aufnahmen tatsächlich viel. In der Monroeville Mall durfte nur außerhalb der Öffnungszeiten gedreht werden, zwischen 19 und 7 Uhr. Etliche der Zombie-Statisten marschierten am Abend, also zum Arbeitsbeginn, erst mal zur einzigen Bar im Kaufhaus, denn die schenkte noch aus. Das erklärt auch das Torkeln der Untoten durch die Gänge, möglicherweise auch die Stürze auf der Rolltreppe.

In Deutschland brachte den Film der Chef der Neue Constantin Film GmbH, Bernd Eichinger, ins Kino. Die Synchron-Regie übernahm Supermarkt-Regisseur Roland Klick, und für die drei männlichen Hauptrollen wurden die Sprecher Christian Brückner (Peter), Frank Glaubrecht (Roger) und Norbert Langer (Stephen) engagiert. Wer die

Augen schließt und ihren Worten lauscht, wird dank dieser Stimmen Ohrenzeuge eines deutschsprachigen Gipfeltreffens zwischen Robert De Niro, Al Pacino und Jeff Bridges, die darüber streiten, wie man mit LKWs die Tore einer Shopping Mall zuparkt, sodass kein Zombie mehr hineingelangt.

Allerdings fand der «König der Zombies» Romero im Vorfeld keine Investoren. Erst als der Filmemacher Dario Argento, der «italienische König des Horrors», mit 250.000 Dollar in die Produktion einstieg, war die Finanzierung gesichert. Argento erhielt dafür das Recht, weltweit – mit Ausnahme Lateinamerikas – seine eigene Schnittfassung zu vermarkten. Außerdem engagierte er für seine Soundtrack-Version die italienische Progrock-Band Goblin.

Beide Regisseure verfolgten mit Zombie dieselbe Idee: einen Horrorfilm zu verwirklichen, in dem Emporkömmlinge am Irrglauben festhalten, in einer von Monstern regierten Welt Wohlstand aufbauen zu können. Diese Aufstiegsträume, die Gebundenheit an prä-apokalyptische Sehnsüchte sind tragikomisch. War Night noch ein schwarz-weißer Albtraum, in dem der Terror aus der Dunkelheit entsteht, sollte Dawn nun Pop sein. Das (Kunst-)Blut konnte für Romero nicht künstlich genug aussehen, also nicht hell und glitzernd genug. Zombies nicht mehr als Bedrohung, sondern als Clowns. Romero sprach davon, dass überzogene, auch unrealistische Gewaltdarstellungen seinen Film zu einem Märchen machen.

Die in den Zombie-Gesichtern landenden Torten, als Spaßwaffe von den plündernden Bikern eingesetzt, sind das offensichtliche Zeugnis einer Verschwendung von Lebensmitteln, die in der Apokalypse zu Luxusgütern geworden sind (Abb. 17). Oder ist dieser Fun Fight nur ein Traum, die Torten imaginierte Symbole der Dekadenz? Wer hat denn im Angesicht des Weltuntergangs überhaupt noch die Zeit und die Zutaten, Torten herzustellen?

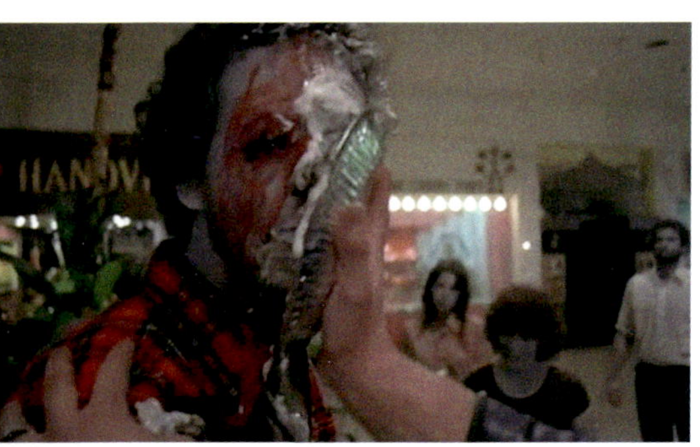

17 Ein ins Kaufhaus eingebrochener Biker tötet die Zombies nicht, er drückt ihnen Torten ins Gesicht. (Zombie, USA/I 1978)

Auch Kinder lieben Torten. Zombie ist der erste und vielleicht letzte Untoten-Film, in dem viele der Untoten nicht mal bösartige Blicke haben, sondern kindlich verwunderte, überforderte, staunende. Werden sie per Kopfschuss erlöst, scheiden sie mit verblüfftem Gesichtsausdruck dahin. Es scheint, als würden sie sich in ihren letzten Augenblicken bewusst, dass auch Wiederauferstandene aufhören können zu existieren. Erst hier sind die Wiederkehrer zu jenen «Traumwandlern» geworden, von denen in der Nacht der lebenden Toten ein Journalist berichtet, der das Grauen nicht beschreiben kann. Manche der träumenden Zombies greifen die Menschen nicht an, sie laufen an ihnen vorbei, eine Unberechenbarkeit in der Opferauswahl, die sie noch unheimlicher macht.

Etliche der Traumwandler sind in die Zombie-Annalen eingegangen, kategorisiert nach Aussehen, Verhalten oder Maßnahme ihrer Entledigung. Kein Film beinhaltet derart viele untote Charakterköpfe, was umso beeindruckender ist, da keiner von ihnen sprechen kann. Sie sind Ikonen, deren Spitznamen jeder mit Dawn of the Dead assoziiert: Hare-Krishna-Zombie, Sweater-Zombie, Helikopter-Zombie, Krankenschwester-Zombie, Macheten-Zombie... sie sind Monster-Persönlichkeiten geworden.

Es gibt auch zwei Zombie-Kinder, gespielt von der Nichte und dem Neffen des Maskenbildners Tom Savini, die, vielleicht aus Rücksicht Romeros auf deren altersbedingt begrenztes Schauspielvermögen, nicht überzeugend-morbide Schlurfen mussten, sondern sie selbst sein durften – und rennen. Sie werden schleunigst von Peter erschossen und verschwinden aus unserem Gedächtnis, was aber weniger etwas mit dem Unwillen des Regisseurs zu tun haben dürfte, Gewalt gegen Kinder zu stilisieren. Es passiert einfach alles zu schnell, um den Charakter dieser Mini-Zombies beurteilen zu können und ihnen dadurch Wert zu verleihen. Deshalb sind in den Kanon der Romero-Zombies ein Hare-Krishna-Zombie und ein Sweater-Zombie eingegangen, aber keine Kinder-Zombies.

Denn die Möglichkeit zur Identifizierung unterschiedlicher Zombie-Wesensarten wurzelt, so schräg es zunächst klingen mag, in ihren Lauf- und Reaktionsgeschwindigkeiten, die sich auf die Dauer ihrer Leinwandpräsenz auswirken. Das angemessene Fortbewegungstempo des Untoten ist ein Diskussionspunkt, der das Lager entzweit. In vielen Filmen der zweiten Zombie-Welle ab den Nullerjahren rennen die Leichen, statt zu schleichen. Romero nannte sie verächtlich «Fitnessstudio Zombies». In 28 Days Later oder dem Remake von Dawn of the Dead sind sie schneller als Usain Bolt.

«Fast Zombies» or «Slow Zombies»? Für mich ist die Frage leicht geklärt. «Fast» ist langweilig. Schnelle Zombies sind die Vampire unter den Zombies. Übermächtig.

Der langsame Untote macht auch zumindest mir größere Angst, weil er der Tod ist, von dem wir wissen, dass er uns ereilt, obwohl er noch weit entfernt ist – nicht nur buchstäblich, gemessen in räumlicher Distanz. Sinnbildlich steht er für das langsame Fortschreiten der Zeit und damit für unseren kontinuierlichen, aber gemächlichen Alterungsprozess. Wir wissen, dass wir sterben, aber das ist noch lange hin. Hoffen wir. Wir blenden den natürlichen Tod aus, so wie wir den Zombie ausblenden. Der Schlurfer ist der Tod durch Altersschwäche oder all die unzähligen Krankheiten, die uns in höherem Alter befallen. Er quält sich, mit jedem Schritt, wie ein Greis am Ende seines Lebens. Der langsame Zombie steht für den Tod, an dem die meisten Menschen – in unserer Gesellschaft – sterben. Mit der Ignoranz dieses schleichenden Todes behaupten wir unsere Unsterblichkeit. Das geht so lange gut, wie man auf sich aufpasst, Abstand bewahren kann.

Dagegen der schnelle Untote. Er ist nicht der natürliche Tod, sondern der Autounfall. Wir sehen ihn kommen und können nur noch die Augen schließen, bevor er uns erwischt. Eine Sache von Sekunden. Ein Tod, der uns vor unserer Zeit ereilt.

Es gibt ein Foto von Romero, auf dem er grinsend nicht nur ein Schild mit der Aufschrift *«Zombies don't run»* in die Kamera hält, sondern auch den Stinkefinger. Es stammt aus den Nullerjahren dieses Jahrhunderts, da hatte er an den Kassen seinen Kampf gegen die Fitnessstudio-Zombies längst verloren. Wir widmen uns den neuen Zombiefilmen im 3. Kapitel.

Für seinen Protest gegen die Sprinter hat Romero jede Unterstützung verdient. Nicht nur, weil erhöhte Zombie-Geschwindigkeit den Bewegungsvorteil des Menschen ausmerzt, rasende Zombies also unbesiegbar sind. Eine Ansammlung ultraschneller Untoter sieht zwar beeindruckend aus, wird in der Neuverfilmung von DAWN OF THE DEAD sowie in WORLD WAR Z abgefeiert, ist aber unnötig. Ein Sprinter allein würde reichen, um einen Menschen zu töten. Und dann schon den nächsten. Das überraschende Bedrohungspotenzial einer scheinbar strukturlosen Meute entfaltet sich mit viel stärkerer Wucht, wenn ihre einzelnen Mitglieder langsam sind, mit Händen wie mit Füßen.

Flitzende Zombies sind belanglos, wieseln zu schnell aus dem Bild, als dass wir ihre Persönlichkeiten erfassen könnten. Nur dahintrottende Leichen erhalten unsere volle Aufmerksamkeit: Untote können nicht sprechen, also fokussieren wir auf das, was wir sehen, was wir ausgiebig betrachten können, solange nur die Kreaturen im Fokus bleiben. Welche Wunden trägt das Ding im Gesicht, wo wurde es wohl gebissen, bevor es sich verwandelte? Warum stolpert dieser Zombie auf der Rolltreppe, während die anderen wissen, wie man sie benutzt? Und sieht die Zombie-Nonne nicht eher traurig statt gefährlich aus – hat sie eine letzte Erinnerung an ihr altes Leben, ist sie enttäuscht von ihrem Gott, der sie nicht in den Himmel geholt hat und stattdessen auf ewig traumwandeln lässt? Solchen Gedanken können wir uns nur hingeben, wenn wir die Zeit haben, uns in den Texturen der Gestalten zu verlieren.

Wir sind, wie wir gehen. Ab einem bestimmten Fortbewegungstempo jedoch nehmen individuelle Körperausdrücke und damit Persönlichkeitsunterschiede ab – da reicht ein Blick auf Leichtathleten beim 100-Meter-Sprint. Sie rennen alle gleich. «Jeder Zombie», schrieb SHAUN OF THE DEAD-Autor Simon Pegg auf Instagram, «repräsentiert eine Tragödie. Je lauter er brüllt und schneller er rennt, desto weniger offensichtlich erscheint diese Tragödie. Denn das ist doch ein Zombie: die gehende Personifizierung der Tragödie.»

Anders als in der NACHT DER LEBENDEN TOTEN erwecken einige der Untoten in ZOMBIE unser Mitleid. «Alle in der Geschichte der Menschheit erfundenen Monster», sagte Romero, «verdienen Sympathien. Sie ähneln uns schließlich.» Sie seien Manifestationen des in uns schlummernden Bösen. Mit ihrer Vernichtung verleihen wir unserem Leben einen Sinn. Wir vertreiben jenes Unheil, das wir selbst in die Welt gesetzt haben. «Das ist wie Buße. Selbst-Exorzismus.»[12] Gaylen Ross verweist auf Romeros Antrieb, unsere Moral nicht in Friedens-, sondern in Krisenzeiten zu untersuchen. Das zeige auch ZOMBIE. «Wer von uns stellt in den schlimmsten Situationen noch Menschlichkeit unter Beweis? Wer verhält sich selbst dann noch korrekt, wenn die Regeln gesellschaftlichen Zusammenlebens nicht mehr gelten?»

12 Yakir, Dan: Morning Becomes Romero. *Film Comment 15*, 1977.

Trotz seiner politischen Motivation inszenierte Romero ZOMBIE als «camp», stilistisch überpointiert. In seinem High Adventure wird die Mall mit den nachgebauten Lebenswelten zur Spielwiese. Es gibt einen Mini-Dschungel, die vier Helden rasen, bis an die Zähne bewaffnet, mit einem Auto durchs Foyer, und selbst aus dem Kofferraum heraus wird geschossen. Das war kein Zombiefilm mehr, wie Romero selbst anmerkte, das war DAS DRECKIGE DUTZEND (1967). An den M16-Gewehren von Peter und Roger sind Aufsätze für Platzpatronen-Magazine erkennbar, was die Waffen als Requisiten entlarvt. Aber das macht den Spaß für uns nur noch deutlicher. Die SWAT-Brüder sind Jungs, die Krieg spielen.

Der unbeabsichtigte Clou besteht darin, dass ZOMBIE nicht vorrangig als Gewaltsatire, sondern als Splatter-Spektakel Anerkennung fand. Das Drama wurde zum Hit, weil es so etwas nie zuvor auf der Leinwand zu sehen gab: Gedärme, die, anders als in der NACHT DER LEBENDEN TOTEN, nicht aus Verstorbenen gerissen werden, sondern aus Lebenden. Eine Machete, die einen Kopf spaltet. Ein Schraubenzieher, der in ein Ohr gejagt wird. ZOMBIE zeigt auch einen explodierenden Kopf, jenen, der eigentlich den von Gaylen Ross darstellen sollte – wenn auch nicht, wie oft behauptet, den ersten, sondern den zweiten explodieren Kopf des Kinos. Die Ehre der ersten Darstellung eines in die Luft fliegenden Schädels gebührt wohl Brian De Palmas TEUFELSKREIS ALPHA, der im März 1978 anlief, zwei Monate vor der ZOMBIE-Weltpremiere in Cannes. Im 2. Kapitel widmen wir uns dem Gore-Kino, das Romero ungewollt initiierte.

«Am Ende», sagt Ross augenrollend, geht es immer um platzende Köpfe. «Aber schauen Sie sich heutige Hitserien an, wie GAME OF THRONES. Darin gibt es die Weißen Wanderer. Sie sind die wichtigsten Zombies des Fernsehzeitalters. Und sie sind die allergrößte Gefahr, an ihnen hängt, trotz des Geschachers zwischen den Königreichen, das Narrativ aller acht Staffeln. Und wie bei George können auch diese Zombies nur auf eine ganz bestimmte Art getötet werden, in diesem Fall mit Drachenglas-Waffen und valyrischem Stahl. Auch wenn der Stahl nicht in den Kopf getrieben werden muss.»

Für die ZOMBIE-Tricks zeichnete Tom Savini verantwortlich, der Onkel der beiden rasenden Zombie-Kinderdarsteller und jener Spezialeffekte-Künstler, der nur deshalb für seinen Freund George A. Romero die Arbeit nicht schon in der NACHT DER LEBENDEN TOTEN aufnahm, weil er 1967 nach Vietnam abkommandiert wurde. Dort arbeitete er als Kriegsfotograf. Im Dschungel lichtete er irgendwann nur noch Leichen ab, und er sah, wie tote Vietnamesen von seinen eigenen Leuten wegtransportiert wurden, an Kabeldraht, Seilen und Haken, wie der erschossene Ben in Romeros Debüt. Die G.I.s warteten mit dieser Arbeit bis zum nächsten Tag, weil die Leichenstarre einfachere Handbarkeit ermöglichte. Die Inspiration für grausame Darstellungen lieferte also das Leben. In ZOMBIE ist Savini auch als Schauspieler zu sehen, er mimt einen der Biker, die das Shopping-Center aufmischen.

ZOMBIE existiert bis heute in verschiedenen Formaten, und die hitzigen Foren-Diskussionen über die beste Schnittfassung sind der Stoff, aus dem Legenden sind. Die auf Bootlegs als «ultimativer», längster Cut beworbene Version wurde mit aus allen Ecken gekramten, sämtlichen verfügbaren Schnipseln (selbst mit solchen nur aus Trailern) angefertigt, dauert 156 Minuten und sechs Sekunden und wird «Extended Mall Hours Cut», oder, wenn aus Deutschland vertrieben, «Ultimate Final Cut» genannt. Von den offiziellen Bearbeitungen dauern die drei bekanntesten zwischen 120 und 145 Minuten: der «Cannes Cut», der «Theatrical Cut» sowie der actionbetonte, europäische «Argento Cut» des Giallo-Regisseurs Dario Argento, der auch den mit Stöhngeräuschen («Zombi Sexy») aufgepeppten Score von Goblin besorgte. Romero bediente sich für die Untermalung überwiegend bei der De-Wolfe-Musikbibliothek, einem Reservoir von frei verfügbaren Stücken etlicher Genres. Insofern passend, als dass auch Mall-Lautsprecher nonstop verschiedene Stimmungen evozierende Muzak abspielen, die zu Kaufimpulsen führen sollen: Polka, zentralafrikanische Folklore, Jazz und Soft Swing, in der Regel in Dur.

Es existiert sogar eine Super-8-Fassung, die materialbedingt nur 47 Minuten dauert. Einige für Heim-Editionen angefertigte Schnittlängen sind auch dem Versuch geschuldet, durch Verzicht auf brutale Szenen eine Altersfreigabe zu erzielen. Aber selbst die gekürzten VHS-Editionen mit bis zu 13 Minuten weniger Spieldauer wurden ab 1983 hierzulande immer wieder indiziert. Erst 2019 hob die Bundeszentrale für Kinder- und Jugendmedienschutz (BzKJ, die frühere Bundesprüfstelle für jugendgefährdende Medien) die Beschlagnahmung auf.

Allein der Fan-Titel «Zombies im Kaufhaus» bringt das Gedankenkino zum Laufen. Aber er ist irreführend. Es sind auch die ersten 45 Minuten, die ersten 45 Minuten *ohne* Kaufhaus, die der Geschichte beängstigende Relevanz verleihen. ZOMBIE setzt nach DIE NACHT DER LEBENDEN TOTEN ein. Die Untoten haben sich über die Grenzen Pennsylvanias ausgebreitet und drohen die USA, vielleicht schon die Welt, zu überrennen. Romero konfrontiert uns mit dem Chaos der Frühphase einer Apokalypse, dem Versagen konstituierender, während Krisen als Stabilitätsgaranten fungierenden Institutionen: Wissenschaft und Journalismus. Wir werden Zeuge des Gewusels in einer Fernsehanstalt in Philadelphia, wo Gelehrte über Zombies diskutieren, obwohl sie die Monster nicht im Labor studiert haben könnten. Stattdessen verbreiten sie, obwohl sie es nicht wollen, Halbwissen und Panik. Die Floskel «Das erste Opfer des Krieges ist die Wahrheit» scheint sich dann doch zu bewahrheiten.

Während aus allen Ecken des Landes nicht belastbare Informationen über die neue Gefahr zusammengetragen werden, schreien sich die ins Studio geladenen Forscher gegenseitig nieder. Die Hektik überträgt sich auf alle Anwesenden. «Jetzt dreh' hier nicht durch, wir haben schon genug Verrückte!», lautet die pessimistische Ansage eines Reporters an eine Kollegin, er schaut dabei auf die Doktoren in den Bühnensesseln.

Die Situation kommt einem nicht unvertraut vor. In der Corona-Krise werden Wissenschaftler und Journalisten diffamiert, der Netz-Mob gibt sie zum Abschuss frei. Vor allem dann, wenn sie zu dieser Gefahr Einschätzungen abgeben, die sich als Fehleinschätzungen herausstellen. Für viele Menschen scheinen diese Irrtümer unverzeihlich zu sein. Wutbürger machen aber auch einen Fehler: Sie stellen Forscher und Politiker auf eine Stufe. Wutbürger wissen nicht, dass es zum Arbeitsprozess eines Forschers gehört, Theorien zu revidieren. Sie verwechseln den Gelehrten mit dem – von ihnen vielleicht gewählten – Politiker, der bei Kursänderungen manchmal für einen Wendehals gehalten wird. Seit der ersten Covid-Welle 2020 demonstrieren Unbelehrbare auf den Straßen, wollen sich nicht helfen lassen und protestieren gegen Bill Gates, der ihnen Mikrochips einpflanzen wolle, oder gegen Christian Drosten, der die «Merkeldiktatur» unterstütze, die inzwischen von Olaf Scholz fortgeführt werde.

In ZOMBIE ist die Zeit des Egoismus angebrochen, Rückzugsplanung wird zur Geheimsache, denn die sicheren Orte sind begehrt. Im Studio lernen wir die Hauptfiguren Stephen und Fran kennen, den Hubschrauberpiloten und die Reporterin, zwei der späteren Mall-Regenten. Er will sie wegfliegen, Ziel unbekannt, sie wollen dort landen, wo keiner ist.

Mit der Panik im Aufnahmeraum liefert Romero den perfekten Prolog, denn er versorgt den Zuschauer in wenigen Minuten mit allem Wissenswerten zur Mythologie seiner Geschöpfe. Er instrumentalisiert die zankenden Professoren für die Erklärung der Zombiegesetze: Untote sind auferstandene Tote, Menschenfresser, aber eine eigene, neue Spezies, also keine Kannibalen, und sie können nur durch Vernichtung des Gehirns aufgehalten werden. Die überforderten Journalisten wiederum nutzt Romero zur Darlegung eines Informationsnotstands: Sie erhalten keine Nachrichten mehr, und falls Amerika bald vom Telefon-, Radio- und Fernsehnetz gehen wird, ist kein Austausch mehr möglich.

Gekonnt fängt der mit geringem Budget arbeitende Romero den Blackout Philadelphias mit nur einem einzigen Bild ein. In einem Hochhaus (Der 256 Meter hohe U.S. Steel Tower in Pittsburgh hielt für einen Wolkenkratzer in Philadelphia her) schalten sich Etage für Etage die Lichter ab. Welche Szenarien sich dort wohl abspielen dürften – wie viele Menschen sind bereits infiziert? Wer schließt sich in seiner kleinen Wohnung ein, weil sie zu hoch liegt, als dass man es von dort nach unten ins Auto schaffen könnte? Es ist die Andeutung eines Schauerdramas, das Romero allein mit einer Kettenreaktion ausgehender Raumlampen illustriert, betrachtet von außen, aus der Ferne, in einer Totalen. Das High Rise als Falle sollte auf Romero zu einem anderen Zeitpunkt noch seinen Reiz ausüben. Sein vierter Untoten-Film, LAND OF THE DEAD (2005), spielt zum Teil in einem Hochhaus.

Gaylen Ross vergleicht ZOMBIE mit dem Netflix-Film DON'T LOOK UP, der 2021 nicht nur in den Kulturseiten, sondern auch in Wissenschaftsressorts diskutiert wurde. In Adam McKays Gesellschaftsparabel droht ein kilometergroßer Asteroid zum Planetenkiller zu werden. Aber die Warnungen der Astronomen werden nicht ernst genommen, weil die Menschen an «alternative Wahrheiten» glauben, echte News nicht von Fake News unterscheiden können und außerdem viel zu sehr mit der Pflege ihrer Netzprofile beschäftigt sind, als dass sie gemeinsam Abwehrmaßnahmen planen könnten, damit die Erde nicht von heute auf morgen in Schutt und Asche gelegt wird. «Viele sagen, DON'T LOOK UP handle von der Ignoranz gegenüber der Corona-Pandemie», sagt Ross. «In Wirklichkeit handelt der Film von Leuten, die an nichts mehr glauben wollen. In ZOMBIE haben die Leute das Vertrauen in die Nachrichten verloren. Welche Autoritäten existieren noch, an denen sie sich festhalten könnten? Was sind das für schreiende Wissenschaftler da? Der einzige Unterschied zu McKays Film ist dieser: Bei ihm lassen die Menschen das Unglück geschehen. Bei George rennen alle davon, sie rennen zum Ausgang des Fernsehstudios. Und ins Ungewisse.»

Aus dem TV-Studio geht es auf die Straße. In der nächsten Szene von ZOMBIE lernen wir die zwei weiteren Hauptfiguren und künftigen Mall-Bewohner kennen, Roger und Peter. Ihre SWAT-Spezialeinheit soll ein Haus räumen, das von Gang-Mitgliedern puerto-ricanischer und karibischer Herkunft besetzt wird. ZOMBIE wird nun zu einem Kriegsfilm, und die faschistische Brutalität der Einsatzkräfte wirkt bis zum Ende des Films, als längst ein Kaufhaus zum Ort des Grauens geworden war, nach.

Unter den Polizisten befindet sich mit Wooley (James A. Baffico) ein Rassist, der es den «Nigger-Ärschen» zeigen will und im Haus derart rumballert, dass er selbst nur mit einer Kugel zur Strecke gebracht werden kann, abgefeuert durch einen seiner eigenen Leute. Das SWAT-Team führt eine «Säuberungsaktion» durch, bei der zwischen Gang-Mitglied und Zombie nicht unterschieden wird – denn der Aufruhr wird größer, als die Cops feststellen müssen, dass die Bewohner im Haus Angehörige verstecken, die sich verwandelt haben. Ein dort arbeitender Priester betet für ein Ende des Blutvergießens zwischen den Menschen: «Wenn die Toten auferstehen, müssen wir das Morden beenden… sonst verlieren wir den Krieg.» Die Leute im Wohnblock leben am Existenzminimum, aber das von ihnen praktizierte, letztlich gescheiterte Zusammenleben mit den Untoten deutet in die Romerosche Zukunft. Es nimmt dessen Ideal einer Harmonie zwischen den Lebensformen vorweg, wie er es 31 Jahre später in SURVIVAL OF THE DEAD schilderte.

In diesen Unterkünften sehen wir auch den ersten Zombie des Films, in einer klassisch-nüchternen Romero-Inszenierung. Kein Schreckmoment wie im typischen Monsterstreifen, sondern, wie in der NACHT DER LEBENDEN TOTEN mit seinem Friedhofsschleicher, die Aufnahme eines Untoten in berechenbarer, ungefährlich wirkender Annäherung. Ein dicklicher Zombie in Latzhose liegt auf dem Küchenboden, hat Mühe sich aufzurichten. Ein Anblick wie beim Missgeschick eines älteren Hobby-Handwerkers, der nur die Spüle reparieren wollte und dann einen Schwächeanfall erlitt.

Innerhalb der ersten 20 Minuten hat Romero durch einen Schauplatzwechsel also nicht mehr nur zwei, sondern vier Instanzen zertrümmert: zuerst Wissenschaft und Medien, nun Polizei und Geistliche. Es begann im Fernsehstudio: Gelehrte hören sich nicht mehr gegenseitig zu, verkaufen ihre Annahmen als Empirie; und die Journalisten erfahren nichts mehr von der Außenwelt. Schließlich das gestürmte Gebäude: Die Exekutive vermag den Feind nicht zu erkennen und schießt alles nieder. Ein Prediger hält die Untoten für wiederauferstandene Gläubige, versteckt sie im Keller und hält vor den anstürmenden Soldaten einen Feldgottesdienst. ZOMBIE zerlegt die Gesellschaftsordnung, aber nicht durch Zombies. Die Untoten müssen uns nicht ausradieren, das erledigen wir selbst. Ein junger Polizist tötet einen Wiederkehrer und begeht danach Suizid. Armee und Polizei, so scheint es, haben den Krieg verloren.

Der durch Selbsttötung aus dem Leben geschiedene Kämpfer liefert einen Hinweis auf das veränderte Geschlechterrollenverständnis Romeros, auch wenn der Regisseur

Gaylen Ross am liebsten vor dem Schminkspiegel sehen wollte. Die Männer liefern nicht mehr ab. Besonders in der Monroeville Mall läuft vieles schief. Das Einkaufsparadies bekommt ihnen nicht, sie drehen durch. Der betont maskulin auftretende, sogar in harmlosen Situationen in Nahkampfstellung gehende, aber auch quirlige Roger macht das Shopping-Center zum Domizil, indem er es mit unnötig halsbrecherischen Aktionen von sämtlichen lebenden Leichen befreit – und geht an seinem Leichtsinn zugrunde. Wie ein Stuntman will Roger durchs Fenster in seinen Truck einsteigen, aber ein Zombie kriegt sein Bein zu fassen. Selbst nach seiner Biss-Infektion, mit nur noch wenigen Tagen Aussicht auf Leben, begibt er sich im J.C. Penny der Monroeville Mall auf eine Selbstbedienungstour. Laufen kann Roger da schon nicht mehr, er lässt sich, allein um Hüte aufzuprobieren, in den Laden karren.

Im Gespräch mache ich Gaylen Ross darauf aufmerksam, dass die vier Protagonisten eine Gemeinschaft mit mehr oder weniger klarer Aufgabenverteilung bilden, Roger und Fran aber während des Films nur einen einzigen Dialog miteinander wechseln. Darin macht der Polizist die Reporterin zur Hausfrau. Nach ihrem Einbruch in die Mall entdecken sie Frühstücksschinken in der Dose. Fran sieht das Fleisch und ruft: «Spam!» Roger denkt an ihre vorangehende, überhastete Flucht im Helikopter und fragt ironisch: «Du hast nicht zufällig einen Dosenöffner mitgebracht?» Die Beziehungslosigkeit zwischen Fran und Roger sei ihr nie aufgefallen, sagt Ross. «Aber sie ergibt Sinn. Fran lebt in einer anderen Welt als dieser Soldat.»

Hubschrauberpilot Stephen wiederum ist der einzige Akademiker im Team und wird von den anderen als «Flyboy» verhöhnt. Er ist der Herr der Lüfte, hält das Menschen- und Zombie-Fußvolk auf Distanz, erweist sich jedoch als Tollpatsch, sobald er am Boden die Untoten in Schach halten soll. Mehrfach setzt er seine Sicherheit und die der anderen aufs Spiel, er ist der Mann mit der Zielscheibe auf der Stirn. Nach den Standpauken Rogers und Peters reagiert er gebührend geknickt, selbst dann noch, wenn die SWAT-Leute sich längst wieder mit anderen Problemen beschäftigen.

Stephens Schicksal ist schlimm, aber der geborene Hasenfuß akzeptiert es wie ein Held. Er wird in einem Fahrstuhl von Zombies gebissen, schubst sie wieder raus, verharrt drinnen und lässt die automatisch schließenden Türen geschlossen, statt in Panik zu seiner geliebten Francine zu eilen, um sich als Infizierter von ihr zu verabschieden. Stephen hofft wohl, in der Kabine eingesperrt zu bleiben, da Zombies nicht bewusst Knöpfe drücken könnten, um den zukünftigen Gefährten zu befreien; als Eingeschlossener würde er sich nach seiner Transformation auch nicht der Armee der Untoten anschließen müssen. Stephens Ende wäre vermeidbar gewesen, doch er glaubte, den Konsumtempel gegen die marodierende Rockerbande verteidigen zu müssen. Er schoss auf die Eindringlinge und zog durch den Krach auch die Aufmerksamkeit der Zombies auf sich.

Als Lebender musste Stephen durch seine Mitmenschen einige Demütigungen ertragen, und sein Darsteller David Emge transzendiert die Schmach in eine einzigartige Untoten-Darstellung, die grandioseste, die je auf der Leinwand zu sehen war. Emge hat verstanden, dass Körperhaltung und Gang des Zombies idealerweise die

Schmerzbiografie des einstigen Menschen zum Ausdruck bringen, von der Kindheit bis zum Tod. Aber wer schafft es, so zu laufen wie Emge? Alle Extremitäten verwinkelt und dennoch von sich gestreckt, wie Vektoren, sämtliche Muskeln angespannt. Wer sich durchstreckt, kann eigentlich nicht mehr laufen. Emge kann's.

Zwei der vier Helden werden also zu Untoten. Der Gnade des Drehbuchs ist es zu verdanken, dass Roger und Stephen ihr untotes Dasein bald beenden dürfen. Sie werden per Kopfschüsse erlöst, ohne je in den Genuss von Menschenfleisch gekommen zu sein.

Nur Fran sowie Peter, nach Ben aus der NACHT DER LEBENDEN TOTEN Romeros zweiter afroamerikanischer Held, gehen während der Apokalypse planvoll zur Überlebenssicherung vor. Aber auch Peter, der das Chaos mit dosiertem Kopfnicken akzeptiert, muss sich einem System beugen, das selbst in der neuen Weltordnung Bestand zu haben scheint: Als «Flyboy» Stephen seiner Geliebten Fran einen Heiratsantrag machen will, arrangiert Peter ein reaktionäres Kerzenlicht-Dinner für das Paar und spielt den Kellner im Anzug, mit Handserviette. Der Schwarze Mann als Diener.

Später, als alles verloren zu sein scheint, Roger und Stephen zu Zombies geworden sind und die Untoten ihre Mall zurückerobert haben, will Peter die schwangere Fran allein mit dem Helikopter losschicken. Er hat genug vom Widerstand, hält sich eine Pistole an die Schläfe, will den Freitod wählen – die Menschenfresser haben bereits Peters und Frans versteckt liegenden Wohnräume erreicht. Als er abdrücken will, sieht er einen Zombie den Raum betreten. Ein afroamerikanischer Zombie – natürlich nicht der erste, den er in dieser apokalyptischen Welt in Augenschein nimmt, aber ein afroamerikanischer Zombie just im richtigen Moment. Peter überlegt es sich anders und boxt sich den Weg in die Freiheit, gerade noch rechtzeitig zu Fran, die mit dem Hubschrauber vom Dach abhebt.

Peters neu erwachter Überlebensinstinkt gründet im Anblick des Schwarzen Untoten. Er will nicht zu den unzähligen Afroamerikanern gehören, die ihr Leben in der Geschichte Amerikas sinnlos hergegeben haben. Er will ein Schwarzer Überlebender sein. Einer, der es im Gegensatz zu Ben in DIE NACHT DER LEBENDEN TOTEN schafft.

Am Ende überleben Peter, Fran – und Stephens ungeborenes Kind. «Die Schwangere fliegt davon, mit einem Schwarzen Mann», sagte Romero. «Das hat das Potenzial einer ganz neuen Art von Familie. Ich bin nicht nostalgisch, was die traditionelle Familie angeht. Nostalgie empfinde ich nur für einzelne Individuen. Die Familie ist kein entscheidender Teil unseres Lebens mehr.»[13]

13 Lippe, Richard, Williams, Tony, Wood, Robin: *The George Romero Interview.*

ZOMBIE 2 – Der Querdenker als Feind

«Your ignorance is exceeded only by your charm, Captain. How can we expect them to behave if we act barbarically ourselves?»
Dr. Logan, ZOMBIE 2

«It takes more energy to keep quiet than it does to speak the mind.»
John, ZOMBIE 2

Nach dem ZOMBIE-Kinostart 1979 begann George A. Romero zügig mit der Arbeit am Nachfolger. Tom Savini bezeichnete Romeros erste Drehbuchfassung von DAY OF THE DEAD, wie ZOMBIE 2 im Original betitelt ist, als «Indiana Jones mit Zombies» und «BEN HUR mit Zombies», Romero selbst nannte es unbescheiden «VOM WINDE VERWEHT mit Zombies». «Indiana Jones», weil der Film im Dschungel spielen sollte, nicht nur mit Soldaten und Untoten, sondern auch allerlei Urwaldbestien; «BEN HUR», weil manche der Zombies als Sklavensoldaten dienen, die Soldaten des Feindes attackieren; und «VOM WINDE VERWEHT», weil… nun, Liebesverwirrungen würde es in ZOMBIE 2 nicht geben, aber Romero sah seine Story durchaus als Epos. Und er erkannte, dass die Darstellung Leibeigener in Margaret Mitchells Südstaaten-Roman wie auch in der Verfilmung als rassistisch, also politisch gedeutet werden könnte.

Romero wollte tausende Statisten als Zombies, zu einer Zeit, als an preiswertere, Computer-generierte Darstellungen von Menschenmassen nicht zu denken war. «Das Script», sagte sein Masken-Chef Tom Savini und hielt seine Finger mehrere Zentimeter auseinander, «war außerdem so dick wie ein Telefonbuch.»[14]

ZOMBIE 2 kam 1985 ins Kino und galt seinerzeit als misslungen. Selbst heutige Apologeten erklären sich oft defensiv, geraten selten ins Schwärmen. Geläufige Deutung: Der Flop lässt sich auf ein reduziertes Budget zurückführen, mit dem die Welten eines 210-seitigen Drehbuchs nicht umsetzbar waren. Romero jedoch sagte, mit dem kleinen Etat hatte der Misserfolg nichts zu tun. Vor allem sagte er: Der Film ist nicht gescheitert. Er ist sein bester.

Gerade mal 88 Seiten blieben am Ende übrig, und das anberaumte Budget wurde von sieben auf dreieinhalb Millionen Dollar halbiert. Romero hätte auch den vollen Betrag haben können, aber dafür auf diverse Gewaltszenen verzichten müssen, um in den USA noch ein R-Rating («Restricted») zu erhalten. Diese Freigabe erlaubt auch unter-17-Jährigen einen Kinobesuch, sofern sie von einem Elternteil begleitet werden. Die Erreichbarkeit jüngerer Altersklassen hätte ein höheres Einspielergebnis wahrscheinlicher gemacht. Romero und Savini aber planten eine unvergleichliche Orgie. Abgerissene Köpfe, abgeschlagene Köpfe, herausgerissene Gedärme, offen liegende Gehirne – nicht nur in Schlussansichten nach vollendetem Zombie-Schlachtfest, sondern als Zerstückelungen in Aktion. Solche Momente gab es auch schon im Vorgän-

14 THE MANY DAYS OF DAY OF THE DEAD, DVD-Dokumentation.

gerwerk Zombie. Aber sie sahen nicht immer lebensnah aus. Die härteste, anatomisch originellste Szene in Zombie 2 zeigt einen Soldaten, der durch Zombiehände gevierteilt wird und immer schriller, nahezu unmenschlich schreit, weil mit dem vom Hals abgetrennten Kopf langsam auch seine Stimmbänder herausgezogen werden.

Hier blieb uns Romero, wie in allen seinen Zombiefilmen, eine Erklärung schuldig: Wieso haben die schwächlichen Ex-Menschen einen derart starken Biss, wie können sie mit verfaulten Griffeln ganze Fleischstücke aus Körpern herausreißen, Häupter abziehen?

Mit den F/X-Göttern hinter der Kamera gingen die Fantasien durch, daran liegt's.

Romero ließ Zombie 2 in Amerika «unrated» veröffentlichen, also ohne Rating. Hierzulande ist das Werk indiziert, darf nicht vertrieben werden. Der Fernsehsender Arte zeigte ihn im Januar 2022 dennoch. Das ließ die Bundeszentrale für Kinder- und Jugendmedienschutz auf die Indizierung hinweisen. Arte erlag allem Anschein nach der Fehleinschätzung, dass Zombie 2 nicht verboten, sondern ab 18 Jahren freigegeben sei, also nachts gezeigt werden könne. Aber wie gelangte der Sender überhaupt an den Film? Muss man da nicht vorher in verbotenen Archiven wühlen oder etwas heimlich mitnehmen, dann irgendwo dennoch um Erlaubnis bitten, um letztendlich die Absage der Ausstrahlung zu kassieren – und sich nicht daran zu halten?

Unabhängig davon wurde Zombie 2 nicht nur im linearen Fernsehen gesendet, sondern auch in die Arte-Mediathek aufgenommen, wo Beiträge jederzeit und ohne Altersüberprüfung abgerufen werden können. Eine Woche später war der Film aus der Mediathek verschwunden. Die *taz* griff als erstes Medium das unerlaubte Angebot auf, und für ein paar Tage wurde in den sozialen Netzwerken wieder mal über Filmverbote diskutiert. Die Heimkinoindustrie könnte eine Aufhebung der Indizierung vielleicht forcieren, indem ein Konzept für eine Wiederveröffentlichung auf Blu-ray vorgelegt wird. Die daran anknüpfende Neuvorlage des Films bei der Bundeszentrale für Kinder- und Jugendmedienschutz könnte zu einer Freigabe führen. Dabei findet sich Day of the Dead ungeschnitten – und verbotenerweise hochgeladen – auf YouTube, jener frei für alle Altersklassen zugänglichen Sammelstelle von ultrabrutalen Streifen, die man früher höchstens auf runtergerockten VHS-Mitschnitten in die Hände bekommen hätte. Der größer gewordenen Akzeptanz von Gewaltdarstellungen, mitverantwortlich für das Comeback der Zombies in den Nullerjahren, widmen wir uns im 3. Kapitel.

Noch heute sagt Tom Savini über Zombie 2: «*This is it.* Das bestmögliche, was im Splatterkino möglich war, steckt in diesem Film.» Inzwischen stammen visuelle Effekte meist aus dem Computer, müssen nicht mehr In-camera inszeniert werden, mit präpariertem und dann abgefilmtem Material. Spezialeffekte jener Zeit waren mit magischen Tricks vergleichbar, da die Täuschung vor Ort inszeniert wurde, in der Regel ohne Nachbearbeitung am Rechner. Das *«How did they pull this off?»*-Erstaunen, das «Wie haben sie das nur gemacht?», jene wie ein Gütesiegel begehrte Frage bei Practical-Effects-Filmen, war bis 1985 selten größer als beim Betrachten der Zombie 2-Spezialeffekte. Jeder herausgebissene Hautfetzen vermittelt das illusorische Gefühl von Authentizität. Dementsprechend überzeugend wirken Schauspieler, weil sie auf ein vor ihnen sichtbares, scheinbar unnatürliches Geschehnis, hervorgerufen durch Effekte, reagieren können. Das ist etwas anderes als der Dreh vor einer Green Screen oder Volume-Leinwand, mit Regie-Anweisungen wie «Und nun stellt euch vor, da stehen die Monster, schaut also genau hierhin, und ihr empfindet Angst.» Die Schauspieler blicken dabei nicht auf Modellmonster, sondern Platzhalter, oft Tennisbälle auf Stäben, aus denen später im Computer bizarre Geschöpfe werden.

Zombie 2 wurde verrissen: Langeweile in einem gigantischen Bunker, Soldaten brüllen Wissenschaftler an, Wissenschaftler verzweifeln, keiner hat mehr die echte, tödliche Gefahr im Blick, dann gelangen die Bestien in den unterirdischen Komplex und die Blut-und-Beuschel-Routine beginnt. Der Film nutzt also die Grundformel der Zombie-Dramaturgie. Menschen scheitern an Menschen. Man konnte das im Jahr 1985, 17 Jahre nach Die Nacht der lebenden Toten, öde finden, oder repetitiv, oder überstrapaziert. Aber viele Zombie-Hits verlassen sich noch immer und nicht ohne Grund auf diesen Spannungsbogen.

Dawn of the Dead zeigt die Zombies bereits auf der Schwelle zur Welteroberung. Gut möglich, dass die Erwartung an Day of the Dead, immerhin der «Tag der Toten», in einer Darstellung großer Schlachten auf dem Land lag, auch in deutlichem Tageslicht. Ein «Day» dauert schließlich 24 Stunden, ein «Dawn» vielleicht eine. Stattdessen präsentierte Romero eine kleine Schar Überlebender, die sich vor einer kleinen Schar von Zombies in unterirdischer Dunkelheit versteckt; der Filmtitel erscheint ungewollt ironisch.

Lagerkoller im Bunker also. Ihre Festung samt angeschlossener Mine verlassen die Überlebenden nur, um mit dem Hubschrauber die Umgebung nach weiteren Überlebenden abzusuchen. Dr. Logan (Richard Liberty) schätzt das Verhältnis von Untoten zu Nicht-Infizierten auf 400.000 zu 1. Demnach würde es in den USA des Jahres 1985 nur noch 600 Menschen geben.

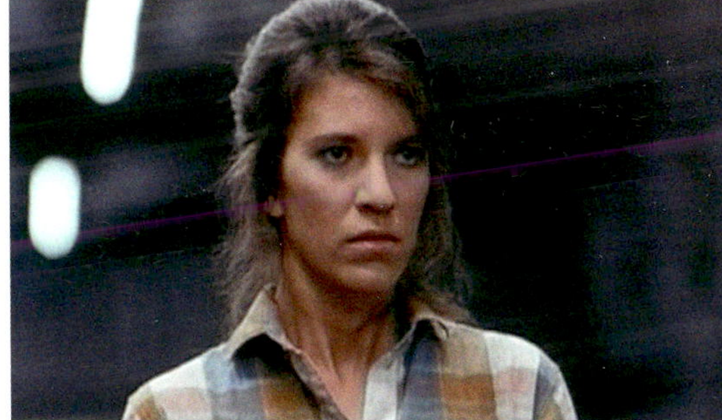

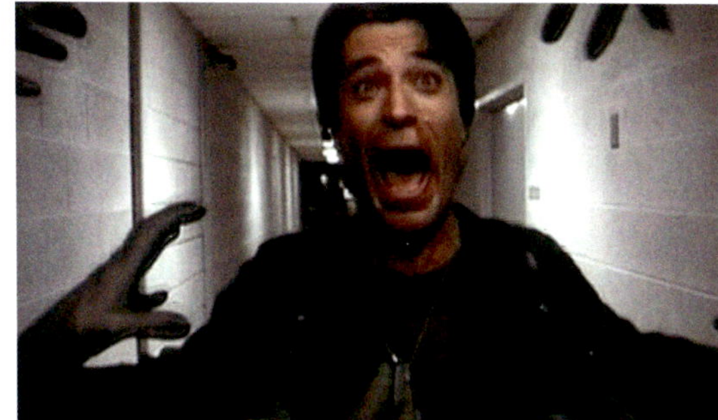

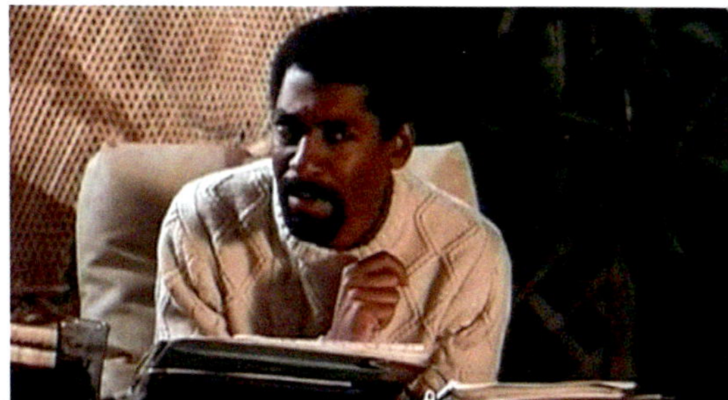

18–20 v.o.n.u.: Sarah Bowman (Lori Cardille) versucht an die Vernunft der Männer zu appellieren. Captain Rhodes (Joseph Pilato) steht der Wahnsinn ins Gesicht geschrieben, als er die falsche Tür öffnet und von Untoten empfangen wird. John (Terry Alexander) hat sich in der Mine eingerichtet. (Zombie 2, USA 1985)

Zombie 2 fehlt der Grusel neuartiger Monster, wie ihn Die Nacht der lebenden Toten darlegte, und ihm fehlt der anarchistische Humor und die Spielplatz-Action der vier Helden von Zombie, die sich auf den Parcours in der Mall austoben. Romero erschien erstmals unsicher. Sein Leitgedanke bestand in der Abbildung des Zeitgeists, jenem Kulturgefühl, das sich meist nur flüchtig anfühlt. Zu Zombie 2 gab er eher schwammige Erklärungen zu Protokoll. Mitte der 1980er-Jahre befänden sich die USA in einer Phase, in der die Bürger das Vertrauen in ihre Staatsführung endgültig verloren hätten. Doch hatten die Amerikaner das 1972 nicht schon, mit Watergate?

Zombie 2 wirkte zu seiner Zeit verloren, funktioniert jedoch als Metapher für Krisen des 21. Jahrhunderts. Als hätte Romero vorausgesehen, in welche Richtung sich die Menschheit entwickelt. Nein: wie sie sich *zurück*entwickelt. Wir leben in der postfaktischen Ära. Erinnerungen an das Fernsehstudio aus Dawn of the Dead werden wach. Im Bunker schreit der Mob die Ärzte runter, bis sie für immer zu schweigen drohen. Meinungen zählen mehr als Belege. Wir ignorieren die Aussagekraft medizinischer Erkenntnisse. Ein Captain sichert sich mit sexistischen Verbalangriffen den Jubel seiner Soldaten, beleidigt den Schwarzen Hubschrauberpiloten als «Black Ass Flyboy» und «Jungle Bunny» und erschießt den Arzt, der für alle nach Auswegen gesucht hatte. Zombie 2 kommt einem heute vor, als hätten die Hauptrollen mit Donald Trump, Nancy Pelosi und Dr. Fauci besetzt werden können (Abb. 18–20).

«Wir sind eine Gesellschaft der Toten» Gespräche mit Lori Cardille und Terry Alexander

Romeros Sehnsucht nach einem politischen Gegner mag diffus erschienen haben. Aber die Zombie 2-Dialoge stellen zumindest seine Kunstfertigkeit der sprachlich einfachen Diktion von tiefempfundener Systemkritik unter Beweis. Der Kraft seiner Worte sei er sich, wie er sagte, erst Jahre später, beim Autofahren bewusst geworden. Seine Kinder guckten den Film auf der Rückbank, er lauschte den Worten und genoss sein Werk als Hörspiel. Romero sagte, er musste dabei immer lachen.

In Zombie 2 gibt es Schlagabtausche, wie sie nicht 1985, sondern im Jahr 2023 stattgefunden haben könnten. Die Männer mit den Schießeisen hören nicht auf die Männer in den weißen Kitteln. «Wir befinden uns in einer verzweifelten Lage hier unten», sagt die Forscherin Sarah Bowman (Lori Cardille) zum überspannten Captain Rhodes (Joseph Pilato). »Wir brauchen einander. Können wir nicht einfach miteinander auskommen?» «Sie brauchen *uns*, Lady, so sehe ich das», entgegnet der Tyrann. »Ich bin mir nicht so sicher, dass wir *Sie* überhaupt brauchen. Ich weiß noch nicht mal, was zur Hölle *Sie* hier überhaupt treiben. Wofür meine Leute ihre Ärsche riskieren!» – «Nun, wenn es hier etwas mehr Kooperation gäbe – würden *Ihre* Leute ihre Ärsche eben nicht riskieren!»

Sie sitzen unter der Erde fest, und Dr. Bowman hat nicht Unrecht, wenn sie die krakeelenden Soldaten als «anthropologische Kuriositäten» bezeichnet. Sie stimmen glucksend zu und schaffen es nicht, die Fachsprache der Medizinerin zu entziffern: «Wir sind Höhlenmenschen!» Rhodes-Darsteller Pilato, eigentlich ein Theaterschauspieler, brachte die fatale Konstellation in einer Zombie 2-Dokumentation auf den Punkt: *«Great dramas points to the collision of different points of view, that's why it's the best.»*[15]

Bowman-Darstellerin Lori Cardille lebt bis heute in Romeros «Zombie-Stadt» Pittsburgh, und die Mail-Anfrage nach einem Interview beantwortet sie mit einem «Alles, was George Romeros Erbe gerecht wird!»

Cardille ist, wie Zombie-Darstellerin Gaylen Ross, eine der ersten «Girls with Guns» des Horrorkinos. Anders als Ross' Figur der Fran benötigt Sarah Bowman jedoch keinen Mann, der sie ermächtigt. Keinen Partner Stephen, der ihr das Fliegen mit dem Hubschrauber beibringt, keinen SWAT-Kämpfer Peter, der ihr das Gewehr erklärt. Cardille machte es gegenüber Romero zur Bedingung, dass sie körperlichen Einsatz zeigen durfte, und dass sie selbst zur Tat schreiten könne. «Man sieht es vielleicht nicht im Film, aber ich bin groß, 1,76 Meter, komme vom Bühnenschauspiel und habe eine tiefe, auf klassisches Theater ausgerichtete Stimme.» Heute noch melden sich Studentinnen bei ihr, um Rat für Doktorarbeiten über Frauenrollen im Horrorfilm einzuholen. «Das», sagt Cardille, «ist mir noch wichtiger als Kino-Ruhm.» Zombie-Blut liegt dennoch in ihrer Familie, ihr Vater war der Fernsehmoderator William Cardille, der eine Nebenrolle in Die Nacht der lebenden Toten übernahm. Später sah Romero Lori auf der Bühne und besetzte sie für Zombie 2 in ihrer ersten Hauptrolle.

Die 1954 geborene Cardille trägt, wie im Zoom-Gespräch zu sehen, die langen, mittlerweile ergrauten Haare offen und sieht damit wie eine erfahrene Kriegerin aus, die auf ihren nächsten Einsatz wartet. Auf Zombie-Conventions ist sie der Star, jenes «Girl with a Gun», auch wenn Zombie 2 seinerzeit nicht für sein fortschrittliches Frauenbild gelobt wurde. Sie hätte damals gerne dreckiger ausgesehen, mit schlechten Zähnen. Ein Plädoyer für realistische Nachlässigkeit in Zeiten der Post-Apokalypse. Sie wollte stark erscheinen, nicht heiß. Aber Romero sagte nur: «Lori, dann müssten wir leider einen anderen Film drehen.»

Auch in Zukunft würde Romero ungewollt seine Unsicherheit in der Darstellung weiblicher Charaktere offenbaren. Von allen Frauen in seinen sechs Zombie-Werken ist Dr. Sarah Bowman die Einzige, die zu keiner Zeit auf männliche Hilfe angewiesen ist. Als ihr Geliebter Miguel (Anthony DiLeo Jr.) gebissen wird, hackt sie, ohne zu zögern, seinen Arm ab, damit sich die Infektion nicht ausbreitet. Sie setzt damit die richtigen Prioritäten, hat also keine Zeit für Gefühle, überwindet den jedem Menschen innewohnenden, tief verwurzelten Anspruch auf körperliche Unversehrtheit des Liebespartners.

Aber die Aufmerksamkeit des Kinopublikums wurde von einer anderen Frau auf sich gezogen: Ellen Ripley, die sich gegen Außerirdische zur Wehr setzt. Schon der

15 «The World's End: The Making of Day of the Dead».

erste Alien überstrahlte mit dieser Actionheldin einen Romero-Film, Zombie von 1978. Nun kam ein weiterer Beitrag der Sci-Fi-Saga ins Kino, wieder nach einem Romero-Film, und wieder war er die klare Nummer eins. «Aliens – Die Rückkehr lief kurz nach uns an», erzählt Cardille mit Bezug auf die damaligen, von ihr als enttäuschend wahrgenommenen Box-Office-Ergebnisse. «Und Sigourney Weaver war 1986 ein Star, Ellen Ripley ihre größte Rolle. Wir konnten nicht mit ihr konkurrieren. Wir waren ein Indie-Streifen, Aliens ein wuchtiger Studiofilm.»

Die politische Bedeutung von Zombie 2 aber, das bestätigt Cardille ohne Zögern, ist in den vergangenen Jahrzehnten gewachsen. Sie macht sich große Sorgen um ihr Land. Die USA stünden an einem Scheideweg zwischen Demokratie und Diktatur. Ihr einstiger Regisseur habe das Unheil kommen sehen. «George war seiner Zeit voraus, das war Teil seiner künstlerischen Identität. Als er 1968 zeigte, wie tote Menschen lebende Menschen essen, brach er ein Tabu. Und doch war dieser barbarische Akt ein Spiegel der politischen Unruhen, der Klassenkämpfe, der Tatsache, dass eine Generation die andere konsumiert. Nach Zombie 2 sah er dann die Zukunft, er spürte, wie Amerika sich politisch ruiniert.» Noch nie habe sie sich in ihrer Heimat so unwohl gefühlt wie jetzt. Damit ist sie nicht allein. Cardille verweist auf Romeros Umzug nach Toronto im Jahr 2004. Der Amerikaner als in den Norden, über die Landesgrenzen umsiedelnder, vor den roten republikanischen Horden flüchtender Demokrat ist ein oft bemühtes Klischee. Cardille weiß auch, dass ein nicht unwesentlicher Grund für Romeros Ortswechsel in den Steuererleichterungen lag, die Kanada dort drehenden Regisseuren bietet.

Der Konflikt ihrer Figur Sarah Bowman mit dem sexistischen Captain Rhodes ging auch ihr nahe. «Er ist ein Soldat, wie es ihn heutzutage immer häufiger gibt. Eine jämmerliche Figur, die sich hinter Macho-Patriotismus versteckt. Ich glaube an unser Militär. Aber Donald Trump hat all die psychopathischen, toxischen Möchtegern-Männer beflügelt, die jeden vernünftigen Widerspruch niederbrüllen.» Sie vergleicht Rhodes und seine Knallchargen mit paramilitärischen, rechtsextremen Staatsfeinden wie den Oath Keepers, die beim Sturm auf das Washingtoner Kapitol im Januar 2021 mitgewirkt haben.

Auf den möglichen Grund für die Zombie-Wiederbelebung im neuen Jahrtausend angesprochen, trifft Cardille eine Einschätzung, die aus nur zwei Wörtern besteht. Einem Vor- und Nachnamen: «Greg Nicotero!» Der zu Zombie 2-Drehbeginn gerade mal 22-jährige Maskenbildner war ein Romero-Fanatiker und neu im Team von Tom Savini, im Film verkörpert er auch einen der Soldaten. Ab 2010 fungierte Nicotero als ausführender Produzent und Regisseur von The Walking Dead, der bis zu ihrem Ende 2022 erfolgreichsten Zombieserie. Er ist der einzige Filmschaffende, der in seiner Vita beide Welten maßgeblich vereint: Romeros wie die der *Walking Dead*-Comics, auf denen das TV-Format basiert. Der Umsetzung von *The Walking Dead* widmen wir uns im 3. Kapitel.

Lori Cardille vermutet eine weitere Ursache für die neue Beliebtheit der Untoten. Der Mensch befinde sich in einer Phase, in der er der dahintrottenden Leiche stark ähnele. «In unserer Gesellschaft laufen mehr denn je von ihnen herum. Leute, die einfach nicht wach sind. Die schlicht dem nächsten Zombie folgen und nicht ihren Kopf anstrengen. *We are a dead society.*» Allerdings verurteile sie diese Menschen nicht. So, wie auch Romero es nicht tat. «Zombies sind nicht des Teufels. Sie tun, was sie für ihr Überleben tun müssen. Sie folgen ihren Instinkten. Im Grunde hat sich George ihnen sehr einfühlsam gewidmet. Er empfand Mitgefühl für diese neue Gattung, obwohl sie uns, gelinde gesagt, verrückt macht, andere Ziele hat als wir und wir sie für bösartig halten. Aber wer kann schon beurteilen, was gut ist und was schlecht?»

Sie beschließt ihren Gedanken mit einer Würdigung Romeros als Pazifisten: «Es würde mich nicht wundern, wenn George wieder von den Toten aufersteht – und mit den für das Gute einstehenden Menschen auf der Fifth Avenue gegen den Hass in unserer Welt demonstriert.»

Cardilles Figur der Forscherin Dr. Bowman ist keine Einzelkämpferin, sie kann sich im Bunker auf zwei Freunde verlassen. Der in sich ruhende Hubschrauberpilot John (Terry Alexander) bildet ein Duo mit dem phlegmatischen Funktechniker Bill (Jarlath Conroy), einer irischen Schnapsdrossel. Sie haben sich in einem unterirdischen (Plastik-)Garten samt Sonnenschirm und Wohnmobil eingerichtet, weit entfernt vom Labor, arbeiten in der Dunkelheit einer Mine also am Versuch einer Nachempfindung amerikanischer Träume. John möchte zwischen Vernunft (Wissenschaft) und Größenwahn (Ex-Militär) vermitteln, die Diskussion aber um eine spirituelle Perspektive erweitern, für die er bislang kein Gehör gefunden hat. «Der Schöpfer will uns bestrafen. Hat uns einen Fluch auferlegt. Damit er uns beobachten kann … und sehen kann, wie die Hölle aussieht, für uns und für ihn. Vielleicht wollte er uns zeigen, dass er noch immer der Boss ist. Vielleicht hat ihn gestört, dass wir selbst Gott spielten.» John redet mit karibischem Akzent, für die mit ihm im Bunker weilenden, misstrauischen Soldaten ist er ein Voodoo-Gläubiger.

Aus John spricht George A. Romero, über den Protagonisten teilt er uns seine Verzweiflung über die Arroganz der Menschen mit. Wir verspielen unser schöpferisches Erbe. Das zeigt sich auch im ignoranten Umgang mit dem unterirdischen Lebensraum. Die Wampum-Mine, in die sich Helden wie Schurken zurückgezogen haben, existiert wirklich. Sie befindet sich nicht in Florida, wo der Film spielt, sondern in Pennsylvania. Die Mine hat eine Fläche von zweieinhalb Millionen Quadratmetern und wird dank ihrer Größe und niedrigen Innentemperatur als Lagerfläche genutzt, darunter für Regierungsakten und Labormaterial. Im Inneren gibt es einen kilometerlangen See, der manches Drehmitglied an das trübe Höhlengewässer denken ließ, in dem Gollum aus *Der Hobbit oder Hin und zurück* sich wohlfühlte. Wie John anmerkt, säße man in der Mine auf Schätzen der Menschheit. Aber die Überlebenden lassen die dort gelagerten Schriftlehren buchstäblich im Dunkeln und gehen sich stattdessen gegenseitig an den Kragen.

Das Gespräch mit John-Darsteller Terry Alexander findet per Telefon statt, er lebt heute in Los Angeles, im Gegensatz zu den in Pittsburgh gebliebenen Dawn- und Day-Kolleginnen Gaylen Ross und Lori Cardille sowie dem Night-Autor John A. Russo. Über seine Figur redet der 76-Jährige mit einer Zuneigung, aus der gleichzeitig auch eine Enttäuschung über die Umsetzung von ZOMBIE 2 sprechen könnte. Er war vom ursprünglichen, telefonbuchdicken Drehbuch Romeros begeistert, denn es sah auch für den Hubschrauberpiloten größere Abenteuer vor.

John ist noch etwas mehr als der zupackende, in letzter Konsequenz zur Waffe greifende Held. Er ist, trotz aller Script-Kürzungen, die Personifizierung dessen, was von Romeros «Indiana Jones trifft auf BEN HUR trifft auf VOM WINDE VERWEHT»-Drehbuch von ZOMBIE 2 übriggeblieben ist. Es wird hörbar in seinem Akzent, schließlich war zuerst eine karibische Insel als Drehort vorgesehen. «Anstelle einer karibischen Insel», so Alexander, «kreierte Romero dann einen karibischen Charakter. Johns Gemüt repräsentiert Freiheit, Sonne, Wind, süße Gerüche und Blumen. Aber seine Zeit muss er unten in der Mine verbringen, eingesperrt und in Düsternis.»

John versucht Frieden zu schaffen. Mit der Diplomatie jedoch ist es bald vorbei. «John verabscheut Gewalt», sagt Alexander. «Allerdings muss auch er gewalttätig werden. Heute denke ich dabei an ein prominentes Vorbild. Als Präsident Barack Obama den Friedensnobelpreis in Empfang nahm, hielt er eine wichtige Rede. Er sagte, dass das Böse immer irgendwo da draußen in der Welt ist. Und wenn nichts Anderes mehr hilft, dann ist Gewalt das letzte Mittel – und ein legitimes.»

In der Rolle des John ist Terry Alexander gleichermaßen Philosoph wie Charmeur. Für Cardilles Sarah Bowman wäre er ein besserer (Liebes-)Partner als der schutzbedürftige, wie ihr kleiner Bruder wirkende Soldat Miguel (Cardille stimmt im Gespräch meiner Ansicht zu). Alexanders Charisma dürfte ihn 1979 auch in das Casting für die Rolle des Womanizers Lando Calrissian in KRIEG DER STERNE: DAS IMPERIUM SCHLÄGT ZURÜCK gebracht haben. Schlussendlich ging der Part an Billy Dee Williams. Alexanders Weg hätte nach dem STAR WARS-Blockbuster vielleicht nicht mehr zu Romero geführt, aber er ist heute noch ein beschäftigter Mime, wenn auch in Low-Budget-Horrorfilmen.

Nach Duane Jones' Ben und Ken Forees Peter ist John der dritte afroamerikanische Held der Zombiefilme Romeros. Aber es gibt einen entscheidenden Unterschied zu den Vorgängern. «John ist kein Held, er wird erst zum Helden», sagt Alexander. «Ich wurde nicht als Held gecastet. Ein Held ist derjenige, auf den der Film zugeschnitten ist. Man sieht den Helden bereits in den ersten Einstellungen. Wie er aufsteht, sich die Zähne putzt... John jedoch kommt wie nebenbei ins Spiel. Er entwickelt sich über die Zeit, er braucht seine Zeit. Und das ist doch eine interessantere Art von Charakter.»

Romero wird sich mit der Konzeption Johns als Hubschrauberpiloten, dem zweiten Piloten nach Stephen aus ZOMBIE, etwas gedacht haben. Der Mann, der fliegen kann, ist der Mann, der die anderen aus dem Loch befreit. Romero schildert in seinen Filmen eine Weiterentwicklung seiner Helden: Welchen Beruf Ben aus DIE NACHT DER LEBENDEN TOTEN ausübte, ist unklar. Peter aus ZOMBIE war bereits wesentlich gebieterischer, er ist ein SWAT-Kämpfer, also eine staatliche Autoritätsfigur, die noch zur Zeit der NACHT nur mit Weißen assoziiert worden wäre, und dessen Einsatztaktiken gegen Zombies so wirken, als hätten sie sich in der Auseinandersetzung mit Schwerkriminellen bewährt. John umflort ein gewisser Edelmut. Er ist der klassische Retter, der sich buchstäblich über die anderen erheben kann.

Auf Zombiefilm-Messen ist Terry Alexander ein häufig gebuchter Gast. Die Popularität von Genre-Ikonen misst sich dort nach der Zahl von Zuschauern im Q+A-Saal, Autogrammschlangen sowie den Menschen, die sich für ein Selfie anstellen und manchmal dafür bezahlen müssen. Die Leute kennen ihn, den Mann, der einen unwahrscheinlichen Helden personifiziert.

Auch Alexander versucht sich an einer Erklärung für die Attraktivität der Zombies. Seine Sicht ist geprägt vom Anspruch an moralisches Handeln. «Zombies sind unser Ebenbild, auch wenn wir das nicht zugeben wollen. Mit dem Unterschied, dass sie unsere Seele fressen wollen. Wir müssen das verhindern. Und wie schaffen wir das? Indem wir selbst zu besseren Menschen werden. Dann bessern sich auch unsere Ebenbilder.» Die Untoten als Mahner für ein friedlicheres Miteinander der Menschen – und wenn wir Frieden schaffen, ziehen die Zombies mit.

Die Horrorfilme Romeros, sagt Alexander, funktionieren erwartungswidrig. Als politische Embleme seien sie nicht schwer zu entschlüsseln, aber wir müssen uns überwinden, sie sehen zu wollen. «Normalerweise warten wir im Horrorkino eher auf Szenen, in denen Opfern am laufenden Band der Kopf abgeschlagen wird. Die Leute wollen so etwas betrachten, weil sie große Angst empfinden, selbst einen derartigen Tod zu erleiden. Auch bei Romero gibt es Gewalt, aber wir werden gleichfalls aufgefordert, Menschen beim Streiten zuzuschauen.»

Das Zombie-Virus, sagt Alexander, erhalte seine Bedeutung natürlich auch durch die Assoziation mit realen Viren wie Covid. Aber nicht nur Covid. «Evolution definiert das Leben auf unserem Planeten seit Anbeginn. Dazu gehören auch verschiedene Viren, die Tiere und Pflanzen bedrohen. An der Grippe sterben heute noch unzählige Menschen.» Die Mutmaßungen Johns über Zombies als biblische Strafe seien nicht ungewöhnlich. «Wir Menschen sind altmodisch, oder? Wenn etwas Schlimmes passiert, denken viele an den Zorn Gottes, der über uns gekommen ist. Die Kirche, gerade die katholische, beansprucht noch immer die Deutungshoheit, sobald uns eine Plage befällt. Sie behauptet, in direktem Kontakt zu Gott zu stehen. Deshalb hat sie ihre Gläubigen seit zwei Jahrtausenden im Griff. Als Wissenschaftler die Brille erfanden, hat die katholische Kirche sie verdammt: ‹Gott hat dir doch mitteilen wollen, dass du nicht mehr sehen sollst! Sei blind!› Mit zivilisatorischem Fortschritt passt das nicht zusammen.»

Bub – der Antiheld aus der anderen Welt

Romeros dritter Untoten-Film ist manchmal lustig, manchmal sogar lustiger als «Zombies im Kaufhaus». Joseph Pilatos Figur des Captain Rhodes ist ein schmächtiger Prahlhans mit Napoleon-Komplex, Dr. Matthew «Frankenstein» Logan ein «Mad Scientist» mit wirrem Haarkranz, beschlagener Brille und OP-Blut im Gesicht, das er sich den ganzen Film über nicht abwäscht. Gleichzeitig ist ZOMBIE 2 Romeros pessimistischster Film. Der Point of no return ist erreicht. Romero hat die Menschheit abgeschrieben.

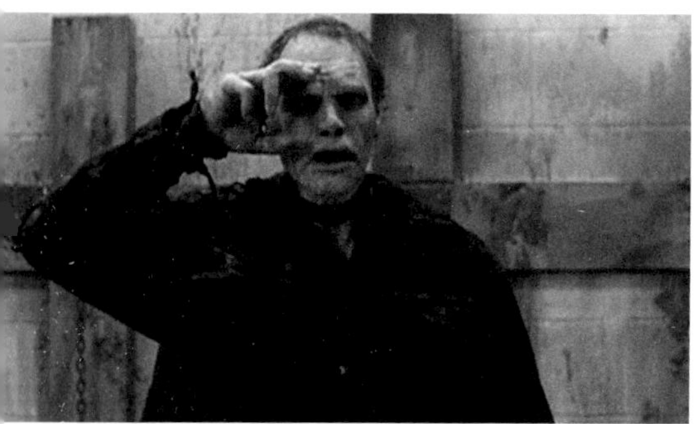

21 Bub (Sherman Howard) salutiert vor Captain Rhodes. Der Zombie scheint sich an den militärischen Gruß aus seinem früheren Leben zu erinnern. (ZOMBIE 2, USA 1985)

Sie habe die Ausrottung verdient, um Platz zu machen für eine neue Rasse, den Zombie. Die Strafe für den Menschen besteht darin: Der Untote sieht uns entfernt ähnlich, war ja mal einer von uns, ist jedoch viel, viel dümmer als wir – und besiegt uns doch. Ein Survival of the fittest, an deren Endpunkt die Dominanz einer Spezies steht, die nicht durch Intelligenz herrscht.

Romero orientiert sich zwar an Richard Mathesons *Ich bin Legende* und dem darin konstituierten Beginn der Endzeit. Aber Romeros neue Weltherren empfinden im Gegensatz zu Mathesons Vampiren kein Bewusstsein, also auch kein Wissen über ihre Macht. Sie wissen nicht, dass ihre Fortpflanzung an den Fresstrieb gekoppelt ist. Sexualität kommt bei ihnen nicht vor. Sie vermehren sich unwissentlich, sie sind die unwissentlichen Revolutionäre. Die Generation, die ihre Vorgängergeneration konsumiert. Und die letzte aller Generationen, da nach ihr keine kommen wird, die mächtiger ist.

Romeros Sympathie mit den Untoten gipfelt in der Figur Bub (Sherman Howard). Ein unschuldig agierender, nicht zubeißender, dressierter, lernfähiger Zombie, der es seinem Gebieter Dr. Logan recht machen will (Abb. 21).

Geradezu herzzerreißend widmet sich Romero dem Untoten und dessen mit kindlichem Staunen begleiteten Entdeckung, dass er seine Ketten kaputtbeißen kann. Bub will Dr. Logan stolz von seinen ersten Schritten in die Autonomie berichten, die Kreatur versteht nicht, dass es der Wissenschaftler selbst war, der ihn ankettete und sein Sklavenhalter ist. Er hält ihn für einen Freund.

Bub heult, als er die Leiche Logans entdeckt und rächt ihn, indem er Jagd auf dessen Mörder Rhodes macht. Unklugerweise erledigte Rhodes «Dr. Frankenstein» nicht per Kopfschuss – die einzige Maßnahme, um eine Wiederauferstehung als Zombie zu verhindern. Logan müsste nun als Untoter innerhalb des Bunkers zur Gefahr werden. Dass der Arzt tot bleibt und nicht Teil der Untoten-Armee wird, deuten manche Rezensenten optimistisch als Zeichen einer Veränderung, die den Kampf gegen die Zombies erleichtern wird.

Andererseits blendet Romero in «Frankensteins» Labor für wenige Sekunden einen eingelegten Fötus ein, ein Zombie-Baby. Entscheidend ist ein grausames Detail. Mit dem toten Säugling gewährleistet Romero eine Aussicht auf die Zukunft der Menschheit. Das Baby ist unversehrt, wurde nicht gebissen, aber hängt noch an seiner Nabelschnur. Es kam zunächst als Totgeburt auf die Welt, verwandelte sich dann sogleich in einen Zombie, was am entstellten Gesicht zu erkennen ist. Auf dieser vom Zombie-Virus befallenen Erde gibt es keine Lebendgeburten mehr. Und wer tot geboren wird, gehört wenige Sekunden später zum untoten Feind.

Dr. «Frankenstein» Logan ist ein ambivalenter Charakter, ein Leichenfledderer, der jeden frisch getöteten Soldaten heimlich für Experimente benutzt. Ihm ist nicht zu trauen. Aber sein Plan zur Domestizierung von Wiederkehrern folgt einem Plan zur Rettung unserer Gattung: «Ziviles Verhalten unterscheidet uns von niedrigeren Arten. Es ermöglicht uns Kommunikation. Dinge zu verhandeln, statt sich gegenseitig zu attackieren wie wilde Tiere.» Sein Versuchskaninchen für ziviles Verhalten ist Bub, und Bub lernt dazu. Vielleicht können andere Zombies das auch. Und wer sich weiterentwickelt, erarbeitet sich das Recht auf eine Existenz. Das ist Evolution.

Auch Lori Cardille erkennt die Größe Bubs an. Er besitze eine Erfahrung, um die wir Lebenden ihn beneiden. «Der Zombie steht für die Unschuld. Du musst sterben, bevor du wieder leben kannst.» Sie vergleicht die ersten Schritte des neugeborenen Untoten mit den ersten Schritten, die ein Mensch nach einer existenziellen Krise durchlebt. Sie sagt, jeder von uns habe das Recht auf seinen ganz eigenen Nervenzusammenbruch und davon ausgehend die Rückkehr ins Leben. «Danach beginnt der Prozess der Regeneration. Der Zombie ist die Metapher für das Wiedererlernen elementarer Fähigkeiten. Im Grunde gibt uns der Zombie die Hoffnung, dass auch wir mit neuer Kraft den nächsten Schritt angehen können.»

Der Kampf um ZOMBIE 2

Romero litt unter den Rezensionen. Aber ein Einspielergebnis von 34 Millionen Dollar bei Kosten von dreieinhalb Millionen? Das ist kein Flop, das ist ein Hit. Der erfolgreichste Horrorfilm des Jahres sogar, wobei sich in den Top 100 der weltweit umsatzstärksten Filme von 1985 nur fünf weitere Genre-Beiträge befinden.[16]

Das frühe VOM WINDE VERWEHT-artige Drehbuch war der Öffentlichkeit nicht bekannt, aber auch in der fertigen, Romero zufriedenstellenden Kammerspiel-Fassung erscheint ZOMBIE 2 als ein Werk, bei dem der Regisseur erstmals deutlich unter seinen Möglichkeiten tätig werden musste. Ein Eindruck, den seine weiteren drei Untoten-Filme bis 2009 verstärken. Sie sehen aus wie ambitionierte DIY-Arbeiten, die kleinere Umsetzungen eines großen Plans sind, den die Geldgeber nicht unterstützten.

ZOMBIE 2 lief in den USA am 19. Juli 1985 an und konkurrierte mit Sci-Fi-Blockbustern wie ZURÜCK IN DIE ZUKUNFT, MAD MAX 3 – JENSEITS DER DONNERKUPPEL und EXPLORERS – EIN PHANTASTISCHES ABENTEUER. Die schlechten Besprechungen (Lori Cardille will sich gar an Buhrufe bei der Premiere erinnert haben) beruhten auch auf einer nicht zu befriedigenden Vorfreude. Wer DAWN gesehen hatte, erwartete für DAY noch mehr Action und Schauplatz-Abwechslung.

Sicher beeindruckte ZOMBIE 2 durch die realistische Darstellung von Monster-Attacken. Aber Gore-Feste waren nicht unbedingt mehr das, was das Popcornkino-Pub-

16 *The Numbers*, bit.ly/3n11RWO (31.01.2023).

likum Mitte der 1980er-Jahre sehen wollte. Für das auf Gemetzel angelegte Zombie-Genre, dessen Welle Romero 1978 mit ZOMBIE unfreiwillig anstieß, war in den Sälen kein Platz mehr. Videotheken wurden zur Scholle des Splatterfilms.

Die Kino-Helden hießen 1985 Rocky und Rambo und ihre Abenteuer ROCKY IV – DER KAMPF DES JAHRHUNDERTS und RAMBO 2 – DER AUFTRAG. Amerikanische Kämpfer, die die Ehre ihres Landes nach einem verlorenen Krieg wieder herstellen, indem sie vietnamesische, auch sowjetische Soldaten töten (Rambo) oder im Moskauer Boxring den Russen trotz dessen Heimvorteils dermaßen vermöbeln, dass selbst der Staatschef, ein Michail-Gorbatschow-Lookalike, stehend applaudiert (Rocky).

Romero gestaltete ZOMBIE 2 als Abrechnung mit einer korrupten (Staats-)Führung. Ein Feld, das er seinerzeit recht allein beackerte. In den 1980er-Jahren gab es keine aufsehenerregenden, gegen die Administration Ronald Reagans gerichteten Filme, zumindest nicht aus den USA. Anders als der 1978 angelaufene ZOMBIE, der die revisionistischen, antipatriotischen Strömungen der New-Hollywood-Bewegung aufgriff, fiel ZOMBIE 2 mit seiner Kritik gegen die Haudrauf-Mentalität des Militärs aus seiner Epoche.

Erfolgreiche, amerikanische Staatsdiener porträtierende Werke jener Dekade waren vor allem Komödien: ICH GLAUB' MICH KNUTSCHT EIN ELCH! (1981), POLICE ACADEMY – DÜMMER ALS DIE POLIZEI ERLAUBT (1984) oder DER TANK (1984), wenig subversive, eher freundlich gesinnte Streifen. Möglicherweise war man 1985 für Darstellungen einfältiger US-Soldaten bereit, für Darstellungen korrupter oder bösartiger US-Soldaten jedoch, wie noch in der American New Wave der 1970er, nicht mehr.

«Jeder kannte damals jemanden, der vom Dienst aus Vietnam zurückkehrte und nicht mehr ganz bei sich war», sagte der ehemalige Redakteur des Horrorfilm-Magazins *Fangoria*, Robert «Bob» Martin. «Und die Leute sorgen sich um ihre Veteranen. Es ist einfach keine gute Idee, Zombies mit dem Militär zu paaren, es sei denn, man macht eine Komödie daraus.»[17]

Captain Rhodes' Truppe besteht aus Untergebenen, die ihre Macht vor allem zur Drangsalierung der mit ihnen eingepferchten Zivilisten demonstrieren. Aber sind sie überhaupt noch Soldaten, wenn es kein Ministerium mehr gibt, dem sie dienen könnten? Die Soldaten, unter ihnen Private Steel (Gary Howard Klar in einer bärig-lauten John-Goodman-Rolle, als an bärig-laute John-Goodman-Rollen noch nicht zu denken war) sowie der suizidgefährdete Miguel, salutieren nicht, sie vergessen ihr «Sir!» und tragen ihr Haar nicht im militärischen Kurzhaarschnitt, sondern wie südamerikanische Guerillas. Einzig ihr Anführer Rhodes legt Wert auf ein gepflegtes Äußeres, womöglich glaubt er noch an ein Ende der Apokalypse und die Wiederherstellung von Diensthierarchien. Oder leugnet die Realität.

Aber wie «Dr. Frankenstein» erweckt der Schreihals widersprüchliche Gefühle. Wir entwickeln Verständnis. Rhodes ist ein Tyrann, doch seine Motivation ist nachvollziehbar: Sollte der Zombie nicht ein Gegner sein, den man ausmerzt, statt, wie Dr. Logan es mit dem dressierten Bub tut, mit ihm zu experimentieren?

17 The Making of George A. Romero's DAY OF THE DEAD.

Romero vermutete, dass der Misserfolg von ZOMBIE 2 auch im Zusammenhang mit einem Konkurrenzfilm gestanden haben könnte, der weniger als einen Monat später, am 16. August 1985, in den US-Kinos anlief: der Zombie-Punk-Streifen VERDAMMT, DIE ZOMBIES KOMMEN unter der Regie von ALIEN-Schöpfer Dan O'Bannon, lose basierend auf dem Roman von NACHT DER LEBENDEN TOTEN-Autor John A. Russo (wir widmen uns dem Werk im 2. Kapitel). Ein Film, der vielleicht besser zum Marty-McFly-Eventpublikum passte.

Noch Jahre später berichtete Romero halb amüsiert, halb bestürzt über Verwechslungen auf seine Kosten, etwa wenn sein Film in Zeitschriften mit dem Titel RETURN OF THE LIVING DEAD angekündigt wurde, dem Originaltitel von O'Bannons VERDAMMT, DIE ZOMBIES KOMMEN. Oder von Komparsen aus Florida, die sich nach ihrem Kinobesuch bei ihm beschwerten: Hey, wir waren gar nicht zu sehen im fertigen Film! Kein Wunder, sie waren ja auch im falschen Saal gelandet, wo RETURN OF THE LIVING DEAD lief, nicht DAY OF THE DEAD.

Eine DAY OF THE DEAD-Dokumentation hält eine Deutung des Drehbuchs parat, die den zermürbenden Prozess der Filmentstehung miteinschließt. Romeros Script fungiere als verklausulierte Niederschrift des Konflikts zwischen Regisseur und Finanziers. Der Journalist Rob Gonsalves deutet die Streitparteien auf der Leinwand als Substitute der Filmbeteiligten und ihrer unterschiedlichen Interessen. Dialoge, in denen das Militär harsch auf schnelle Laborergebnisse poche, seien Sinnbilder für die Forderungen der Produzenten nach hitträchtigem Material. «Der Film», urteilt Gonsalves, «zeigt Romero an seinem Tiefpunkt. Die Wissenschaftler sind Stellvertreter für Künstler wie ihn, die Soldaten sind die Verbrecher, die widerwillig das Budget freimachen und danach ausrasten. ZOMBIE 2 ist der persönliche Ausdruck von Wut und Depression.»

Die abgelegene Insel ist der Sehnsuchtsort aller Eskapisten, denn Zombies können nicht schwimmen. Ins karibische Paradies gelangen am Ende von ZOMBIE 2 per Hubschrauber auch die Forscherin Sarah und das ungleiche Duo aus dem sinnierenden John und dem am Flachmann nippenden Bill. Die inoffizielle Romero-Tradition sieht von Film zu Film eine immer größere Gruppe Überlebender vor. NIGHT hatte keinen, DAWN zwei und DAY nun drei Menschen, die es schaffen. Und das Schicksal des Trios bewegt so manchen bis heute. Mit NIGHT OF THE LIVING DEAD 2 (warum ist erst jetzt jemand auf diesen erhabenen Filmtitel gekommen?) wurde 2021 eine Fortsetzung, nicht von DIE NACHT DER LEBENDEN TOTEN, sondern von ZOMBIE 2 gedreht. Wohl auch deshalb eine Fortsetzung von ZOMBIE 2 und nicht ZOMBIE, weil für dieses Sequel alle drei Hauptdarsteller von 1985 engagiert werden konnten: Lori Cardille, 69, Terry Alexander, 76, Jarlath Conroy, 79. Bis Druckschluss dieses Buchs ist NIGHT OF THE LIVING DEAD 2 noch nicht ins Kino gekommen, aber es gibt bereits Fotos, die das Trio im blutigen Abwehrkampf gegen Untote zeigen, die das Meer an ihren Traumstrand gespült hat.

Falls Sie die Zombiefilm-Titel aufgrund ihrer unübersichtlichen Fortsetzungsbezifferungen irritierend finden: Das ist verständlich. Im kommenden Kapitel widmen wir uns den Gründen für diesen Zahlensalat. Ein Vorgeschmack: In den USA (wo ZOMBIE als DAWN OF THE DEAD firmiert und ZOMBIE 2 als DAY OF THE DEAD) hätte das neue Werk mit Cardille, Alexander und Conroy wohl nicht «Zombie 2» heißen können, weil es «Zombie 2» in ähnlicher Schreibweise schon gibt (ZOMBI 2 alias ZOMBIE FLESH EATERS, 1979). Und es könnte hierzulande nicht «Zombie 3» heißen, weil es auch «Zombie 3» beziehungsweise ZOMBIE III schon gibt (entstanden ohne Romeros Mitwirkung). «Day of the Dead 2» wäre auch nicht gegangen, da die Rechte für den Titel DAY OF THE DEAD in fester Hand sind (bei einer Firma, mit der Romero nichts zu schaffen hatte). Dazu gibt es Remakes von DAY OF THE DEAD, aus dem neuen Jahrtausend. Ein Film und eine Serie. Aber die sind so schlecht, dass ich Sie damit nicht behelligen möchte. Wir haben noch viele Zombies zu besprechen.

Bis zu seinem nächsten Zombiefilm, LAND OF THE DEAD, würde Romero 20 Jahre verstreichen lassen. Die kulturelle und politische Bedeutung seiner ersten drei Werke sollte bis dahin noch wachsen. Er hat die Kinowelt nicht um eine, sondern zwei Kreaturen, die zu unzähligen Nachahmungen führten, bereichert. Zwei verschiedene Versionen eines Zombies.

Nach 1968 sahen alle Kino-Untoten wie in der NACHT DER LEBENDEN TOTEN aus. Gruselig.

Nach 1978 so, wie in ZOMBIE. Grell.

2

Wanderjahre der Zombies (1979–2002)

«Don't know why they keep locked doors here in the morgue.
Nobody wants in, and ain't nobody gettin' out.»
Mace, RE-ANIMATOR

Ja, wir haben noch viele Zombies zu besprechen. Es gibt aber zu viele Zombies, um sie alle zu würdigen. Dieses Buch beschränkt sich auf die entscheidenden Filme und Serien. Es sind Beiträge, die Impulse setzten, für das Zombie-Genre und damit für das Horror-Genre. Beiträge, die ein neues Publikum erschlossen oder ein Abbild (welt-)politischen Wandels sind.

Warum gibt es so viele und warum gibt es *zu* viele Zombiefilme? Nach Romeros ZOMBIE ist der Untote zum Open Source unter den Ungeheuern geworden. Es existiert keine Regel dafür, unter welchen Bedingungen ein Zombie noch ein Zombie ist. Er kann schleichen – oder rennen. Er kann übel aussehen – oder hübsch. Er kann stöhnen – oder reden. Er kann im Labor erschaffen, er kann aber auch aus dem Weltall angereist kommen oder aus «dem Buch der Toten» beschworen werden. Er kann ein Tier sein, zum Beispiel ein Zombie-Affe.

Er kann also jede Art von Monster darstellen, solange es nur einen Menschen angreift. Seine Motive können vielfältig sein: Hunger, Wollust oder Rachegefühle. Vielleicht erwürgt er den Menschen auch nur, statt ihn zu beißen. Vielleicht will er ihn willentlich – oder instinktiv – gar nicht töten, sondern muss einem Befehl seines Meisters folgen.

Keine Kreatur genießt mehr darstellerische Freiheiten als der Zombie. Ein Vampir genießt auch Freiheiten, muss aber gewisse Vorgaben befolgen. Ob er wie ein abgehalfterter Cowboy mit dem Van durch die Wüste fährt oder als Adeliger im transsilvanischen Schloss seine Gäste empfängt – er trinkt Blut, muss sich dabei schmutzig machen und bei Tagesanbruch zurück in die Kiste. Auch der Werwolf kann manche Gesetzmäßigkeit nicht überwinden. Er ist ein Mensch, der sich bei Vollmond in eine Bestie verwandelt, und er verwandelt sich danach zurück in einen Menschen. Seine Mitmenschen haben bis zum nächsten Vollmond Ruhe vor ihm. Werwolf-Filme sind Countdown-Filme: Wie viele Vollmond-Zyklen brauchen die anderen, um den Lykanthropen zu stoppen, wie viele Zyklen, bis der infizierte Mann selbst erkennt, dass er das Monstrum ist?

Dagegen der Untote. Im Gegensatz zu Werwolf und Vampir passt er sich mühelos an die Lebensbedingungen auf unserem Planeten an. Er verhungert nicht, er verdurstet nicht. Er ist nicht nachtaktiv, sondern 24/7 im Einsatz. Durch seine Dauerpräsenz gönnt der Zombie seinem Feind, dem Menschen, keine Regenerationsphasen.

Mit ZOMBIE setzte George A. Romero 1978 dem Zombie als Fressmaschine ein Denkmal. Die Darstellung von zerfetzten Menschen inspirierte das Horrorkino zu einer nie dagewesenen Umsetzung von Gewaltideen. Nach Romeros Film entwickelte sich der Wiederauferstandene zu einer Projektionsfläche für die Fantasien von Regisseuren, die für ihre Geschichten lediglich einen Berserker benötigten, der Opfer in Einzelteile zerlegt. Je größer das Shock Value, desto besser.

WOODOO – SCHRECKENSINSEL DER ZOMBIES

«Voodoo? Doctor, you gotta be joking! That's kids' stuff, I mean, Voodoo is just plain superstition worship.»
Brian Hull, WOODOO – SCHRECKENSINSEL DER ZOMBIES

Das Romero-Team ebnete Gore-Fanatikern den Weg, aber nicht nur, weil ZOMBIE ein Splatterfilm ist. Aufgrund einer Schludrigkeit gilt für den ZOMBIE-Vorgänger DIE NACHT DER LEBENDEN TOTEN seit Kinostart die Public Domain, im Deutschen vergleichbar mit der Gemeinfreiheit. Sie besagt, dass ein Werk nicht (mehr) dem Urheberrecht unterliegt. Im Jahr 1968 war nach amerikanischer Gesetzgebung ein bei der Einblendung des Filmtitels sichtbares Copyright-Zeichen notwendig, um das Urheberrecht in Anspruch nehmen zu dürfen. Beim Rohschnitt mit dem Arbeitstitel «Night of the Flesh Eaters» war das Zeichen noch vorhanden. Als der Vertrieb, die Walter Reade Organization, den Titel zu NIGHT OF THE LIVING DEAD änderte, tilgte sie versehentlich den Vermerk. Und machte den Film damit zur Public Domain. Dem Meisterwerk durfte nun jeder Filmemacher beliebig viele Fortsetzungen hinzufügen, und auch die Erlaubnis für ein Remake musste nicht eingeholt werden. Noch entscheidender war das Recht auf freien Filmvertrieb. Allein deshalb wurde der Markt ab den Nullerjahren mit NIGHT OF THE LIVING DEAD-DVDs überschwemmt. Sowohl George A. Romero als auch möglicherweise John A. Russo entgingen im Laufe der Jahrzehnte wahrscheinlich Millionen von Dollar, weil sie nicht als Rechteinhaber registriert werden konnten. Romero zog deshalb vor Gericht, und er verlor.

Von dieser Zugriffsfreiheit profitierte 1979 ein Film wie WOODOO – SCHRECKENSINSEL DER ZOMBIES (für den deutschen Markt zuständige Verleiher erlagen anscheinend dem Bann des Voodoo und wurden zum Rechtschreibfehler im Titel verpflichtet). Es gibt mehrere offizielle Titel: neben dem originalen ZOMBIE FLESH EATERS auch den verräterischen ZOMBI 2. «Zombi» ist die italienische Schreibweise von Zombie – und das wiederum ermöglichte es sechs Jahre später dem deutschen Verleih, DAY OF THE DEAD mit dem noch ungenutzten, eben um ein «e» längeren Titel ZOMBIE 2 auszustatten. Die Zuordnung von Titeln zu Zombiefilmen, ich hatte es Ihnen versprochen, ist spätestens jetzt verwirrend geworden. Vor allem, wenn ein ungünstiger Titel wie ZOMBIE 2 suggeriert, es handele sich dabei um den zweiten, nicht den dritten Teil der Romero-Reihe.

WOODOO – SCHRECKENSINSEL DER ZOMBIES ist eine italienische Produktion unter der Regie Lucio Fulcis und wurde als Sequel von Romeros ZOMBIE beworben, welches in Italien ZOMBI hieß. Inhaltliche Zusammenhänge bestehen keine. Bemerkenswert, fast schon bewundernswert, mit welcher Drehgeschwindigkeit die Italiener nachlegen konnten: Der Film feierte seine Italien-Premiere am 25. August 1979, kein ganzes Jahr nach Uraufführung von Romeros ZOMBIE.

Drehbuchautor Dardano Sacchetti verlieh, weil es sonst keiner tat, dem von ihm geschriebenen Streifen Vorschusslorbeeren, sprach von einer «Rückkehr zu den Zombie-Wurzeln», also Voodoo plus Karibik. Warum er und Regisseur Fulci den Einsatz wandelnder Leichen jedoch nicht zur Erhellung mystizistischer Fragen nutzten, bleibt ihr Geheimnis. Der Film bietet nicht mehr als eine Aneinanderreihung von Schocksequenzen, was nicht schlecht sein muss, aber schlecht ist, wenn man offiziell in die Fußstapfen Romeros treten will.

Auch das macht aus der Gemeinfreiheit von Romeros Zombie-Debüt eine gemeine Freiheit und aus ZOMBI 2 keine berechtigte Fortsetzung von ZOMBIE. Mit ZOMBIE III drehte Fulci 1988 sogar ein Werk, das als Fortsetzung von ZOMBIE 2 missverstanden werden könnte.

Einige Szenen aus WOODOO jedoch sind in den Kanon der Zombie-Popkultur eingegangen. Ein mit klugem Blick für Raumtiefe handelnder Untoter nimmt den Kopf einer Frau durch eine aufgebrochene Holztür in den Klammergriff und zieht sie so dicht an sich heran, dass er ihr einen Splitter im Türrahmen durchs Auge jagen kann, in Zeitlupe. Ein berüchtigter Höhepunkt des Genre-Kinos, den Fans so bedeutsam einschätzen wie jenen aus Luis Buñuels und Salvador Dalís EIN ANDALUSISCHER HUND (1929), in dem ein vermeintlich menschliches Auge mit dem Rasiermesser aufgeschlitzt wird. Der Dar-

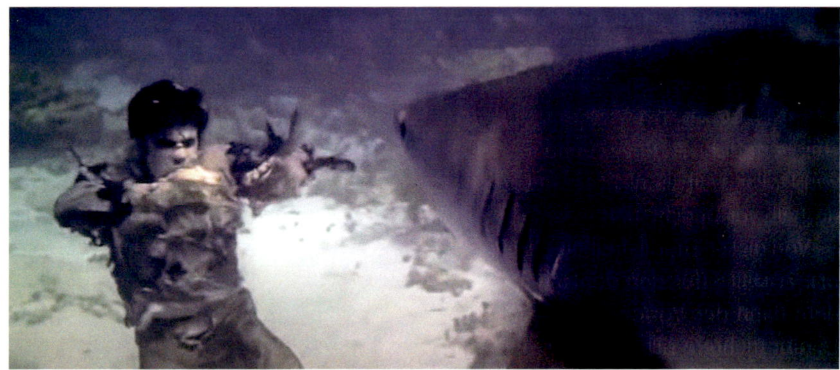

22 Ein Unterwasser-Zombie (Ramón Bravo) kämpft gegen einen Tigerhai. Der Fisch wird dem Untoten, bevor er davonschwimmt, einen Arm abkauen. Möglicherweise infiziert er sich und wird damit zum ersten Zombie-Hai der Geschichte. (Woodoo – Schreckensinsel der Zombies, I 1979)

stellerin aus Woodoo hat die Attacke nicht geschadet, fünf Jahre später spielte Olga Karlatos in Purple Rain die Mutter von Prince.

Man kann Filme lieben, ohne sie ernst zu nehmen. Viele solcher Filme nennt man «Trash-Filme». Der «Trash»-Begriff wird oft unbedacht und zunehmend inflationär benutzt, da er auch auf Komödien angewandt wird – was keinen Sinn ergibt, denn Trash ist nur, was nicht gewollt, sondern unfreiwillig lustig ist. Kennzeichen unfreiwillig lustiger Filme ist eine misslungene Darstellung von Gravitas, Grimm und Pathos. Es muss eine Fallhöhe vorhanden sein zwischen Absicht, Präsentation und Wirkung. Der dargebotene Ernst muss eine Peinlichkeit sein, ohne dass das Subjekt es erkennt. Trash bedeutet, erhobenen Hauptes in eine Müllhalde zu stolzieren, ohne es zu merken.

Woodoo hat zwei herausragende Trash-Momente. Wer im Internet nach dem in die Zombie-Chroniken eingegangenen Begriff «Zombie vs. Shark» sucht, findet eine Band, die sich so benannt hat, sowie diverse T-Shirt-Motive mit dem Titel als Slogan. «Zombie vs. Shark» klingt nach beeindruckendem Monster-Mashup, nach «Living Dead meets Jaws».

Die Suche nach dem Titel-Ursprung endet bei Fulcis Werk, und man bekommt genau das zu sehen: ein schlicht blödsinniges, aber mit Würde durchgezogenes Unterwassergerangel zwischen einem Zombie und einem Hai. Nicht einem aus Gummi, keine Requisite. Sondern einem echten Hai. Einem Tigerhai. Also keinem, der nur Pflanzen aufsaugt, sondern der Nummer zwei auf der Gefahrenskala der Haie, direkt nach dem Weißen Hai. Als Untoten-Darsteller musste ein Tauchtrainer (Ramón Bravo) herhalten, der sich mit dem Riesenfisch balgt. Dass die Konfrontation nicht tödlich für ihn ausging, hatte Bravo einer nicht tierfreundlichen Maßnahme zu verdanken. Er fütterte den Hai zuvor übermäßig mit Fischen und Beruhigungstabletten. Der Tigerhai war benommen, irritiert und fühlte sich bestimmt so, als müsste er platzen. Vor dem halb narkotisierten, also mit einem ungewohnten Bewusstseinszustand beschäftigten

Meeresbewohner hampelte nun ein als Wasserleiche geschminkter, unappetitlich anzusehender Mensch herum. Die Actionszene wurde auch nicht unterlegt mit zackigen Streichern, also Gefechtsmusik, sondern Softporno-Pop von Fabio Frizzi. Und im Gegensatz zu den in Zeitlupe strauchelnden Land-Zombies ist ausgerechnet der Unterwasser-Zombie so reaktionsschnell wie ein Mensch. Bei diesem Trash-Moment stimmt also alles (Abb. 22).

Das Filmende wiederum demonstriert einen erfindungsreichen Umgang mit unabänderlichen Drehbedingungen an Originalschauplätzen. Die Wiederauferstandenen haben ihre karibische Insel verlassen und New York erreicht. Auf der Brooklyn Bridge nähern sie sich Manhattan: *If they can make it there, they'll make it anywhere.* Weil es für Regisseur Fulci aber zu teuer gewesen wäre, die Brücke für die Dreharbeiten zu sperren, fließt dort weiterhin der Verkehr in alle Richtungen, während auf dem Fußgängerweg die mit Blut-Makeup maskierten Kleindarsteller in Richtung Manhattan marschieren. Damit sind tausende in ihren Autos an ihnen vorbeiflitzende New Yorker nichtsahnend Komparsen eines italienischen Zombiefilms geworden. Da die Einheimischen auch in Zeiten der Nicht-Apokalypse manisch hupend über ihre Brücken rasen, musste das Ende der Welt gar nicht erst behauptet werden. Die Szene sah aus wie ein Exodus in Panik.

Zum Totlachen der parallele Off-Kommentar, in dem ein Polizist per Funk seine Notlage in bester Edgar-Wallace-Manier bildlich und minutiös präzise schildert, damit auch der letzte Zuschauer versteht, was außerhalb unseres Sichtbilds passiert und allen Bewohnern des Big Apple blüht: «Die Zombies haben das Gebäude betreten. Jetzt sind sie an meiner Tür. Sie kommen rein. Neeeeeeein!»

Weitere italienische Billigstreifen werden wir nicht besprechen, es sind zu viele, und die meisten von ihnen schlecht, und selbst der beste der schlechten, Umberto Lenzis Grossangriff der Zombies (1980), ist noch zu schlecht. Auch wenn Regisseur Quentin Tarantino aus Liebe zu dieser Leinwandarbeit Til Schweigers Figur aus Inglourious Basterds (2009) nach dem Hauptdarsteller des Grossangriffs benannt hat: Hugo Stiglitz. Zu den Merkmalen dieser Exploitationfilme zählen gewisse Methoden der Blickführung, eine Fülle an Hysterie ausdrückenden Kamera-Zooms – Zooms auf Opfer, und ausschließlich auf Frauen, als wären sie die Hexen aus einem tschechoslowakischen Märchenfilm.

Zur Zeit von Woodoo verwischten auch die Grenzen zwischen Zombie und Kannibale, also zwischen Untotem und Mensch. Es schien egal zu sein, welche Lebensform nun die Dickdärme aus den Körpern zieht. Hauptsache, das Innere des Opfers wird nach außen gekehrt. Man-Eater – Der Menschenfresser und Nackt und Zerfleischt, besser bekannt unter dem Originaltitel Cannibal Holocaust, machten das Jahr 1980 zu einem Erlebnis für Splatter-Liebhaber. Der eine Film zeigt einen Mann, der Menschen aß, um nicht zu verhungern; der andere einen Urwaldstamm, der Menschen aus Tradition isst.

Video Nasties vs. Michael Jackson

«Night creatures call
and the dead start to walk in their masquerade»
Michael Jackson, THRILLER

Die Anzahl aller bislang gedrehten Zombiefilme ist nicht bekannt. Auch deshalb nicht, weil es keine Definition für dieses Monster gibt. Nicht alles, was «Zombie» im Titel trägt, ist ein Zombiefilm. Andersrum gilt: Nicht jeder Zombiefilm trägt den «Zombie» im Titel. Als Neunjähriger sah ich zum ersten Mal Das Cabinet des Dr. Caligari (1920) und denke bis heute, dass «Cesare, der Somnabule» ein Zombie ist, auch wenn es sich bei ihm nicht um einen Untoten handelt, sondern einen abkommandierten Knecht. Was wiederum im Sinne der Voodoo-Mythologie und den auf Caligari folgenden Zombiefilmen der 1930er-Jahre ist, in denen hypnotisierte Sklaven Arbeit verrichten müssen. Der vielleicht bedeutendste (Stumm-)Film des Expressionismus, ein Zombiefilm? Warum nicht.

Indiana Jones und der Tempel des Todes, ein Action-Adventure, der erfolgreichste Film des Jahres 1984, ist im weitesten Sinne auch ein Zombiefilm. Einer, der die Angst vor der Weltherrschaft der Untoten erst zum Finale offenbart, als wir noch denken sollten, es geht um durch einen Zaubertrank verwandelte indische Kinder, die in Minen schuften, und die Indy befreien soll. Nein, der Bösewicht Mola Ram plant im Auftrag der Göttin Kali die Heranzüchtung einer Zombie-Streitmacht, die die Welt überrennt, indem die Gläubigen aller Länder ausgeschaltet werden: zuerst die Hindus, dann die Moslems, die Juden und am Ende die Christen.

Allein eine «Zombie»-Schlüsselwortsuche in der Internet Movie Database (imdb), der größten Film- und Seriendatenbank, ergibt im Februar 2023 volle 4127 Treffer. Darunter fallen auch Werke, die man hierzulande nur schwer auftreiben könnte. Unzählige Filme sind in vielen Ländern nach Veröffentlichung indiziert oder beschlagnahmt worden, manche stehen bis heute auf dem Index, obwohl aktuelle Serien wie The Walking Dead explizitere Darstellungen beinhalten als Romeros Zombie 2. Das 1985 veröffentlichte Verdammt, die Zombies kommen (S.79ff.) hat heute eine Altersfreigabe von nur 16 Jahren. Darin ist unter anderem zu sehen, wie ein Untoter den Kopf eines Menschen hohlmampft.

Viele Konsumgüter werden durch ein Verbot begehrenswerter. Auf Filme trifft das ganz besonders zu. Für Minderjährige ist es eine Mutprobe, das «Ab 18»-Siegel der Freiwilligen Selbstkontrolle der Filmwirtschaft GmbH (FSK) zu brechen. Indizierte Filme wiederum sind Sehnsuchtserlebnisse für Horror-Aficionados, weil sie dann Werke begutachten könnten, die eine Prüfstelle für unzumutbar hält. Zombie und Zombie 2 steigerten in den 1980er-Jahren ihre Popularität, weil sie nicht verbreitet werden durften. Mit ihren Indizierungen erreichte die Bundeszentrale für Kinder- und Jugendmedienschutz natürlich das Gegenteil ihrer Absicht, Filme aus dem Gedächtnis zu tilgen. Slasher-Freaks wollten jetzt erst recht wissen, was «Zombie im Kaufhaus» eigentlich sein soll.

In Großbritannien wurden viele dieser Werke unbeabsichtigt aufgewertet, indem sie eine Etikettierung erhielten. Fraglich ist, ob die britische National Viewers' and Listeners' Association (NVALA), eine Interessengruppe aus Lehrern, Elternverbänden, Sozialwissenschaftlern, Journalisten und religiösen Vereinigungen, ihrer Mission nicht allein deshalb schon schadete, weil sie einer Vielzahl von Horrorstreifen per Katalogisierung einen übergreifenden Namen gab: «Video Nasties».

Aufgrund einer Gesetzeslücke durchliefen im Vereinten Königreich manche Filme keine Altersbewertung oder Zensurprüfung. Zwar kamen sie nicht ins Kino, aber die NVALA befürchtete Schlimmeres: Sie könnten auf VHS-Kassetten in die Hände von Kindern gelangen, wenn sie als «direct to Video»-Werke erscheinen.

Der Druck erreichte das Parlament. Die Regierung verabschiedete den Video Recordings Act 1984, ein Gesetz, das die Filmprüfstelle British Board of Film Classification (BBFC) zu einer Altersbewertung von Videofilmen verpflichtete. Als problematisch gelistet wurden zeitweise bis zu 82 solcher «Video Nasties». Ungewollt tat die NVALA mit ihrer beflissenen Aktenarbeit dem wissbegierigen Horrorfilm-Nachwuchs einen Gefallen. Nun wurde im UK erstmals schwarz auf weiß definiert, was man verbotenerweise unbedingt anzuschauen hat. 82 Streifen? Diese makabre Vorauswahl arbeiten wir ab. Von A bis Z! Die Auflistung erreichte auch deutsche Kinder und Teenager, die ebenso wild auf das Zeug wurden. Viele der in diesem Buch vorgestellten Filme sind auf der längst abgeschafften Liste vertreten, darunter WOODOO – SCHRECKENSINSEL DER ZOMBIES und DIE NACHT DER LEBENDEN TOTEN.

Im Jahr 1984 wurde im ZDF eine Doku mit dem boulevardesken Titel MAMA, PAPA, ZOMBIE – HORROR FÜR DEN HAUSGEBRAUCH gezeigt, die vermeintliche Folgeschäden des Horrorvideo-Konsums bei Kindern und Jugendlichen diskutiert; wahrscheinlich bot diese Ausstrahlung die einzige Gelegenheit, Karin Tietze-Ludwig bei einer Anmoderation das Wort «Zombie» aussprechen zu hören. Der Reportage-Titel bezieht sich auf den kolportierten Erfahrungsbericht, «Zombie» sei das bereits dritte Wort gewesen, welches eine Dreijährige gelernt habe, also direkt nach «Mama» und «Papa», zurückzuführen auf ihr Filmerlebnis mit einem Splatterstreifen.

Wie etliche ältere, unsere Moralvorstellungen, Erziehungsmethoden und auch Selbstzweifel behandelnden Dokumentationen hat MAMA, PAPA, ZOMBIE eine gewisse BRD-Patina angesetzt. Sie fiel in die Helmut-Kohl-Jahre. Jede Sekunde erwartet man einen Schwenk in die Fußgängerzonen von Städten wie Hannover und den Anblick klotziger, grauer Kaufhäuser, davor Blumenkübel, vor denen sich ein Punk mit Irokesenfrisur und Stecknadel im Gesicht fläzt. Wir belächeln die in der Reportage vorgeführten Professoren in ihren zu engen Blazern, die Erzieher mit Schnauzbärten, jene in Jeansanzüge eingepackten Street Worker von 1984, vor allem die dogmatischen Mütter und Väter, die bei einer nachgestellten Elternkonferenz neugierig zusehen, wie die Lehrerin eine VHS-Kassette in die Schublade des Rekorders schiebt, um den Eltern mit der Bitte um anschließende Diskussion jenen Film vorzuführen, über den ihre

Viertklässler in der Unterrichtspause reden. Die Eltern schauen sich Ein Zombie hing am Glockenseil (1980) an und äußern am Ende die Befürchtung, ihre Kinder sprängen Mitschülern an die Kehle, falls sie solchen Gemetzel-Inszenierungen ausgesetzt seien und falsche Handlungsideale entwickelten. Nur ein Vater ist unbeeindruckt, bemängelt vielmehr «erzählerische Schwächen» in der «Ausarbeitung der Charaktere» von Lucio Fulcis Werk. Anscheinend hat er geglaubt, die Aufgabenstellung für ihn und die anderen Erwachsenen habe in einer Filmkritik bestanden. Heute wissen wir, dass die «Video Nasties» keine Staatskrise ausgelöst haben, dass die Kindergeneration keinen Kollektivschaden davongetragen hat.

Allerdings ist Mama, Papa, Zombie ein wichtiges Zeitdokument. Eines, das heute kaum noch diskutierte Streitfragen behandelt, zumindest keine, die zu Vorlagen für Gesetzesänderungen im Jugendschutz führten. Paragrafen mit Zungenbrecher-Namen wie §4 Gjs oder §7 JÖSchG kannte damals jeder Videothekenbesitzer. Die Gesetzesvorgaben bedeuteten, dass Videothekare ihre Läden dichtmachen müssten, würden sie nicht-jugendfreie Filme offen anbieten, also im für alle Kunden zugänglichen Bereich.

Für Minderjährige wurde ein roter Vorhang zur neuen Grenzmarkierung, dahinter gab es nicht nur Pornos, sondern eben auch die Gewaltschocker. Außerdem wurden Videothekenbesitzer verpflichtet, auf den Kassettenhüllen eine Alterskennzeichnung durch verschiedenfarbige Punkt-Aufkleber vorzunehmen: Ein grüner für Filme ab sechs und zwölf, ein blauer für solche ab 16, und einen roten Punkt bekamen Filme für Erwachsene. Ab 1985 zierten jene heute bekannten, größeren Sticker mit den FSK-Altersangaben 0, 6, 12, 16 und 18 die Hüllenvorder- oder -rückseiten.

Allein 1984 wurden, wie *Der Spiegel* berichtete, nach «flächendeckenden Großaktionen» in Videotheken an Rhein und Ruhr gegen rund 700 Videothekare, die sich nicht an die Verleihregeln hielten, Ermittlungsverfahren eingeleitet.[1] Augenscheinlich wussten Videothekenbesitzer die Überwachungs-Panik für ihr Geschäft zu nutzen. Ich wuchs in einer norddeutschen Kleinstadt mit 24.000 Einwohnern auf, und um 1984 herum gab es dort bereits drei Videotheken sowie sechs Supermärkte oder Hi-Fi-Läden, die Video-Ecken einrichteten, improvisierte Abteilungen, abgetrennt durch den Vorhang. Sogar mein Friseur stellte irgendwann diese klobigen, verrauchten Videobuchhüllen, die den Kassetten einen ehrwürdigen Hauch von Ledereinbänden verleihen sollten, in seine Regale. Als Werbeträger für Video-Home-Systeme sind Friseure perfekt, man kann nicht wegrennen, sobald sie anfangen zu Schnippeln und dabei ihr Sortiment runterbeten. VHS war für meinen Coiffeur kein Nebengeschäft mehr, sondern eine nicht zu unterschätzende Einkommensquelle.

Nahezu alle diese mehr oder weniger professionellen Videothekare in meiner Stadt warben in ihren Schaufenstern mit dem Zombie-Kinoposter, also einem Film, den sie gar nicht zur Ausleihe anbieten durften. Aber wenn man draußen das Plakat sah und dann seinen Weg in den Laden gefunden hatte, blieb man eben an den VHS-Hüllen anderer Streifen hängen.

1 *Der Spiegel*, bit.ly/3KZIXdi (31.01.2023).

Auch Politiker, Gewaltforscher und vor allem Zensoren kommen in MAMA, PAPA, ZOMBIE zu Wort, deshalb bietet der Film unbezahlbare Einblicke in die Arbeit von Prüfern der Bundesprüfstelle für jugendgefährdende Schriften (heute Bundeszentrale für Kinder- und Jugendmedienschutz). Drei vor der Kamera eher unsicher sprechende Menschen um die 30, zwei Frauen und ein Mann, begutachten MUTTERTAG (1980) und kommen in ihrem inszenierten Arbeitsgespräch zu dem Schluss, dass der Film eine Indizierung verdiene, weil die «Tendenz» vorhanden sei, «die Gewalt der zwei Mädchen am Schluss sei gerechtfertigt». Eine exzentrische, keinesfalls bei korrekter Deutung der Handlungsentwicklung zutreffende Einschätzung, agieren die zuvor entführten zwei Film-Mädchen gegenüber ihren Peinigern doch in Notwehr. Durch die Arbeit solcher Prüfer, und seien sie nur übermotiviert durch unnötigen Performancedruck für die Zuschauer, entstehen folgenschwere Beschlüsse. Folgenschwer für Filmemacher, deren Werke nicht mehr vertrieben werden können, folgenschwer für Zuschauer, denen etwas entgeht.

MAMA, PAPA, ZOMBIE-Regisseur Claus Bienfait ging in Klassenzimmer und filmte Kinder, die auf die Lehrerfrage «Wer von euch weiß, was ein Zombie ist?» begeistert mit den Fingern schnipsten. Er ging ins Jugendzentrum, wo er Heranwachsenden, denen der erste Oberlippenflaum wuchs, ein dickes Mikro mit überdimensioniertem, *Hitparaden*-verdächtigen Popschutz unter die Nasen hielt. «Action, Neugierde und Spannung», gaben die einander wegdrängelnden Kids zu Protokoll, deshalb schauten sie Zombiefilme.

Manche Verteidiger des direkt per Heimvideo distribuierten Horrorfilms, darunter der Geschäftsführer einer Filmproduktionsfirma, berichten von finanziellen Einbußen durch Verbote, navigieren aber hart am Rande der Verschwörungserzählung. Politiker, sagt einer aus der Video-Branche, würden das VHS-Grusel-Geschäft per Gesetz einschränken und Leuten wie ihm schaden wollen, damit sie das parallel erblühende Privat-Kabelfernsehen fördern könnten.

Der Pädagoge Joachim H. Knoll vernichtet die Zombies mit einem Postulat: «Horrorfilme führen Brutalität vor, die menschlicher Würde zuwiderläuft. Mitleid und Erbarmen, Hilfsbereitschaft und Zuneigung, alles wichtige Faktoren im menschlichen Zusammenleben, kommen in diesen Filmen überhaupt nicht vor. Gewalt wird als Lustprinzip verherrlicht, Gewaltlosigkeit als Feigheit denunziert.» Der heute emeritierte Professor schlägt einem solche Sätze regelrecht um die Ohren. Da möchte man sich fast für die eigene Kindheit, geprägt von Video-Blutbädern, angeschaut ohne elterliche Erlaubnis, schämen.

Knoll scheint ein Vertreter der Lerntheorie zu sein, nach der das Gesehene in sozial unerwünschtes Verhalten, also Aggressionen umgewandelt wird. Demgegenüber steht die Katharsistheorie, nach der Filmfiguren unsere Stellvertreter sind, die unsere Aggressionen für uns ausleben.

Allerdings trifft Knoll auch eine pointierte Einschätzung: «Kindern und Jugendlichen werden in der neuen Medienwelt Antworten auf Fragen gegeben, die sie gar nicht gestellt haben.»

Diesen Satz sollte man sacken lassen.

Der Professor hat recht.

Gäbe es keine Horrorfilme, würden sie uns wahrscheinlich nicht fehlen.

Nur, wer kann schon mit Gewissheit voraussagen, welche Eindrücke die kindliche Fantasie fördern und welche Eindrücke der kindlichen Fantasie schaden? Splatter gibt es nicht nur im Horror-Genre.

Schauen wir einmal auf die Märchen, die wir dem Nachwuchs vortragen, über unzählige Generationen hinweg. Kann die «Befreiung» Rotkäppchens und ihrer Großmutter aus dem Bauch des bösen Wolfs ohne Blutvergießen abgelaufen sein? Das Mädchen befand sich mindestens eine Nacht im Verdauungstrakt des Tiers. Oma noch länger. Wie sieht jemand aus, den man dann aus einem Magen zieht? Die Brüder Grimm gehen nicht ins Detail. Aber Kinder stellen Fragen: «Wie kamen die Menschen denn aus dem Bauch heraus? Wie geht Befreiung?» Schon müssen Eltern in ihrer Erzählung improvisieren. Gewalt ist Bestandteil fast aller Märchen.

Die heimischen Medien standen ebenso ratlos vor der Frage, wie mit den «Video Nasties», für die es im Deutschen keinen Listennamen gab, umzugehen war. Mit einer Mischung aus Faszination, Abscheu und trotziger Ironie widmete sich *Der Spiegel* den Zombiestreifen und titelte ungelenk «Zum Frühstück ein Zombie am Glockenseil»; der Heimvideo-Boom habe den Genres, in denen viel Blut fließt, beeindruckende Umsatzzahlen beschert. 45 Prozent aller Verkaufs- und Verleiherlöse, ermittelte das Magazin, entfielen 1984 auf Horror, Krieg und Action. Und vieles davon sähen auch Kinder, und das schon, wie der Artikel in seiner Überschrift vermeldet, «zum Frühstück». Daraus spricht die Angst, Kinder könnten sich selbst ein Trauma zufügen.

Allerdings stammen solche Berichte aus einer anderen Medienkonsum-Ära. Einer, in der noch Hoffnung bestand, die Kleinen komplett von Gewaltbildern fernhalten zu können. Es gab damals kein kommerzielles Internet, nur Zeitschriften und Fernseher, und über den Fernseher wachten Mama und Papa. Erst das Netzzeitalter ermöglicht jedem jungen Menschen mit halbwegs ausgebildetem, hinreichend intuitivem Technikverständnis den Zugriff auf Gore in Sekundenschnelle, mit Geräten, die in Hosentaschen passen, und ohne Interventionsmöglichkeiten für die Eltern.

Der Spiegel lässt vor allem Haupt- und Sonderschullehrer von zunehmender Gewalt auf den Schulhöfen berichten, anscheinend vermutet das Heft einen Zusammenhang zwischen Fernseherlebnis, Bildung und Brutalität. Es resümiert jedoch: «Welche langfristigen Auswirkungen wachsender, vielleicht gar bis zur Sucht gesteigerter Videokonsum auf Familie und Gesellschaft, auf Psyche und Verhalten von Kindern und Eltern haben mag, bleibt einstweilen reichlich nebelhaft.» Und das ist bis heute so geblieben.

Die meisten der Werke sind in Deutschland (und Großbritannien) heute unzensiert im Handel oder finden sich auf digitalen Kinderspielplätzen wie YouTube zur freien Ansicht. Aber der Zauber der «Video Nasties» hat etliche älter gewordene, einstige «Kassettenkinder» nicht losgelassen. Mit CENSOR kam 2021 ein britischer Film über die «Video Nasties» ins Kino. Eine Zensorin meint bei der Überprüfung eines Horrorstreifens eine echte Aufnahme vor sich zu sehen – das Verschwinden ihrer als vermisst geltenden Schwester.

Im Dezember 1983, ein halbes Jahr vor Verabschiedung des britischen Video Recordings Act 1984, feierte auf der anderen Seite des Atlantiks ein Zombiekurzfilm seine Premiere. Er dauerte 14 Minuten, wurde im US-Fernsehen gezeigt und präsentiert die vielleicht eindrucksvollsten, also schauerlichsten Untoten.

Michael Jacksons Musikvideo zum Song «Thriller» richtete sich keineswegs an ein Nischenpublikum. Es sollte so viele Menschen wie möglich gleichzeitig schockieren wie begeistern und die Verkäufe zum gleichnamigen Album ankurbeln. Mit Kosten von 500.000 Dollar war Thriller das bis dahin teuerste Musikvideo aller Zeiten und setzte bis ein Jahr nach Erscheinen knapp eine Million Einheiten auf VHS ab – ein Rekord.

Michael Jackson war ein Fantasy- und Horrorexperte. Er liebte den Weissen Hai und bearbeitete seinen Freund Steven Spielberg so lange, bis er das Audiobook für dessen E.T. – Der Ausserirdische einsprechen und ein Lied aufnehmen durfte, «Someone in the Dark», in dem der Alien im Hintergrund krächzt. Im «Can You Feel It»-Video seiner Band The Jacksons feuerten er und seine Brüder mit Blitzen herum, die so klangen wie die Laserstrahlen aus Krieg der Sterne.

Jackson ahnte, dass er nicht zum Schauspieler geboren war, aber er wusste, was zu tun ist, um dennoch in Musik *und* Film Ansagen zu machen. Zombies waren 1983 noch immer die Monster der Stunde. Er hätte George A. Romero als Regisseur anfragen können, vielleicht tat er das auch. Wenn ja, dann erfolglos. Mit John Landis verpflichtete er stattdessen einen Filmemacher, der mit American Werewolf (1981) ein genauso witziges wie furchteinflößendes Werk über einen amerikanischen Touristen gedreht hatte, der im Vereinten Königreich gleichzeitig mit den Londonern sowie einer Infektion mit dem Wer-Virus klarkommen muss. Und es gab auch Untote in Landis' Film, sie schrien ohrenbetäubend schrill, trugen Nazi-Uniformen und schossen aus Uzis.

Der Lupus sah bombastisch aus, unübertroffen bis heute, die Masken, vor allem die Kontaktlinsen der Werwolf-Darsteller, machten Angst. Augen sind, Sinnspruch hin oder her, zumindest im Horrorfilm das Fenster der Seele: David Naughtons Make-up in *der* Traumsequenz im Wald, als Jenny Agutter sich über den bettlägerigen Infizierten beugt, verantwortet den härtesten aller Jump-Scares – an ihn reichen höchstens noch Captain Howdy/Pazuzu in Der Exorzist und Danny Glick in Brennen muss Salem (1979) heran. Einen recht frühen Kontrapunkt zur Augen-Hysterie setzte Roman Polanski 1968 in Rosemaries Baby. Der frisch entbundenen Rosemarie (Mia Farrow) steht das blanke Entsetzen ins Gesicht geschrieben, als sie ihren Säugling das erste Mal sieht. Aber Polanski verwehrt uns den Gegenschuss auf den kleinen Adrian, den wir daher nie werden begutachten können, und zitiert lediglich den brillanten Dialog aus Ira Levins Romanvorlage. «Was habt ihr mit seinen Augen gemacht!», schreit Rosemarie die Satanisten an. Einer antwortet stolz: «Er hat die Augen seines Vaters.»

Michael Jackson führte nun die lebenden Leichen in den Pop ein. Er ließ sie zu seiner Musik tanzen. Zwischen Romeros Zombie und Thriller lagen gerade mal fünf Jahre, und die Dreharbeiten zu Zombie 2 lagen noch in weiter Ferne. Dennoch muss der Jack-

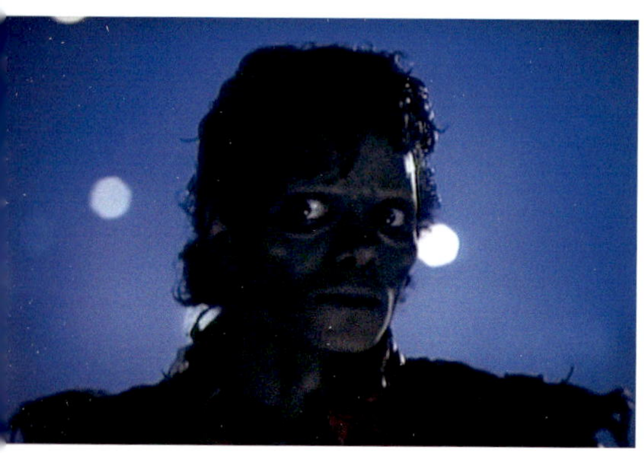

23 Michael Jackson hat sich in einen Zombie verwandelt. (THRILLER, USA 1983)

son-Clip die Romero-Crew beeindruckt haben. ZOMBIE-Maskenbildner Tom Savini gilt als künstlerischer Freidenker, aber seine 1985 in ZOMBIE 2 präsentierten gräulichen Masken mitsamt ihrer verwucherten, ausgebeulten Gesichtsknochen und riesigen vorstehenden Gebisse kamen einem bekannt vor. Sie ähnelten denen von THRILLER-Designer Rick Baker, der schon den AMERICAN WEREWOLF kreiert hatte (Abb. 23).

Vielleicht trug Jackson etwas zu dick auf, indem er beschloss, sich im Laufe der 14 Minuten nicht nur in einen Werwolf, sondern auch in einen Zombie, und am Ende wieder zurück in einen Menschen und dann erneut in einen Werwolf zu verwandeln. Mit diesem Schaulaufen wollte er zwei der drei populärsten Monster würdigen. Im Gegensatz zur Darstellung des Zombies war die des Lykanthropen jedoch sensationell missraten. Das Tier sieht, verglichen mit Bakers vorangehender AMERICAN WEREWOLF-Schöpfung, erbarmungswürdig aus, wie eine Perserkatze mit Baseballjacke. Werwölfe gehören außerdem auf vier, nicht auf zwei Beine. Viele Filmemacher lassen die Viecher nur aus einem Grund aufrecht laufen: Weil unter ihrem Kostüm ein Mensch steckt, der «Man in a suit». Das ist billiger und unkomplizierter, als am Boden eine Puppe zu animieren, die wie ein Wolf sprinten soll und es doch nicht könnte. Und ein Mensch, der sich auf Händen und Füßen fortbewegt, sähe einfach nicht bedrohlich aus. Keiner kann so rennen. Deshalb der «Man in a suit» auf zwei Beinen. Gut möglich, dass auch Jackson befürchtete, sich im Vierfüßlerstand lächerlich zu machen.

Mit Horrorfilm-Legende Vincent Price hatte Jackson für «Thriller» einen Sprecher engagiert, der das Lied mit einem als «Rap» betitelten Gedicht zu seinem Ende führt. Bei den Worten *«The foulest stench is in the air / the funk of forty thousand years / and grizzly ghouls from every tomb / are closing in to seal your doom»* buddeln sich die Untoten in Landis' Video aus ihren Gräbern (was sie in keinem der sechs Romero-Zombiefilme tun).

Die Kooperation mit Price war eine weitere schlaue Maßnahme des 25-Jährigen Jackson. Im Clip vereint sie Vintage-Grusel aus dem Munde des einstigen Gruseldarsteller-Königs mit den State-of-the-Art-geschminkten Monstern. Wenn der erfolgreichste Popstar der Welt glaubte, mit den abstoßendsten Ungeheuern einen Reibach machen zu können, ein Millionenpublikum zu erreichen – wer sollte ihm da widersprechen?

THRILLER ist kein «Video Nasty», es gibt darin kein Blutvergießen, bietet nur sanften Grusel. Aber es liefert eine Wendung. Als in Großbritannien die VHS-Zombies verboten werden sollten, war es Michael Jackson, der mit seinen Dance-Zombies die Lücke im Schubfach des Videorekorders wieder füllte.

VERDAMMT, DIE ZOMBIES KOMMEN und RE-ANIMATOR

«I thought you said if we destroyed the brain, it would die?»
«It worked in the movie.»
«Well, it ain't working now, Frank.»
«You mean the movie lied?»
Burt und Frank, VERDAMMT, DIE ZOMBIES KOMMEN

Der Public-Domain-Status der NACHT DER LEBENDEN TOTEN ermöglichte unproblematisch sowohl Fortsetzungen als auch Remakes, von denen fast alle schnell vergessen werden dürfen. 2022 erschien die jüngste Neuverfilmung, NIGHT OF THE ANIMATED DEAD, deren Entstehung ihr Regisseur Jason Axinn mit den Worten «wir wollten zeigen, wie kraftvoll Romeros Film ist, indem wir ihn in Farbe und als Animation inszenierten» rechtfertigte und damit passenderweise, aber ungewollt exakt die zwei wichtigsten Gründe für das Scheitern seiner Arbeit mitlieferte.

Zehn Jahre davor wurde mit NIGHT OF THE LIVING DEAD: GENESIS eine bis heute nicht abgeschlossene Crowdfunding-Produktion gestartet, in der Judith O'Dea wieder in ihre Rolle der Barbra aus DIE NACHT DER LEBENDEN TOTEN schlüpft, und auch die DAWN-Kollegen Hare-Krishna-Zombie (Mike Christopher) und Helikopter-Zombie (Jim Krut) sind darin in anderen Rollen – zu sehen. Barbra wurde demnach nicht von ihrem Bruder Johnny gefressen, wie noch im 1968er-Film angedeutet. Die Tagline *«Every legend has a beginning»* macht das Chaos komplett, verweist sie doch auf einen Prolog zur NACHT DER LEBENDEN TOTEN, in dem bekannte Charaktere, darunter Barbra, Johnny und Ben, auftauchen dürften. Barbra-Schauspielerin O'Dea ist im Jahr 2023 jedoch nicht mehr 23, sondern 78 Jahre alt, und wird kaum mit der Darstellung einer Figur überzeugen können, die nicht älter geworden sein könnte. Auf dem offiziellen Twitter-Account wurde GENESIS bereits für 2013 angekündigt, in der Internet Movie Database wird der Film seit 2018 als «in production» gelistet, auf der Facebookseite des Streifens gab es zuletzt 2019 ein Update: «Uns fehlen nur noch 10.000 Dollar für die Postproduktion!»[2]

Im Interview bestätigt Judith O'Dea, dass es den Machern wohl noch an Geld hapere. Womöglich erscheine GENESIS nicht mal als Stream für den kleinen Bildschirm. Aber: Sie sei gern wieder als Schauspielerin aufgetreten. «Ich habe die Rolle der Barbra angenommen, denn ich fand den plot twist toll. Sie lebt! Ich hoffe, irgendwann die Reaktionen der Fans erleben zu können, die mit Barbras Überleben konfrontiert werden.»

Filme wie GENESIS werden es hoffentlich nicht schaffen, das Ansehen des NACHT DER LEBENDEN TOTEN-Originals zu beschädigen. Sie gelten nicht als Bestandteile des

2 NIGHT OF THE LIVING DEAD: GENESIS-Facebookseite: bit.ly/3oSXflT (31.01.2023).

Romero-Kanons. Dazu gehören ausschließlich die sechs Werke, in denen George A. Romero Regie führte.

Den NACHT DER LEBENDEN TOTEN-Imitaten stellte sich mit der VERDAMMT, DIE ZOMBIES KOMMEN-Reihe (ab 1985, Originaltitel: THE RETURN OF THE LIVING DEAD) aber auch die äußerst gelungene Skizzierung einer alternativen Realität entgegen, die nach der NACHT DER LEBENDEN TOTEN ansetzt und die Erzählungen von Romeros ZOMBIE und ZOMBIE 2 ignoriert.

Romero und NACHT-Co-Autor John A. Russo gingen nach 1968 erst mal getrennte Wege und teilten sich die Rechte an Namen und Story. Russo sicherte sich die Titelwörter «Living Dead», was auch erklärt, warum Romeros Fortsetzung von NIGHT OF THE LIVING DEAD nicht «Dawn of the Living Dead», sondern DAWN OF THE DEAD heißt. Vielleicht wollte Romero mit dem Verzicht auf das scheinbar wichtige «Living» auch Ambiguität herausstellen, denn Zombies sind streng genommen keine «Living Dead», keine lebenden Toten. Sie sind untot, keine Toten, die leben. In dieser Hinsicht wäre schon NIGHT OF THE LIVING DEAD falsch betitelt, obwohl Romeros posthum veröffentlichter (und vom Co-Autoren Daniel Kraus 2020 fertig gestellter) Roman *The Living Dead* den alten Titel wieder aufgriff.

Russo veröffentlichte 1978 seinen Roman *Return of the Living Dead*, er verkaufte die Filmrechte, und ein Werk gleichen Namens kam 1985 ins Kino. Mit der Literaturvorlage hatte es so gut wie nichts gemein, wenngleich beide Geschichten zum Teil in einem Leichenschauhaus spielen. Da Russo die anschließende Novelization des Films ebenso verfasste, kursierten bald zwei Bücher, die den Namen *Return of the Living Dead* tragen.

1985 war ausgerechnet jenes Jahr, in dem sein ehemaliger Kollege und nun ungewollter Konkurrent George A. Romero ZOMBIE 2 ins Kino bringen würde. Das Engagement Dan O'Bannons als Regisseur und Drehbuchautor für VERDAMMT, DIE ZOMBIES KOMMEN wird Romero zusätzlich beunruhigt haben. Dieser kleine, vollbärtige Mann bewegte sich in Hollywood wie eine Flipperkugel, stieß hier und dort verschiedene Projekte an, die vor Energie aufblitzten wie die Zielscheiben in einem Pinball-Automaten. O'Bannon schrieb das Drehbuch zum lustigsten Sci-Fi-Film der 1970er, DARK STAR (1974), zum gruseligsten Sci-Fi-Film der 1970er, ALIEN – DAS UNHEIMLICHE WESEN AUS EINER FREMDEN WELT, und zu einem Polizeifilm, der die Überwachungsmethoden der US-Behörden im Angesicht der bevorstehenden Olympischen Sommerspiele von Los Angeles harsch kritisiert: DAS FLIEGENDE AUGE (1983). VERDAMMT, DIE ZOMBIES KOMMEN würde sein Regie-Debüt sein.

Romero legte es John A. Russo zunächst zur Last, dass VERDAMMT, DIE ZOMBIES KOMMEN fast zeitgleich in den Kinos anlief, auch wenn der nur die Romanvorlage schrieb und die Produktion nicht verantwortete. Mit den Jahren versuchte Romero die Situation mit Sarkasmus zu nehmen. Er bezeichnete VERDAMMT, DIE ZOMBIES KOMMEN als «Spoof», also Parodie seines Films – und kündigte in der Rolle eines TV-Moderators den «Achtziger-Klischeestreifen» auf dem amerikanischen Mystery Channel an.

Mit Blick auf die vernachlässigte Werktreue seiner Adaption gibt sich John A. Russo im Gespräch mit mir entspannt: «Mein *Return of the Living Dead* war eine geradlinige

Horror-Geschichte. Und die konnte ich für viel Geld verkaufen. Die Produzenten engagierten O'Bannon, und der schrieb die Story um. Sie ähnelt meiner nicht mehr. Aber sie ist gut.»

Romero führte, obwohl VERDAMMT DIE ZOMBIES KOMMEN deutlich weniger Geld einspielte, den Kritikermisserfolg von ZOMBIE 2 durchaus auf diese zeitliche Überlappung beim Kinostart zurück. Im Gegensatz zu Romeros Zeichen-der-Zeit-Welterklärungen erschien der Konkurrenzfilm anachronistisch und aussagefrei. Und vielleicht erwies sich gerade diese Anspruchsfreiheit, der Verzicht auf eine politische Haltung, als Vorteil. O'Bannon inszenierte eine Klamotte, in der selbst noch die Massaker von Situationskomik zeugen. Die Auferstandenen rennen, sind schlagfertig, können also reden und machen Witze, und ihre Opfer spielen das Theater mit, verfügen über Galgenhumor.

Diese Zombies haben Swag. Den Song-Soundtrack bestückten Punk-Bands wie The Cramps oder The Damned. Die Bedeutung einzelner Actionszenen wird durch den Einsatz einer ironisch dräuenden Synthie-Pop-Titelmelodie priorisiert. Je öfter sie zu hören ist, desto schlimmer wird's für die Helden.

O'Bannon scheute sich nicht davor, die Frage aller Fragen zu beantworten: Was ist die Ursache der Zombie-Apokalypse? Er gab ihr den Quatschnamen 245 Trioxin, eine gute Entscheidung. Hochtrabende Begriffe erhöhen das ersehnte «Kultpotenzial», die einzige Währung, die Filmen bleibt, die ihre Kosten voraussichtlich nicht wieder reinholen. Ein Kult setzt sich aus einer überschaubaren Anzahl von Anhängern zusammen, gewährleistet aber eine Zweitkarriere des Films, als Leihkassette in den Videotheken, dazu eine Wiederentdeckung durch Mundpropaganda.

O'Bannon setzt seine Erzählung, wie Russo im Roman, am Ende der NACHT DER LEBENDEN TOTEN an. Der Zombie-Ausbruch von 1968 wurde eingedämmt. Damals sickerte die Chemikalie 245 Trioxin, entwickelt als Kampfstoff für die Army, in die Abflussrohre eines Leichenschauhauses in Pittsburgh ein und ließ die Toten von den Obduktionstischen springen. Mit Mühe wurden sie wieder erlegt. Jedoch nicht entsorgt. Stattdessen wurden sie in Fässern eingelagert. Die Behältnisse lecken, und ein giftgrüner Rauch entweicht. Er infiziert die Lebenden mit dem Virus. Das Drama beginnt von vorn.

Romeros Soldaten leiden in ZOMBIE 2 unter psychischen Erkrankungen, vorrangig posttraumatischen Belastungsstörungen. Ihr Chef ist ein Narzisst und mindestens einer seiner Untergebenen selbstmordgefährdet. O'Bannon stellte das Militär nun als pragmatisch dar, nicht als Ansammlung Kranker, dafür aber als wenig vorausschauend. Jeder Ort, in dem es zur Zombie-Plage kommt, wird mit einer Atombombe planiert. Den Rest soll das Wetter erledigen. «Der Regen wird alles wegwischen», lautet die Devise. Doch es wird genau jener Niederschlag sein, der das Virus dann in einer anderen Gegend verbreitet.

Die Nuklear-Option der Armee soll maximale Handlungsfähigkeit demonstrieren. Und ist nur bedingt realistisch. In Wirklichkeit hätte die Regierung womöglich anders reagiert. Das wissen wir, weil Planspiele für eine Zombie-Invasion existieren. Hinter dem sperrigen Namen CDRUSSTRATCOM CONPLAN 8888-11 Counter-zombie dominance operations (CONPLAN 8888) steckt ein 31-seitiger Notfallplan des US-Verteidigungsministeriums, um einen Angriff oder Ausbruch der Zombies zu stoppen.[3] Es wird darin sogar die Niederschlagung eines «Aufstands» diskutiert, die Koexistenz beider Spezies also erwogen.

Seit 2011 schwört das Pentagon für seine Trainingszwecke auf CONPLAN 8888. Bei genauerer Betrachtung wird klar, warum. In einem Planspiel mit nicht-existierenden Gegnern wird der Datenschutz von Bürgern nicht verletzt. Außerdem bergen Angriffs- oder Verteidigungsplanspiele mit echten Opponenten (China, Russland, Terroristen) diplomatischen Zündstoff. Und nicht zuletzt geht das Pentagon von einer höheren Motivation ihrer Offiziere aus, wenn ihre Gegner Monster sind, weil die Gefahr dann irreal ist. Gerade, weil das Worst-Case-Szenario niemals eintreten wird, machen die Studien Spaß und wecken nicht die lähmende Befürchtung, es gehe um Leben und Tod.

Wunderbar idealistisch erscheint der Fünfstufenplan zur Beibehaltung oder dem Wiederaufbau ziviler Ordnung: 1. Sich aufstellen. 2. Abschrecken. 3. Die Initiative übernehmen. 4. Dominanz erlangen. 5. Stabilisieren. Das Militär in Verdammt, die Zombies kommen hat die Stufen 1 bis 5 durch den Abwurf der Atombombe mit einem einzigen Schlag umgesetzt. In den meisten anderen Filmen scheitert die Armee schon an Stufe 1, weil die Untoten sie überrumpeln.

Verdammt, die Zombies kommen ist ein Höhepunkt der an Zombie-Höhepunkten armen 1980er-Jahre. Die Zombies werden von Anfang an Zombies genannt, ohne dass den Protagonisten, wie in so vielen Filmen, in einer Welt ohne das Konzept «Zombie» erst erklärt werden muss, was Zombies sind. Dies kostet auch jedes Mal (Film-)Zeit. Romeros Nacht der lebenden Toten, das uns mit Zombiegesetzen vertraut machte, lag da schon 17 Jahre zurück. Für Zuschauer gibt es wenig Ermüdenderes als ein Wissensvorsprung gegenüber den Filmfiguren, denen man einbläuen muss, dass diese Ungetüme tatsächlich nicht mehr leben, aber dafür Menschen vertilgen.

Die neuen Untoten haben es auch recht eilig. Bei O'Bannon rennen sie, aber sie rennen zum Glück nur so schnell, wie ihre Darsteller rennen können, also realistisch, nicht computerbeschleunigt wie in den CGI-Spielplätzen ab den Nullerjahren, World War Z oder Dawn of the Dead. Zudem verfügen O'Bannons Wiederkehrer über Erinnerungen an ihre Biografien als Menschen. Ein zum Zombie gewordener Mann denkt an sein altes Leben zurück und legt sich mit letzter Kraft in einen Verbrennungsofen des Krematoriums, um sich aus dieser Welt zu entfernen, nicht zur Gefahr zu werden. Er ist ein suizidaler, weinender Untoter, der seinen Ehering auf den Kippschalter legt, mit dem er das Feuer entfacht. Seine Frau soll ihn als Untoten nicht sehen müssen. Eine vielsagende Geste, einer der wenigen ernsten Momente und mit Blick auf das Genre beispiellos ergreifend.

Ein anderer leidgeplagter Zombie sagt: «Wir essen Gehirne. Gehirne gegen den Schmerz, den Schmerz, dass man tot ist. Ich kann es fühlen, fühlen, wie ich in der Erde verwese.» (Abb. 24) Normalerweise sorgen wir uns nicht um Zombies, sondern um

3 *Strat.com*, bit.ly/3KONvmx (31.01.2023).

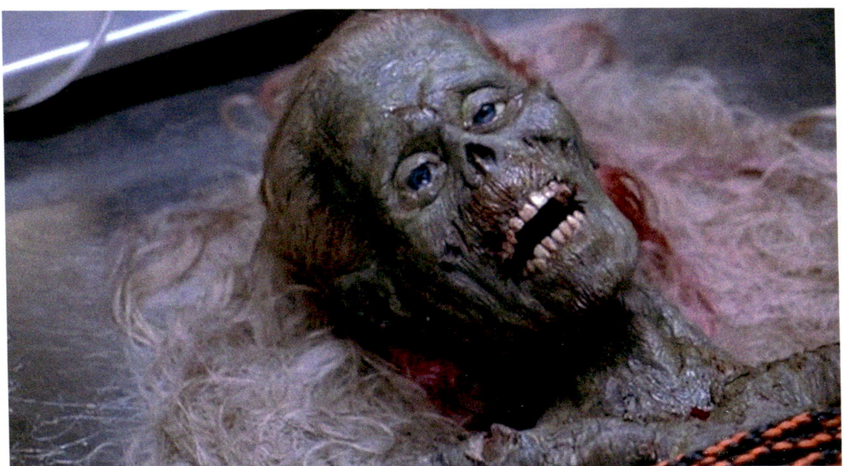

24 Ein halbverwester Zombie wird gefangen genommen, auf einen Obduktionstisch gefesselt und verhört. Er erklärt, warum Untote Gehirne essen. Und wie es Zombies eigentlich so geht. (VERDAMMT, DIE ZOMBIES KOMMEN, USA 1985)

die Menschen, die von Zombies attackiert werden. Hat sich vor diesem Film irgendjemand schon mal gefragt, wie es sich anfühlt, untot zu sein? Erst 28 Jahre später, in der Young-Adult-Komödie WARM BODIES, würden wir wieder so intensiv vom Innenleben eines Untoten erfahren.

In VERDAMMT, DIE ZOMBIES KOMMEN können Zombies reaktiviert werden, obwohl sie zuvor eliminiert und dann in Giftfässern verstaut wurden. Sie können also mehrmals wiederauferstehen. Was geht in einem Wesen vor, das untot ist, also nicht lebt, dann aber ausgeschaltet, weggesperrt und schließlich wieder zu untotem Leben erweckt wird?

Romero gefielen die Ideen O'Bannons nicht, und er sagte das auch in Interviews. Er spürte, dass sein Erbe angegriffen wird. Nicht durch die italienischen Billigfilme oder jene Streifen, die als «Video Nasties» berüchtigt wurden. Sondern durch diese leichtfüßige, aber mit überzeugenden Effekten umgesetzte Horrorkomödie. Die animierten Puppen, als auch Masken des Spezialeffekte-Chefs William Munns waren – vielleicht die größte Überraschung – auf dem hohen Niveau der Arbeiten Tom Savinis und Rick Bakers. Munns ist kein großer Name, aber bereits sein algiges Geschöpf aus Wes Cravens DAS DING AUS DEM SUMPF (1982) wurde begeistert rezipiert, als würdige Adaption des Comic-Mutanten. Der nun von ihm entworfene «Tarman», ein mit Teer bedeckter, wie ein Betrunkener wankender Zombie, wurde in den 1980er-Jahren so bekannt wie Romeros dressierter, liebenswerter Bub. «Tarman» rief nach «Gehirn!» und wurde zum Maskottchen der Reihe, mit immer wiederkehrenden Auftritten in den weiteren Filmen (Abb. 25).

Munns komplettierte also den Stab dieses Zombiefilms, der eineinhalb Jahrzehnte nach der NACHT DER LEBENDEN TOTEN neue Gesetze aufstellte. Romero betonte, dass

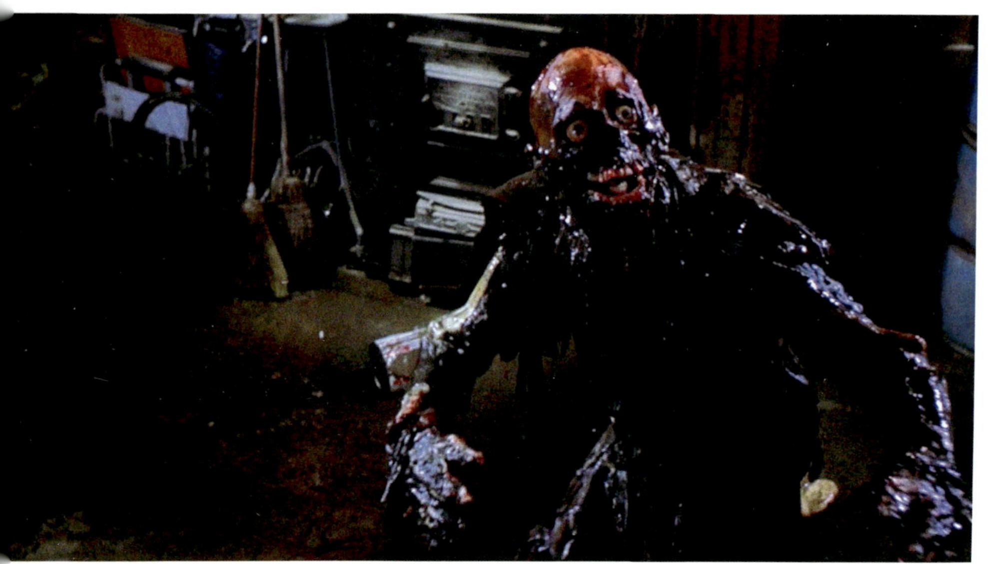

25 Der «Tarman»-Zombie, ein skelettierter, mit Teer bedeckter Untoter, ist der vielleicht bekannteste Untote der 1980er-Jahre. (VERDAMMT, DIE ZOMBIES KOMMEN, USA 1985)

Untote viel zu schwach seien, um Köpfe aufzubeißen und Gehirne zu fressen. Sie schnappen vielmehr nach jedem im näheren Sichtfeld befindlichen Körperteil, weil sie aufgrund ihrer Langsamkeit und Schwäche keine gehobenen Ansprüche an ihr Menü stellen dürfen. O'Bannons Zombies sind nahezu unzerstörbar, können nur durch Verbrennung erledigt werden. Das muss dem Altmeister Romero sauer aufgestoßen sein. «Wenn man Hackfleisch aus ihnen macht», sagt ein ums Überleben Kämpfender in VERDAMMT, DIE ZOMBIES KOMMEN, «laufen einem die einzelnen Stücke nach.»

Von John A. Russos Roman ist in der Verfilmung nicht viel übriggeblieben. Nun sehen wir Sprinter und nach Nahrung jammernde Zombies, die sich, des Rollenspiels mächtig, per Polizeifunk als Cops ausgeben, um Menschen herbeizurufen, in die Fressfalle zu locken. Aber in der Bewertung von Zombie Verhaltensweisen gibt Russo sich sowieso bescheiden. «Ob ich ein Fan von eher schnellen oder langsamen, stummen oder sprechenden Untoten bin? Ich bin kein Fan von irgendetwas. Ich bin ein Künstler. Aber ein Purist bin ich auch nicht. Es ist mir egal, ob die Kreaturen schreien, hoppeln, kriechen oder hüpfen – sorgt einfach dafür, dass sie das, was sie machen, gut machen. Und O'Bannon machte es gut.»

Dan O'Bannon wusste um die Verantwortung, einen Zombiefilm im Jahr 1985 herauszubringen. Er wusste, wie Kino-Trends aufzugreifen, auf welchem Weg neue Zielgruppen zu erreichen sind, und wie es überhaupt machbar sein kann, einen Gore-Streifen zu produzieren, der lustig ist. VERDAMMT, DIE ZOMBIES KOMMEN fand seinen Platz in einem als Blütezeit der High-School-Dramedy geltenden Jahr. VERDAMMT, DIE ZOMBIES KOMMEN sowie Thom Eberhardts ein Jahr vorher angelaufener Zombie-Endzeitfilm DER

Komet zeigen Heranwachsende bei ihrer humoristischen, rebellischen Auseinandersetzung mit dem Alter, mit konformistischen Klassenkameraden und den Erwartungen der Eltern, aber auch bei der melodramatischen Auseinandersetzung mit dem Leben – und dem Tod. John Hughes drehte The Breakfast Club und Joel Schumacher St. Elmo's Fire – Die Leidenschaft brennt tief. Filme über Teenager, die zu Außenseitern werden, weil sie etwas mehr verstehen als andere. Auch O'Bannon stellte Vertreter einer Jugendkultur in den Mittelpunkt seines Ensembles: Punks, die am Wochenende des 4. Juli, dem amerikanischen Unabhängigkeitstag, auf dem Friedhof einen draufmachen wollen (Abb. 26–27). Allerdings verstehen sie vom Leben nicht unbedingt mehr als die, die nach den Regeln spielen.

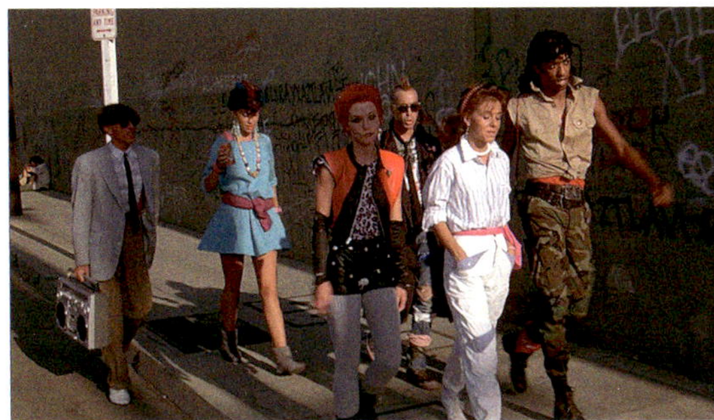

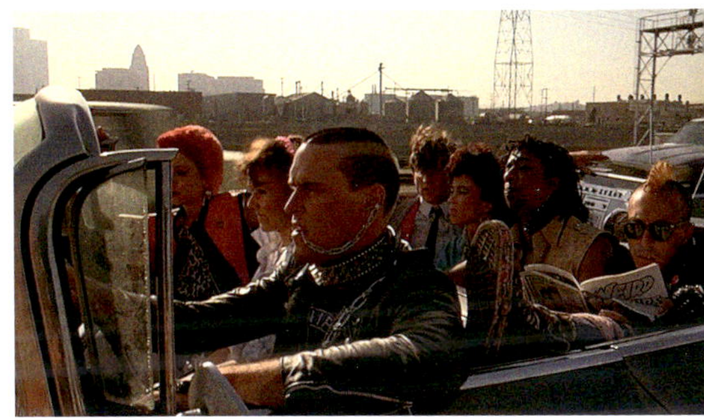

26–27 Die Clique um Anführer Suicide (Mark Venturini) streunt durch die Straßen und fährt schließlich mit der Limousine zum Friedhof, um dort zu feiern. Bilder wie aus einem John-Hughes-Film. (Verdammt, die Zombies kommen, USA 1985)

Die Clique um ihren sich «Suicide» nennenden Anführer (Mark Venturini) ist so heterogen zusammengesetzt wie jene aus dem Breakfast Club: Es gibt den Schönen, es gibt die Widerspenstige, und es gibt den Nerd, der sich fragt, warum er eigentlich dabei sein darf. Anders als bei John Hughes tummeln sich in dieser Truppe aber auch einige bösartige Gestalten, wie die ebenfalls mit einem Karikatur-Namen versehene «Trash» (Linnea Quigley), die sich auf dem Friedhof entblößt und auch später als Zombie noch splitternackt zu sehen ist.

Romero zeigte den ersten weiblichen Zombie, von hinten. O'Bannon dafür einen weiblichen Zombie von vorn. Man kann sich vorstellen, welchen der beiden Filme männliche Teenager eher in den VHS-Rekorder einlegen würden, zumindest dann, wenn die Eltern nicht zusehen.

Es sind eben nicht nur Gemetzel, die in Verdammt, die Zombies kommen für Begeisterung sorgten. Die Mischung aus verbotener Grufti-Party auf dem Friedhof, dummen Sprüchen und Full-Frontal-Nudity war neu. Dazu der zynische Umgang mit der Punk-Bewegung, die einflussreich in den 1970er-Jahren war, um 1985 aber längst Boden an Pop und New Wave verloren hatte. «Kein Schwein versteht mich», beschwert sich der larmoyante Suicide bei seiner Gefährtin Trash, die in Gedanken woanders ist. «Ich hab' was zu sagen, verstehst du das? Was meinst du, warum ich das alles trage? Denkst du, das ist ein Kostüm?» Suicide will ein Punk sein, der schon an seiner Kleidung erkannt wird, er gestikuliert wie wild, vor allem mit dem ausgestreckten Mittelfinger. Die berühmte Punk-Geste verkommt zum verzweifelten Fingerzeig. Keine Frage, dass Suicide als einer der Ersten draufgeht, weil er denkt, Zombies könnten ihm nichts.

Eine weitere – und von allen die wichtigste – Frage an den Drehbuchautoren John A. Russo, der die Untoten als fleischfressende Monster erdachte: Was fasziniert die Menschen an Zombies? Er überlegt nicht lange: «Einen Menschen zu sehen, der stirbt und dann wieder auf Erden wandelt? Das ist nichts, was wir sehen wollen. Vor allem wollen wir nicht so aussehen wie der verstorbene Wiederkehrer.»

Viele religiöse, an die Jenseitslehre glaubende Menschen verbinde die Hoffnung auf Wiederauferstehung im Himmel, ohne Gebrechen und auch geistig voll auf der Höhe, wenn nicht gar mit sakralen Superkräften ausgestattet. Dass man als Toter nicht zu Gott gelange, sondern als verstümmelter Anti-Mensch durch die Gegend torkele, heimatlos, besinnungslos, sei eine unerträgliche Vorstellung. Neben der Enttäuschung über die nicht erfüllten Versprechen der Religion, sagt Russo, wecke der Anblick der Zombies auch entwicklungsgeschichtlich und genetisch, möglicherweise atavistisch bedingte Ängste. «Über Jahrtausende waren Menschen die Opfer von Säbelzahntigern und Höhlenbären. Die Furcht, gefressen zu werden, wurzelt tief in uns, wir werden sie nicht mehr los.» Auch seine NACHT DER LEBENDEN TOTEN-Kollegin Judith O'Dea verweist auf die Frühzeit als Ankerpunkt der Zombie-Paranoia. «Unsere Faszination für den Tod entstand mit der Entwicklung unseres Bewusstseins», schreibt sie. «Irgendwann wurde dem Steinzeitmenschen klar, dass er sich nimmermüde um die Beschaffung seiner nächsten Mahlzeit kümmern muss, es zum Problem wird, wenn er nichts erlegt.» O'Dea fragt sich, ob der Tod wirklich das Ende unseres Seins darstellt. «Oder leben wir dann in einer anderen Art Körper weiter? Diese Hoffnung treibt uns seit tausenden Jahren um. Sie kann aber auch zu einer Sorge werden.» Denn der Untote wecke in uns die schlimmste Befürchtung: dass wir nach dem Ableben nicht mehr sind als nur seelenloses, verrottendes Fleisch.

Gläubige Menschen empfinden bei der Vorstellung, dass die Toten nicht in den Himmel einkehren, sondern zum mörderischen Strafdienst auf der Erde verurteilt werden, echten Schrecken. John A. Russo weiß das, und er genießt es, weil er von Religion nichts hält. «Religionen? Alle ausgedacht. Deshalb ist mein Lieblingsthema die Gemeinsamkeit von und der Unterschied zwischen Religion und Aberglaube. Wissen Sie, was Aberglaube ist? Aberglaube ist die Religion, die anders ist als Ihre eigene Religion. Ihre Religion, Ihr persönliches Gottvertrauen, ist wiederum für den anderen nur Aberglaube. Ehrlich, wer braucht schon den Teufel? Alles Böse auf der Welt stammt von uns selbst.»

In einem späteren Film griff Russo die Verheißungen der Religionen auf. Er zeichnet für die – viel kritisierte, auch verlachte – Regie der 1999 erschienenen NIGHT OF THE LIVING DEAD – 30TH ANNIVERSARY EDITION der NACHT DER LEBENDEN TOTEN verantwortlich. Für die aktualisierte Schnittfassung hatte Russo 15 Minuten aus dem Original entfernt und 15 Minuten neues Material hinzugefügt, er vermengt also Aufnahmen von 1968 mit denen von 1999. In den neuen Szenen schwingt ein junger Priester (Scott

Vladimir Licina) Reden über das Jüngste Gericht. Als der Geistliche gebissen wird, verwandelt er sich nicht, sondern erklärt seine Immunität durch göttlichen Beistand und will sein Blut als Antiserum anbieten. Ob Russo uns den Priester als Hochstapler verkaufen möchte, wird nicht klar.

Misslungener sind die Versuche, den «Zombie #1», wieder gespielt von 1968er-Darsteller Bill Hinzman, in seine Remodel-Erzählung einzubinden, indem er ihm eine Hintergrundgeschichte schenkt. Wir erfahren, dass es sich bei «Zombie #1» im früheren Leben um einen Vergewaltiger handelte und schauen erstmals zu, wie er sich als Untoter auf dem Friedhof aus seinem offenen Sarg herausmüht.

Die Background-Story wie auch die explizit gefilmte Wiederauferstehung sind aus zwei Gründen problematisch. Zum einen enthält die Vorgeschichte eine biografische Auskunft, die unsere Beurteilung der Figur beeinflussen soll. Wir sollen dem Zombie einen raschen Untergang wünschen, weil er als Mann ein Sexualverbrecher war. Die Exposition mit dem Kletter-Akt aus dem Sarg wiederum raubt dem anschließenden Angriffsmoment seine Spannung. Da das untote Dasein von «Zombie #1» jetzt bekannt ist, brauchen wir uns nicht mehr über seinen Angriff auf Barbra und Johnny zu wundern.

Erinnern wir uns daran, wie «Zombie #1» in Romeros Original über den Friedhof stolpert: Er ist einfach da, Barbra und Johnny nehmen ihn nicht als Bedrohung wahr. Er wirkt traurig, vielleicht angeschlagen, vor allen Dingen wie ein Mensch, der tief in Gedanken versunken ist – und packt dann unvermutet zu.

Romero, der mit der 30TH ANNIVERSARY EDITION nichts zu tun hatte, verdeutlichte Russos neues, schlechtes Konzept mit einer einfachen Beobachtung: «Man sieht doch, dass Bill der Anzug nicht mehr passte.» Die neuen Sequenzen passten nicht zu den alten, Bill Hinzmann war 31 Jahre älter geworden, und selbst die optische Angleichung durch den Dreh in schwarzweiß sah gezwungen aus.

«Der neue Film ist gut», hält Russo dagegen. «Nur die Traditionalisten waren sauer.» Er glaubt, dass die Ablehnung seiner Edition mit der Verehrung Romeros zusammenhänge. Die Gemeinschaft liebt den «König der Zombies» und dulde keine Bearbeitungen der Werke. «Sie glauben, DIE NACHT DER LEBENDEN TOTEN sei allein Georges Arbeit. Dem stimme ich nicht zu. Fast alle Ideen aus dem Original stammten von mir. Vor mir waren Untote nicht gruselig. *Zombies weren't heavyweight fright material.*»

Bei Erscheinen dieses Buchs ist vielleicht auch sein neuer Roman schon auf dem Markt. Russo wütet regelmäßig auf Facebook gegen die Republikaner, Inspiration für seine Geschichten holt er sich aus der Politik. Ein früheres Drehbuch hieß «Epidemic of the Living Dead», sein neuer Stoff ist eine Pandemie-Satire mit einem Versager-Präsidenten im Mittelpunkt, der auf ein prominentes Vorbild verweist. «Trump? Natürlich. Ich kann den Bastard nicht ausstehen. Er hat unser Land ruiniert und tut es noch immer.» Im Buch gehe es um ein Staatsoberhaupt, das Zombies wie Corona behandelt, als nicht-existent. Er ignoriert die Lebensgefahr. «Die Plage wird schon verschwinden, sagt der Präsident. Natürlich verliert er die Wiederwahl, aber er versprüht weiter sein Gift, und die Leute glauben seinen Lügen.»

John A. Russo, den ich für unser Telefonat beim Einkaufen erreichte, ist nun nicht mehr im Supermarkt unterwegs, und er streitet sich auch nicht mehr mit einer Verkäuferin über das Wechselgeld. Es war ein langes Gespräch, das bei DIE NACHT DER LEBENDEN TOTEN von 1968 begann, zu VERDAMMT, DIE ZOMBIES KOMMEN führte und bei DIE NACHT DER LEBENDEN TOTEN von 1999 endete. Russo hat sich in sein Auto gesetzt und ist bei einer Wäscherei angekommen. Die Straßen wechselt der ältere Herr so mühelos wie die Themen: von Zombies zu seinen weißen T-Shirts, die er dort hat reinigen lassen. «Muss jetzt aber auflegen.»

Wie denn sein neues Buch heißen wird, würde ich gerne noch wissen. Er gibt eine letzte Antwort, sie ist Beleg einer schwarzhumoristischen Verarbeitung aktueller politischer Unruhen: «Dead lives matter».

Diese Ärzte meinen es doch nur gut

Bei O'Bannon und Michael Jackson buddeln sich die Zombies aus dem tiefsten Grabesloch heraus, bei Romero sind sie einfach schon da. Im selben Jahr wie VERDAMMT, DIE ZOMBIES KOMMEN und ZOMBIE 2 gab es einen weiteren, aufsehenerregenden Film mit Untoten, deren Ort der Wiederauferstehung jedoch eine andere Geschichte erzählt. In RE-ANIMATOR (1985) verlagert sich die Rückkehr in Arztzimmer und Obduktionssäle. Stuart Gordons Horrorkomödie ist eine Abwandlung von H. P. Lovecrafts Kurzgeschichte *Herbert West – Reanimator*, die Story eines «Mad Scientist», der Tote zum Leben erwecken kann. Der Medizinstudent West, mit missionarischem Ernst verkörpert von Jeffrey Combs, will Gott spielen, und es gelingt ihm. Er kreiert eine Flüssigkeit (in neon-grün, die Filmemacher sind sich ihres Unsinns also bewusst), die er in die Körper oder Köpfe der Verstorbenen injiziert. Das Ergebnis lässt zu wünschen übrig. Die Reanimierten toben so lange blutrünstig durch die Räume, bis sie umgebracht werden müssen. Eine Krankenschwester sieht, wie West einen der Untoten erledigt, also einen aus dem Leben geschiedenen Patienten ein zweites Mal eliminiert, und ruft dem angehenden Arzt entrüstet entgegen: «Sie haben ihn getötet!» West antwortet schlagfertig: «Nein, das habe ich nicht. Ich gab ihm Leben.»

RE-ANIMATOR ist eine *Frankenstein*-Story, die mit den Spezialeffekten der 1980er-Jahre als Zombiefilm umgesetzt werden konnte (in Japan kam er als ZOMBIO ins Kino). «Geburt ist immer schmerzvoll», sagt West über seine Auferstandenen. Er träumt den Traum des Mediziners: zum Schöpfer ewigen Lebens zu werden. Sein Ausbilder und Rivale Dr. Hill (David Gale) will das Serum an sich reißen. Er träumt sogar davon, dass der Nobelpreis in «Hillpreis» umbenannt wird.

RE-ANIMATOR ist ordinär, brutal, und, den 1980er-Jahren geschuldet, frivol bis sexistisch. Der lebende, abgetrennte Kopf eines Arztes macht sich lüstern am nackten Körper einer kreischenden Frau zu schaffen und kommentiert das mit dem Wortspiel «giving head».

Die Witze sind obszön, aber Regisseur Stuart Gordon meistert eine Herausforderung, die sich bei der Konzeption aller Horrorfilm-Charaktere stellt, die scheinbar mutwillig über Leben und Tod entscheiden: Kann man Sympathien für einen Dr. Frankenstein entwickeln? Diesen Dr. Frankenstein fangen wir an zu mögen. Protagonist Herbert ist kein Missetäter. Er ist ein Antiheld. Den Studenten treibt nicht die Aussicht auf Ruhm an, er will mit der Abschaffung des Todes der Menschheit dienen. Auch er tötet, dies schon, aber nur in Notwehr, weil manche der Wiedergänger ihn attackieren. Er versucht, sie nicht zu Sklaven zu machen, sondern ihnen das Leben beizubringen. Einige der Zurückgeholten werden zu wütenden Zombies, andere zu weinenden Gestalten, die sich in der Zimmerecke verkriechen. Sie sind also entweder wutschäumend oder tieftraurig, weil sie aus dem Nirvana auf die Erde zurückgebracht wurden.

Leider weisen Wests Forschungsergebnisse in eine Richtung, die sein weiteres Handeln bestimmen wird: Die Wahrscheinlichkeit, tote Menschen lediglich als Tollwut-Zombies zurückzuholen, wächst mit zeitlichem Abstand zum Moment des natürlichen Todes. Das heißt, frisch Verstorbene sind leichter im Zaum zu halten, werden nicht unbedingt zur Gefahr. Dementsprechend groß wird die Verlockung, schon im Moment des Ablebens vor Ort zu sein, um sofort die Reanimation einzuleiten. Konsequenterweise müsste der Forscher zum Mörder werden, um die Kontrolle über sein baldiges Forschungsobjekt zu behalten, da er dann sofort seine Flüssigkeit injizieren kann.

Den größten Fehler begeht nicht der «Mad Scientist» Herbert West, sondern sein Studienfreund. Dan (Bruce Abbott) hat den genialischen Kommilitonen stoppen wollen, will aber seiner von einem Zombie umgebrachten Partnerin Megan (Barbara Crampton) neues Leben schenken, egal, als was sie zurückkehrt. Auch ihm ist West überlegen, der seine Entscheidung, wen er reanimieren will, nach wissenschaftlichen Kriterien vornimmt, nicht geleitet von Gefühlen.

Liebe macht blind, das demonstrierte zwei Jahre vor dem RE-ANIMATOR schon Stephen King. *Friedhof der Kuscheltiere* ist sein überragender Roman – und sein traurigster. Auch darin geht es um die Gottesfähigkeit, Tote zum Leben zu erwecken. Ein Arzt holt zuerst seine überfahrene Katze zurück, die danach nicht mehr ganz dicht ist, dann seinen überfahrenen Sohn, der daraufhin die eigene Mutter ermordet. Und natürlich holt Dr. Creed auch eben jene Mutter seines Kindes, seine Frau, zurück. Die will nachholen, was dem Sohn nicht gelang, also den Patriarchen selbst umbringen. Diese Zombies streunen nicht kopflos durch die Gegend und suchen sich ihre Opfer zufällig aus. Sie bestrafen denjenigen, der ihnen eine zweite Chance auf Erden geben wollte, also in der Regel ein Familienmitglied. So entpuppt sich Kings Geschichte als Kritik an eine Trauerkultur, in der der Tod als Endpunkt nicht akzeptiert wird. Die bittere Erkenntnis besteht darin, dass sich wohl jeder von uns wie der Arzt Louis Creed verhalten hätte. Wer hätte nicht die leise Hoffnung, dass sich die aus dem Totenreich zurückgekehrten Lieben nicht wenigstens... ein bisschen benehmen? Diese Untoten können schließlich reden und erinnern sich an ihr früheres Dasein. Das macht die Entscheidung, ob man sie ausgraben oder lieber verwesen lassen soll, so schwer.

Friedhof der Kuscheltiere war ein Schreibtischschubladenroman. King zögerte, ihn seinem Verlag anzubieten, weil er die Geschichte zu hart fand, und spielte dann mit dem Gedanken, das Buch unter seinem Pseudonym Richard Bachman herauszubringen. Dass der Roman 1983 erschien, in einer Noch-Hochphase des Zombie-Kinos, ist vielleicht ein Zufall. Aber der Genre-Beitrag des damals größten Schriftstellers der Welt passt in jene Ära, in der auch der größte Popstar der Welt, Michael Jackson, die Untoten tanzen lassen wollte. Zombies waren in jedem Medium präsent.

RE-ANIMATOR-Regisseur Stuart Gordon blieb dem Motiv des «verrückten Wissenschaftlers» für ein paar Jahre treu. Er schrieb das Drehbuch zum 1989er-Werk LIEBLING, ICH HABE DIE KINDER GESCHRUMPFT, wenngleich der Kinderfilm ohne Gewaltszenen auskam.

Das Jahr 1985 war also ein außergewöhnliches Zombie-Jahr, das wichtigste der Dekade. Es gab zwei miteinander konkurrierende Filme der NACHT DER LEBENDEN TOTEN-Erfinder, ZOMBIE 2 und VERDAMMT, DIE ZOMBIES KOMMEN, sowie eine Story, die Frankenstein und Untote vereint, RE-ANIMATOR. Manche Rezensenten zählen auch Lamberto Bavas trashiges DÄMONEN 2 zum Kanon der wichtigsten Genre-Beiträge von 1985. Hier gönnten sich die deutschen Verleiher wieder mal den Spaß wundersamer Titel-Beschlüsse, denn ein erster Teil, ein «Dämonen» beziehungsweise «Dämonen 1» existiert nicht. Nein: existierte *noch* nicht. Denn das Betitelungskomitee bemerkte den Fehler bei DÄMONEN 2 anscheinend und ersehnte eine Gelegenheit zur Wiedergutmachung. Es bekam diese Gelegenheit. Bavas Fortsetzung erschien 1986, und die hieß hierzulande dann ... DÄMONEN. Das Betitelungskomitee muss optimistisch gewesen sein, dass jeder, der keinen der beiden Filme kennt, deren Titel vergleicht und sie dann absichtlich in der falschen Reihenfolge schaut. Vielleicht hätte es jedoch geholfen, von Anfang an den italienischen Originaltitel von DÄMONEN 2 zu übersetzen: DEMONI. Dann wäre er bei uns vielleicht als Teil 1 erschienen.

Nach 1985 jedenfalls stand fest, dass die Untoten nicht nur in Dramen, sondern auch Komödien funktionieren könnten. Dennoch kehrte eine beunruhigende Stille ein. Zombiefilme wurden weiterhin produziert, aber sie setzten keine Impulse mehr.

Erst mit Anbruch der 1990er-Jahre kam kurzzeitig Hoffnung auf. Special-Effects-Meister Tom Savini nahm selbst auf dem Regiestuhl Platz. Und ein junger Neuseeländer namens Peter Jackson machte mit einem Film auf sich aufmerksam, der jede bisherige Kino-Metzelei übertraf.

DIE RÜCKKEHR DER UNTOTEN und BRAINDEAD

«God damn you! God damn all of you!»
Ben, DIE RÜCKKEHR DER UNTOTEN

Sie wurden an Bäumen aufgehängt. Gelyncht. Sie zucken, Kugeln durchlöchern ihre Körper. Sie sterben aber nicht – und das sollen sie auch nicht. Sonst hätte die johlende Menge ihnen Kopfschüsse verabreicht. Die Leute wollen noch ein wenig Spaß mit ihren Zombies haben.

Barbra (Patricia Tallman) ist nicht wütend auf die an dicken Ästen hängenden Untoten, sie ist wütend auf die Menschen, die ein Schützenfest veranstalten. Kaum sind die Lebenden wieder Herren der Lage, stellen sie eine perverse Lust am Massaker zur Schau. Barbra sagt: «Die Zombies sind wie wir. Wir sind sie.» Aber sind die Zombies wirklich wie die Menschen – und wir wie sie? Die Monster töten uns schließlich nicht aus Vergnügen (Abb. 28–29).

28–29 Zombies werden an Bäumen aufgehängt und mit Gewehrschüssen traktiert, andere aufgetürmt und verbrannt. (DIE RÜCKKEHR DER UNTOTEN, USA 1990)

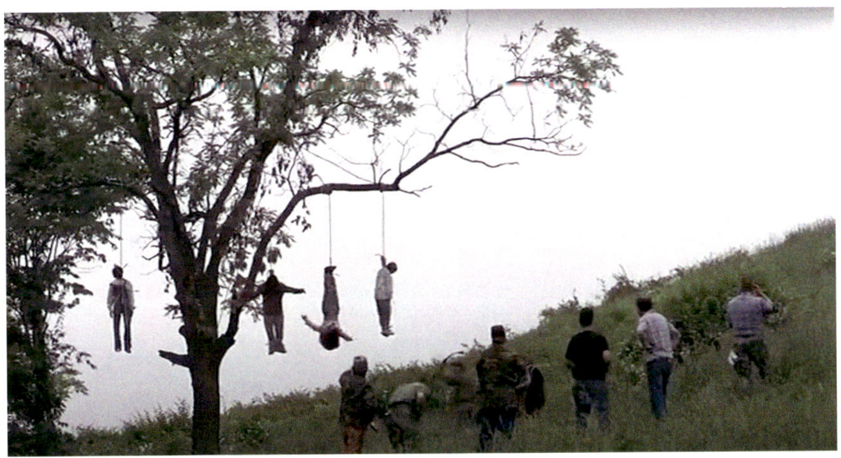

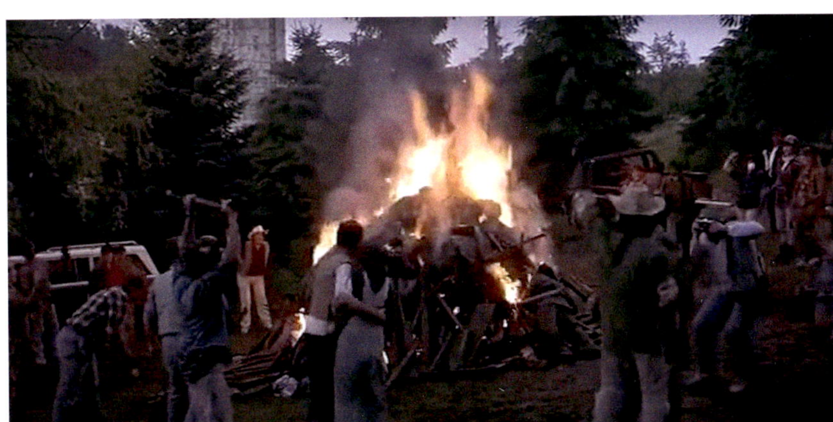

Diese RÜCKKEHR DER UNTOTEN hat Barbra überlebt, das ist ein Unterschied des 1990er-Remakes zum Original DIE NACHT DER LEBENDEN TOTEN. Die sieben im Haus verschanzten Menschen erleiden zum Teil andere Schicksale als in George A. Romeros Debüt. Davon abgesehen ist Tom Savinis erste Arbeit als Filmregisseur eine geradlinige Nacherzählung, was ihm erstaunlicherweise zum Vorwurf gemacht wurde.

Als Hommage an ein Meisterwerk, welches 1968 das Publikum verstörte wie entzückte, funktioniert DIE RÜCKKEHR DER UNTOTEN durchaus. Man muss sich jedoch – nach den schrill-chaotischen Zombiekomödien der 1980er-Jahre oder dem F/X-Spektakel von ZOMBIE 2 – darauf einlassen können, erneut einen Film zu sehen, in dem sehr langsame Untote aus allen Himmelsrichtungen ein Haus einkreisen; auf einen Film, in dem wieder einmal erklärt werden muss, warum Verstorbene auferstehen und die Lebenden verzehren wollen, sowie die anfängliche Leugnung dieser Monstrosität.

Dem Leser wird aufgefallen sein, dass ich mich über die deutsche Betitelung von im Original vortrefflich benannten Filmen immer wieder wundere, zuletzt bei DÄMONEN 2, der kein zweiter Teil ist. Aus Marketingsicht ist es womöglich nachvollziehbar, Savinis Remake nicht erneut DIE NACHT DER LEBENDEN TOTEN zu benennen, sondern DIE RÜCKKEHR DER UNTOTEN. Es wird behauptet, dass das Zombie-Drama nicht nach bekanntem Muster beginnt und endet, sondern weitererzählt wird. Nur ist Savinis Arbeit eben das genau Gegenteil eines Sequels. Es ist der Versuch, die alte Magie ein zweites Mal einzufangen.

Die Lynch-Szene mit den am Baum baumelnden Untoten stand bereits im Drehbuch des 1968er-Films, aber George A. Romero strich sie heraus. Er wusste, dass allein die von ihm gefilmten Berge voller niedergestreckter Zombies Assoziationen sowohl zu Kriegs- als auch zu Opfern der Bürgerrechtsbewegung wecken würden. Das war auch beabsichtigt. Dennoch war er in Sorge, seine Bilder könnten einen falschen Eindruck vermitteln – dass er die Taten der Menschen, die Untote jagen, gutheißt. Die aufeinandergestapelten Zombies waren halt schon erlegt. Die Zombies am Galgen jedoch nicht, die Szene bildet also Folter ab. Noch in den 1960er-Jahren zogen in den Südstaaten der USA Rassisten durch die Straßen, lauerten Schwarzen auf und lynchten sie am nächsten Baum. Nein, nicht am nächsten Baum, sondern an einem speziell ausgesuchten Baum, demjenigen, von wo aus sie von allen anderen Menschen gesehen werden konnten. Als Warnung. Als Ausdruck terroristischer Macht.

Die Produktion der RÜCKKEHR DER UNTOTEN übernahm George A. Romero selbst, gemeinsam mit John A. Russo und Russell Streiner – die erste Zusammenarbeit des Trios seit 20 Jahren. Romero gab pragmatische Gründe für den Beschluss einer Neuverfilmung an. Da DIE NACHT DER LEBENDEN TOTEN einen Public-Domain-Status hat, wollte er es seiner Crew (und natürlich auch sich) ermöglichen, mit dem Remake Geld zu machen, aus dem berühmten Titel endlich Kapital zu schlagen. Wie er sagt, hätte an der Urfassung keiner etwas verdient.

Streiner vermerkte außerdem, dass Romero seinem Freund Tom Savini eine Starthilfe als Regisseur verschaffen wollte. Und auf dem Regisseur lastete enormer Druck. Wie ehrt man einen Klassiker, ohne auf künstlerische Freiheiten zu verzichten? «Wir versuchten einfach so zu tun, als hätten wir das Original nicht gesehen», sagte Savini.[4] Und fügte im Scherz, aber nicht unzutreffend an: «Wie können wir Zombies jemals wieder gruselig erscheinen lassen – nach Michael Jackson?»

Savini fühlte sich dem Versuch eines Zombie-Comebacks gewachsen. Er sei selbst ein Untoter gewesen, betrachtete sich seit seiner Rückkehr vom Kriegsdienst in Vietnam als «emotionsloser Zombie». Die Leichen im Dschungel waren für ihn «anatomisch korrekter Gore». Erst die Film-Arbeit befreite ihn von plagenden Eindrücken. Die ausgeweideten Opfer der Untoten verstand er als Ebenbilder der Leichen auf den Schlachtfeldern. Mit dem Blick durch die Kamera, früher als Kriegsfotograf, jetzt als Regisseur, würde er sich den nötigen Abstand zum Grauen verschaffen.

Heute ist Savini der «Godfather of Gore» und gilt als getriebener Tausendsassa. Nach seiner Rückkehr aus dem Vietnamkrieg ließ er sich die Haare lang wachsen, trimmte sich einen Musketier-Bart und fing mit dem Hanteltraining an. Noch zu seinem 72. Geburtstag im Jahr 2018 veröffentlichte er ein Sixpack-verdächtiges Oben-ohne-Foto auf Instagram. In Robert Rodriguez' Vampirkomödie FROM DUSK TILL DAWN (1996) mimt er einen Biker namens «Sex Machine», der in Gemächthöhe eine Pistole samt hodenförmigen Kugellagern positioniert hat, rechts und links vom Schaft. Der Lauf der Pistole ist ausfahrbar, was die Waffe wie ein erigiertes Geschlechtsteil aussehen lässt. In seinen besten Jahren galt Savini als Schürzenjäger, vielleicht lebt er immer noch so.

Aber DIE RÜCKKEHR DER UNTOTEN fiel 1990 in eine trostlose Ära des Horrorfilms. Die klassischen Monster, zu denen der Zombie seit 1968 gehörte, hatten ausgedient. Die erfolgreichsten Gruselstreifen des Jahres drehten sich um eine manische Krankenschwester (MISERY) und mörderische Spinnen (ARACHNOPHOBIA). Der zweitgrößte Hit des Jahres, nach KEVIN – ALLEIN ZU HAUS, hieß zwar GHOST – NACHRICHT VON SAM, ist aber keine Grusel-, sondern eine Liebesgeschichte.

Auch Graf Dracula und Frankensteins Kreatur erschienen verstaubt. Die Regisseure Francis Ford Coppola und Kenneth Branagh setzten die Edelmonster zwar neu auf, mit Erfolg (BRAM STOKER'S DRACULA, 1992, FRANKENSTEIN, 1994). Beide Filme allerdings basieren auf fortsetzungsloser Literatur, die ihren Bösewichtern beziehungsweise Antihelden den Untergang verordnet. An Mehrteiler und damit einen Boom war nicht zu denken.

Zurückhaltend formuliert war DIE RÜCKKEHR DER UNTOTEN kein von der Gemeinde sehnlichst erwarteter Film. Der Vorwurf der Redundanz nagte schwer an Savini, der verschiedentlich zu Protokoll gab, dass für DIE RÜCKKEHR DER UNTOTEN «lediglich 40 Prozent meiner Ideen» umgesetzt werden konnten, vor allem nur wenige Splatter-Ideen. Dennoch bekam sein Werk ein R-Rating, was Zuschauern unter 17 Jahren den Kinobesuch nur in Begleitung Erwachsener erlaubt. Verglichen mit den Exzessen von ZOMBIE 2, selbst mit VERDAMMT, DIE ZOMBIES KOMMEN ist DIE RÜCKKEHR DER UNTOTEN zahm – bemerkenswert, war hier doch erstmals der Maskenbildner sein eigener Regisseur und umgekehrt. Und Maskenbildner wollen sich eigentlich austoben. Savini verkaufte das Schnittergebnis als dramaturgisch notwendig, behauptete, «je weniger

4 «The Dead Walk – Remaking a Classic», DVD-Dokumentation THE NIGHT OF THE LIVING DEAD.

zu sehen ist, desto besser». Aber das ist dem Herrscher über die explodierenden Köpfe nur schwer abzunehmen.

George A. Romeros Original ist innerhalb der überwiegenden Spieldauer ein klaustrophobischer Ein-Schauplatz-Film mit vorgeschriebener Erzählrichtung. Er zeigt die zermürbende Belagerung eines Farmhauses, er zeigt die zermürbende Verteidigung eines Farmhauses. Am Ende kommen die Bösen rein. An diesem Setting ließ sich nichts ändern. Savini musste auf anderen Erzählebenen Handlungsräume kreieren, in der Darstellung der Untoten, der Abwehr der Untoten, den Konflikten unter den Eingeschlossenen, dem Schicksal der Eingeschlossenen.

Seine Eröffnung auf dem Friedhof ist erstklassig, er verpasste Romeros Filmeinstieg einen Spin, ausgerechnet mit der Allzweckwaffe Jump-Scare. Auch hier treffen Barbra und Johnny (Bill Moseley) auf einen zitternden, dürren Spaziergänger. Der fasst Barbra auch an, will sie jedoch nicht beißen, sondern gibt unverständliche Warnungen von sich. Kein Untoter also, sondern ein Mensch, der wie ein frisch Infizierter wirkt, er hat eine klaffende Kopfwunde.

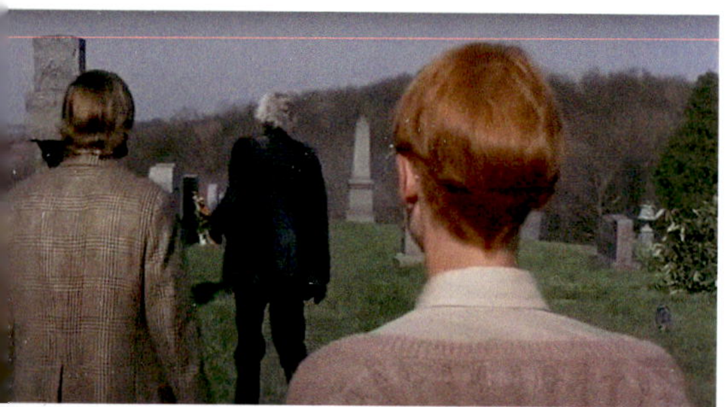

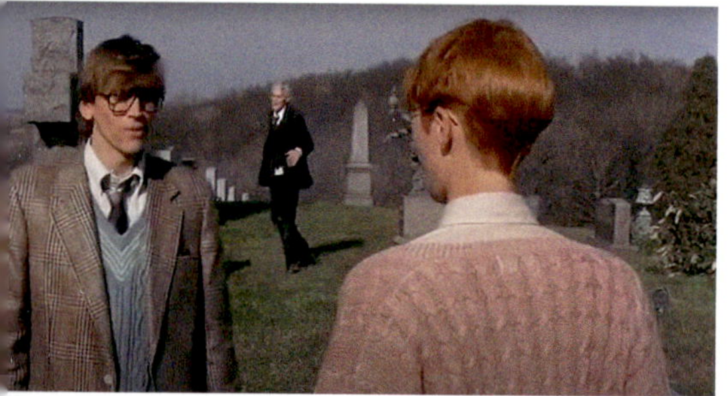

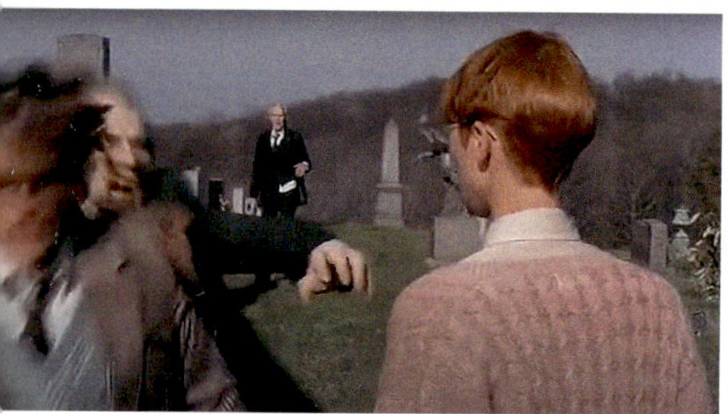

30–32 Barbra (Patricia Tallman) und Johnny (Bill Moseley) sehen auf dem Friedhof einen verletzten Mann davonwanken. Als er sich wieder zu ihnen umdreht, scheint er zum Zombie geworden zu sein. Tatsächlich aber drängt ein echter Untoter von links ins Bild. Ein Jump-Scare, der im Remake funktioniert, weil er vom Original abweicht. (DIE RÜCKKEHR DER UNTOTEN, USA 1990)

Innerhalb der nächsten lediglich fünf Sekunden passiert folgendes: Der Wirrkopf taumelt davon, wir sehen ihn von hinten, Johnny ruft ihm hinterher, fragt, ob er helfen kann, der Wirrkopf dreht sich sogleich wieder um und marschiert in Richtung der Geschwister, wir sollen denken, seine Verwandlung zum Zombie ist abgeschlossen, das ist aber nicht so, weil von links ein echter, brüllender, entstellter Untoter ins Bild kracht (Abb. 30–32).

Savini hat uns also zweimal reingelegt. Zuerst nahm der alte, verstörte Mann für uns die Rolle von «Zombie #1» aus Romeros NACHT DER LEBENDEN TOTEN ein, nur, dass er die Transformation noch nicht vollzogen hat und deshalb vor sich hin jault. Als er dann zum Untoten geworden scheint, signalisiert durch sein Davonstolpern samt ruckartiger (Angriffs-)Kehrtwende zurück zu Johnny, bleibt das ohne Konsequenz, denn es erfolgt der Jump-Scare durch einen echten Zombie. Der alte Mann verlässt danach den Film, sein Schicksal bleibt ungeklärt. Savini instrumentalisierte ihn als Köder. Der echte Zombie, von links hereingebrochen, aber bleibt.

Ich war damals im Kino, der Schreckmoment funktionierte. Die Zuschauerreihen bewegten sich beim unvermuteten Anblick des Zombies wie ein Weizenfeld im Wind. Besser als in Die Rückkehr der Untoten lässt sich eine Vorlage, die neben Der Weisse Hai, Der Exorzist und Halloween – Die Nacht des Grauens (1978) den vielleicht wirkungsvollsten Prolog des Horrorfilms bietet, nicht neu erzählen.

Johnny und der Zombie kämpfen, Johnny fällt und steht nicht wieder auf. Barbra verbarrikadiert sich in ihrem Wagen. Bei Romero wurde sie anschließend von «Zombie #1» attackiert, der sich an ihrem Autofenster zu schaffen machte. Savinis Umso-mehr-desto-besser-Plan beinhaltet einen zweiten Untoten. Barbra sitzt im Auto, kann aber den Schlüssel nicht finden, «Zombie #1» eilt bereits in ihre Richtung. Ein anderer Mann im Smoking, einer ohne erkennbare Verletzung, nähert sich ihr gemächlichen Schrittes von der gegenüberliegenden Seite. Wir sehen ihn von vorn, jeder würde auf ihn reinfallen. Barbra fleht ihn an, ihr zu helfen. Erst die Rückansicht offenbart den Anzug des Mannes als schickes, aber offenes Leichentuch. Der Zuschauer hat die Scharade erkannt, aber entscheidend ist Barbras Fehldeutung. Sie hält «Zombie #2» zunächst für einen Menschen, was uns den frühen Beweis liefert, dass Untote für die Filmfiguren nicht so leicht zu identifizieren sind – was wiederum deren Gefährlichkeit erhöht.

Innerhalb der ersten Minuten geriert sich Barbra, wie im Original, noch als «Scream Queen». Aber Savini hatte anderes mit ihr vor. Er liebt Alien – Das unheimliche Wesen aus einer fremden Welt und Aliens – Die Rückkehr. Mit ihrer Figur der Ellen Ripley prägte Sigourney Weaver unter der Regie Ridley Scotts und James Camerons das Modell der «Action Heroine», worauf auch die Romero-Darstellerinnen Gaylen Ross und Lori Cardille in den Gesprächen für dieses Buch verweisen. Manche benennen Laurie Strode (Jamie Lee Curtis) aus Halloween – Die Nacht des Grauens als Vorreiterin des Typs kompetente Kämpferin, aber im Gegensatz zu Strode verliert Ripley kein einziges Mal die Nerven. Sie war tatsächlich eine der ersten Heldinnen des Action- und Sci-Fi-Kinos, wenngleich auch ihre Selbstermächtigung nicht intrinsisch erfolgt, sondern durch Männer zumindest initiiert wird. Ripley lernt von ihnen. Sie versteht durch Fahrlässigkeit ihrer Vorgesetzten, welche Fehler zu vermeiden sind (Alien), aber sie lernt durch sie auch den Umgang mit Waffen (Aliens).

Auch Barbra aus der Rückkehr der Untoten muss in ihre Rolle hineinwachsen. Zunächst hört sie auf zu schreien. Dann legt sie im Haus ihre Brille ab. Und sie versteht als erste, was für rätselhafte Kreaturen das doch sind, die sich an der Eingangstür zu schaffen machen. Zu Demonstrationszwecken durchsiebt sie mit der Schrotflinte einen trotz jeden Körpertreffers bewegungsfähigen Untoten, um den Skeptikern in ihrer Gruppe den Beweis untoten Daseins zu erbringen.

Barbra-Darstellerin Patricia Tallman, zuvor als Stuntfrau tätig, weiß um die Fallstricke der Heldinnen-Darstellung und nimmt Judith O'Deas 1968er-Verkörperung der kläglichen Romero-Barbra in Schutz: «Sie war das Scared Chick, eine Klischeefigur. Sie ist die Frau, die wir nicht sein wollen, aber wahrscheinlich wären.»[5]

Die Neujustierung der Charaktere beinhaltete weitere Überraschungen. Bens Hinrichtung durch Rednecks in der ersten NACHT DER LEBENDEN TOTEN war eine Parabel auf die Revolten des Jahres 1968, dem Jahr der niedergeschlagenen Aufstände und Polizeiübergriffe. Ben ist der Schwarze, den die Rassisten töten. Vielleicht wollte Savini nicht dieselbe Karte wie Romero spielen, unabhängig davon, dass die Anzahl rassistisch motivierter Verbrechen in den Vereinigten Staaten seit 1968 nicht abgenommen hat. Das zynische Ende der NACHT DER LEBENDEN TOTEN ließ sich nicht wenden oder gar überbieten.

Auch Savini richtete sein Augenmerk auf die Interaktion zwischen den Alphamännern Ben (Tony Todd) und Cooper (Tom Towles), deren Konflikt, obwohl unausgesprochen, das rassistische Vorurteil («Verbrecher!») und als Reaktion darauf die Auflehnung gegen den Weißen Unterdrücker auslöst. Savinis Ben ist eine noch desolatere Figur. Er leidet darunter, Zombies ausmerzen zu müssen, weiß nicht, wohin mit seinem Zorn, richtet ihn gleichermaßen gegen die Menschen wie gegen Gott, er schreit in den Himmel: *«Damn you! Damn all of you!»* Im Kampf gegen die Zombies denkt er klar, aber der Kleinkrieg mit Cooper reibt ihn auf, Ben wird rachsüchtig. Am Ende richten beide Männer die Waffen aufeinander, Schüsse fallen. Ben flüchtet, tödlich verletzt, in den Keller. Er wird zum Zombie.

Es ist ein Rassist, der ihn auf dem Gewissen hat, wie 1968 bei Romero, und es ist der Rassist, nicht Ben, der zuerst das Feuer eröffnete. Nur schenkt Savini dem durchgeknallten Cooper am Ende ein erhabenes Motiv: Vaterliebe. Cooper schießt auf Ben, weil Ben dessen verwandelte Tochter erledigen will. Das 1990er-Mädchen aus dem Keller wird gespielt von Heather Mazur, die selbst mit Zahnspange viel schauderhafter aussieht als in der Urfassung Kyra Schon, jenes legendäre Postergirl des Horrorkinos, ein Kind, das auch ohne jeden Blutfleck im Gesicht als Monstrum zu erkennen ist.

Mazurs Untote ist beispielhaft für die Ausdrucksstärke der Savini-Zombies, die auf gut ausgesuchte Vorbilder verweisen. Die bleiche Sarah Cooper in ihrem weißen Kleidchen erinnert an den Goldstandard entsetzlich anzusehender Mädchenmonster, dem Vampir Mina van Helsing (Jan Francis) aus John Badhams DRACULA (1979). Das Festkleid am Körper eines jungen Menschen, der nie wieder feiern, das Kleid aber auch nie wieder ausziehen wird, weckt gräuliche Assoziationen. Als einer der wenigen Zombies der Filmgeschichte blickt Mazurs Mädchen auch nicht wütend, traurig oder verträumt drein, sie schaut angeekelt auf die Welt, in die sie zurückgekehrt ist. Falls der Gesichtsausdruck des wiederauferstandenen Menschen jenes Gefühl widerspiegeln soll, das zuvor sein Leben bestimmte, dann liefert eine 13-Jährige voller Welt-Ekel auch ein Statement: Diese Erde, das hat sie als Frühpubertierende schon erkannt, ist es nicht wert, länger auf ihr zu weilen, und doch muss sie das tun, für immer.

5 «The Dead Walk – Remaking a Classic», DVD-Dokumentation THE NIGHT OF THE LIVING DEAD.

Die Rückkehr der Untoten kam den meisten Rezensenten als «dead on arrival» vor, als unnötiges Remake, da es sich nah am Vorbild bewegt und die Schauplätze übernimmt. Der Schock über Wiederkehrer, die Menschen jagen und fressen, war 1968 groß. Das reichte, um für eine Spieldauer von 90 Minuten den Abwehrkampf einer kleinen Gruppe von Widerständlern in einem kleinen Haus zu schildern. Savinis Werk erschien ihnen wie der unnötige Versuch eines Upgrades. Eine leidlich gelungene Aufwertung durch Blut in Farbe, modernere Masken und bessere Effekte.

Die meisten Kritiker der Rückkehr der Untoten gehörten derselben Altersgruppe an. Sie waren 1990 alt genug, um 1968 das Original gesehen zu haben, und sie konnten die Bedeutung der Nacht der lebenden Toten innerhalb einer (politischen) Ära einordnen, in der viele Kinogänger von 1990 noch nicht geboren waren. Es wäre interessant gewesen, Rezensionen jüngerer Zuschauer zu lesen, hätte es in den 1990er-Jahren schon Blogs gegeben. Vielleicht bevorzugte die neue Generation sogar Savinis Remake gegenüber Romeros Film.

Haben die Stimmen der Alten denn mehr Gewicht? Man könnte ein schlichtes, aber effektives Bewertungskriterium für die Güte von Neuverfilmungen anlegen: Das Remake wird nicht an der Urfassung gemessen, sondern allein an der Wirkung, die es ungeachtet bekannter Inhalte präsentiert. Das ist eine Herausforderung, selbstverständlich, da ein Klassiker wie Die Nacht der lebenden Toten ins «kollektive Bewusstsein» eingedrungen und zum Kulturerbe geworden ist. Es fällt schwer, Savinis Werk unbefangen anzuschauen, weil jeder das Original kennt.

Aber Die Rückkehr der Untoten präsentiert überzeugende Charakter-Dynamiken, die plausible Veränderung eines im Ursprungsfilm höchst bedeutsamen Endes, außerdem, nicht ganz unwichtig, glaubhaft präparierte Zombie-Darsteller, und schließlich, wann immer es nötig ist, lebensecht anzusehende Attrappen von Menschen, die nun untot sind.

Welche Aussagekraft konnte ein Zombiefilm im Jahr 1990 haben? Tom Savini spricht im Making-of vom Virus als Allegorie auf Aids. Erst 1992 wurden die ersten Medikamentencocktails zur Behandlung zugelassen, zuvor war eine HIV-Infektion in den meisten Fällen mit einem Todesurteil gleichzusetzen. 1990 war Aids in den USA, heute nicht mehr vorstellbar, die zweithäufigste Todesursache bei Männern zwischen 25 und 44 Jahren, bei Frauen derselben Altersklasse die sechsthäufigste.[6] Dennoch ist Savinis Parabel nur über gedankliche Umwege verständlich. Die Zombies in der ersten Nacht der lebenden Toten könnten gefallene Amerikaner und Vietnamesen repräsentieren, die sich bei denen rächen, die in Amerika den Krieg in Übersee verantworten. Die Aids-Metapher in der Rückkehr könnte bedeuten, dass sich die an der Krankheit Verstorbenen an den Lebenden vergehen, als Vergeltung für die Stigmatisierung, die sie als Todkranke erleiden mussten. Bis in die späten 1990er-Jahre galt Aids als «Krankheit der Schwulen und Drogenabhängigen», die mit der HIV-Infektion die «Quittung für ihren Lebensstil» erhielten. Weiter gedacht behandelt die Angst vor den Untoten also

6 *Centers for Disease Control and Prevention*, bit.ly/3qnbeSz (31.01.2023).

die Angst vor einer Aids-Infektion. Damit stünde die Angst der Zuschauer vor den wandelnden Leichen für die Angst vor dem Aidskranken, was einer erneuten Stigmatisierung gleichkäme.

Dies sind lediglich Deutungen einer Filmhandlung, die sich auch ohne jede allegorische Bemühung betrachten lässt. Es geht auch einfacher. Monster greifen Menschen an. Nicht mehr, nicht weniger. Nicht jedes Monster muss ein Trojanisches Pferd sein, sich als bösartige Überraschung hinter einem größeren Konzept entpuppen. Nicht jeder phantastische Film muss eine Botschaft haben, die den Zeitgeist treffen soll. Unterbewusstes lässt sich nicht steuern, und jedes Sinnbild beruht auf der Interpretation einer Wahrnehmung. Savinis nicht überzeugende Aids-Auslegung für den Stellenwert seiner 1990er-Zombies verdeutlicht eher noch die unangefochtene Bedeutung von Romeros 1968er-Zombies, deren Funktion als Stellvertreter der in Vietnam Getöteten jeder verstehen könnte.

Tom Savini würde es fürs Kino bei dieser Regie-Arbeit belassen. Er wurde danach zwar als Regisseur für TV-Serien tätig, doch sein seit vielen Jahren angekündigtes Remake von Umberto Lenzis GROSSANGRIFF DER ZOMBIES hat er noch nicht in Angriff genommen.

Zombie-Massaker mit Mutter

19 Liter in fünf Sekunden. 19 Liter Blut in fünf Sekunden. Gut, nicht Blut, sondern Kunstblut. Aber es sah aus wie Blut. So viel Flüssigkeit wird verspritzt im zehnminütigen Finale von BRAINDEAD (1992), als Lionel (Timothy Balme) mit dem Rasenmäher für Ordnung sorgt und nicht Grashalme, sondern eine in sein Elternhaus eingebrochene Bande von Untoten niedermäht. Peter Jacksons BRAINDEAD (in Deutschland auch als DEAD ALIVE bekannt) wurde als «blutigster Film aller Zeiten» vermarktet, was mit Blick auf sein Genre umso auffälliger ist: Es handelt sich zwar um Horror, aber um eine Horrorkomödie.

Was braucht ein Film, um ein derartiges Etikett zu erhalten? Biester, die sich nur vernichten lassen, indem sie zerfleischt werden. Auch das prädestiniert den Zombie für Gewaltszenen. Der Vampir? Kann durch gezielte Maßnahmen ausgelöscht werden. Sonnenlicht (unblutig) und Holzpflock ins Herz (eine dünne Blutfontäne, sofern korrekt durchgeführt). Der Werwolf? Wird per (Silber-)Kugel niedergestreckt, also wie jedes nicht-magische Lebewesen auch. Untote aber können nur beseitigt werden, indem wir sie zerstückeln oder ihre Gehirne zerstören.

Und Peter Jackson liebt Gore. Der neuseeländische Regisseur würde mit den HERR DER RINGE-Filmen ab 2001 zu einem Superstar werden, war aber schon zu Beginn der Dreharbeiten von BRAINDEAD kein Newcomer mehr. Sein Debüt BAD TASTE (1987) zeigt eine nicht unlustige Invasion ins traute Heim, jedoch nicht von Ghulen, sondern Pavian-Aliens, und er selbst schabte als Zombie mit dem Eierlöffel Gehirnmasse aus einem Kopf. Jackson übernahm auch die Spezialeffekte. Die abstoßenden Primatenmasken buk er im Ofen seiner Mutter.

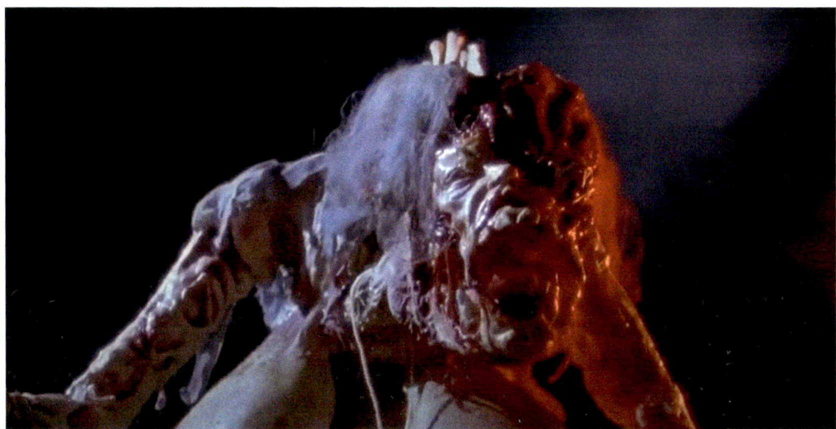

33 Showdown auf dem Dach: Aus Lionels Mutter ist ein riesiger, fettleibiger Troll geworden, der den Sohn und dessen Freundin Paquita verschlingen will. (Braindead, NZ 1992)

Gerade mal neun Jahre liegen zwischen Braindead und dem ersten Teil von Der Herr der Ringe, Die Gefährten. Neun Jahre zwischen einem Splatter-Epos und jenem Auftakt eines Fantasy-Epos, deren drei Teile insgesamt 17 Oscars erhielten, darunter auch für Jackson als «Bester Regisseur» sowie als Produzent für den «Besten Film». Sein Coming-of-Age-Drama Himmlische Kreaturen (1994) fungiert als Pufferzonen-Film zwischen diesen Extremen seiner Filmografie, genauso wie die Geisterkomödie The Frighteners (1996) mit Michael J. Fox. Verschleiern konnten beide Werke die offenkundigen Verbindungen zwischen Braindead und der Tolkien-Verfilmung nicht. Die nackte «Ratte von Sumatra», die in den Zoo von Wellington überführt wird und dort durch einen Biss in die Hand einer alten Dame die Zombie-Seuche auslöst, wirkt wie aus den Mooren von Mordor entfleucht, und der riesige Endboss, in den sich die Frau verwandelt, erscheint als eine Kreuzung aus Ork und Höhlentroll. Nun, vielleicht nicht ganz so gut animiert wie die Biester aus Die Gefährten – das Budget für Braindead betrug drei Millionen US-Dollar, das für die Herr der Ringe-Trilogie 300 Millionen –, aber die Ähnlichkeit ist unverkennbar (Abb. 33).

Jenen unerwarteten Gestaltwechsel zur Bestie vollzieht nicht irgendeine alte Dame, sondern Lionels Mutter Vera (Elizabeth Moody). Erst wird sie zum Zombie, dann – obwohl die Zombiegesetze eine langsam fortschreitende Fäulnis des Körpers voraussetzen – zu einem grotesk üppigen Viech. Peter Jackson war es schlicht egal, welche Art Ungeheuer das Finale bestreitet, Hauptsache, es wird immer größer.

Braindead ist ein Fest für Laien-Psychoanalytiker, würden Psychoanalytiker sich für dieses Werk interessieren. Lionel stand zeit seines Lebens unter der Knute seiner Mutter, die seine erblühende Beziehung zu Paquita (Diana Peñalver) verurteilt. Der Showdown des Liebespaars mit der Mama-Mutation findet auf dem Dach seines Elternhauses statt, auf oberster Ebene. Es ist also auch Lionels Auseinandersetzung mit seinem Über-Ich, der Mutter. Die Kreatur zieht ihn an ihre überdimensionierten Brüste heran, um ihn durch einen Spalt im Unterkörper zurück in den Uterus zu befördern, wo er ihr ganz allein gehört.

Eine schlichtere Betrachtungsweise liefert genauso aufschlussreiche Erkenntnisse. BRAINDEAD ist eine rührende Geschichte über einen traumatisierten Sohn, der in der Schlusskonfrontation mit der Mutter eine Kindheitserinnerung zurückerlangt, die ihm in den Jahren zuvor nur als schemenhafte Sinneseindrücke zusetzten. Als Junge wurde Lionel Zeuge des Mordes seiner Mutter an seinem Vater und dessen Geliebter. Vera ertränkte beide in der Badewanne. Lionel verdrängte das Erlebnis, welches nun durch das Gemetzel im Elternhaus an die Oberfläche gelangt. Er powert sich aus, jeder weitere mit dem Rasenmäher gestutzte Untote steigert sein Selbstbewusstsein. Die Zombies sind für ihn besser als jede Psychotherapie. Dass Regisseur Jackson Lionels Mutter von Anfang an als albtraumhaft mosernde Matriarchin inszeniert, deren Tod wir uns schon nach dem Biss der Ratte von Sumatra ersehnen, ist der eigentliche Witz.

In Deutschland ist die ungekürzte BRAINDEAD-Fassung beschlagnahmt, es gilt ein Verbreitungsverbot. Peter Jackson liebäugelt mit der Produktion einer 4K-Restaurierung fürs Heimkino, was bei einer hierzulande geplanten Veröffentlichung auch Anlass für eine Neuvorlage bei der FSK sein könnte. In Spanien kam der Film als TU MADRE SE HA COMIDO A MI PERRO ins Kino. Das ist ein besserer Titel, weil er deutlicher auf die Chaplinade als auch auf die eigentliche Schurkin verweist: «Deine Mutter hat meinen Hund gegessen.» Was die Zombie-Mama tatsächlich tat – sie aß den Hund von Lionels Freundin Paquita.

Umbrella Corporation
RESIDENT EVIL, der Rettungsschirm für Zombies

«Sure, I'm not human anymore, but just look at the power I've gained!»
Leon S. Kennedy, RESIDENT EVIL - CODE: VERONICA

Betrachten wir irgendein Jahr ab 1968, ab George A. Romeros DIE NACHT DER LEBENDEN TOTEN. Fast jedes bietet mindestens einen Zombiefilm. Das hat sich auch mit BRAINDEAD, obwohl Peter Jacksons Werk nur die Hälfte seines Budgets einspielte, nicht geändert. Aber die Gattung galt in den 1990er-Jahren als tot. Nicht als untot, sondern wirklich tot. Es gab keine Produktionen, die wesentliche Gewinne abwarfen, keine, die als Spiegel ihrer Zeit funktionierten.

Es ist verlockend, diesen Niedergang der Zombies auf spannungsfreiere globalpolitische Entwicklungen jener Epoche zurückzuführen, aber das böte nur Raum für Spekulationen. Der Zweite Golfkrieg zwischen dem Irak und einer von den USA angeführten Koalition begann und endete 1991 unter Präsident George Bush. Die 1990er-Jahre gelten als die prosperierenden Bill-Clinton-Jahre (1993–2001), Aids konnte ab 1992 medikamentös behandelt werden, und im größten Militärkonflikt innerhalb Europas, dem Bosnienkrieg (1992–1995), agierten die USA, anders als in Vietnam, als Teil der NATO-Streitkräfte. Aus amerikanischer Sicht wirkte jede Krise machbar. Hängt die Bedeutung von Zombiefilmen stets davon ab, ob es einen (militär-)politischen Konflikt zu lösen gibt? Dann waren die Untoten geliefert.

Ihr Comeback war ein unwahrscheinliches, und es wurde auch nicht auf der Leinwand eingeleitet. Ebenso wenig war an den Einsatz der Untoten in den TV-Produktionen des «Goldenen Fernsehzeitalters» zu denken, denn dieses neue Fernsehzeitalter begann erst 1999 mit den SOPRANOS – keine Horror-Serie.

Dennoch machten sich die Zombies auf heimischen Bildschirmen breit. Man durfte sogar mit ihnen spielen. 1994 stellte Sony die erste PlayStation vor, die, weil auch ihre Nachfolgemodelle den Gaming-Markt beherrschen würden, mittlerweile nicht mehr unter «PS», sondern «PS 1» firmiert. In der Zielgruppen-Ausrichtung füllte Sony eine Lücke, denn der stärkste Konkurrent, der Nintendo 64 von Nintendo, setzte überwiegend auf familienfreundliche Konsolenspiele. Nur für die PlayStation gab es zunehmend Actioner und Ego-Shooter.

Mit RESIDENT EVIL erschien 1996 der Auftakt einer nicht mehr wegzudenkenden PlayStation-Spielreihe. Beeindruckende 28 Games wurden bis heute veröffentlicht, und eine erste Umsetzung für die Leinwand ließ nicht lange auf sich warten. Es gibt sieben RESIDENT EVIL-Kinofilme, der jüngste kam 2021 ins Kino. Im Sommer desselben Jahres lief auf Netflix auch eine animierte RESIDENT EVIL-Serie (INFINITE DARKNESS) an; redundant in Konzept wie Umsetzung, da die Ästhetik an die Video-Sequenzen in den Games angelehnt ist, die man vielleicht daddeln, aber nicht in Episodenlänge betrachten möchte.

Es sind jedoch nicht die Filme oder Serien, die zu Genre-Klassikern wurden. RESIDENT EVIL ist ein Wegbereiter des «Survival Horror»-Games, mit schrecklich anzusehenden Untoten, einem Soundtrack voll düsterer Dissonanz, brutalen Kopf-ab-Bildern, Wühlen-in-Eingeweiden-Einspielern, und, mit RESIDENT EVIL 2 (1998) verfeinert, einer Regie, die mit gemeinen Bildzuschnitten arbeitet, sodass nie zu viel von dem zu sehen ist, was vor dem Player lauert. In Foren wird heute noch das mehr als 25 Jahre alte Szenendebüt des «Zombie #1» von RESIDENT EVIL bewundert. Eine Bestürzung für etliche Gamer. Wir nähern uns von hinten einem glatzköpfigen Mann, der vor einer Leiche kniet. Er beißt ihr den Kopf ab, der kullert auf den Teppich. Wir kommen näher. Der überraschte Mann vollzieht einen kalten Schulterblick. Wir erkennen in ihm einen Untoten (Abb. 34).

Als Mitglied einer Spezialeinheit bekämpft der Spieler in einer riesigen Villa allerlei Ungetüme, überwiegend Zombies. Später klärt sich auf, dass die Monster aus fehlgeschlagenen Experimenten des Biomedizin-Konzerns Umbrella Corporation entstanden sind. Deren Forscher stellen sich als eigentliche Bösewichte heraus.

Dem RESIDENT EVIL-Designer Shinji Mikami diente ein Zombiefilm als Vorbild, Lucio Fulcis WOODOO – als Vorbild dafür, wie es nicht zu machen ist. Er fand die Actionsze-

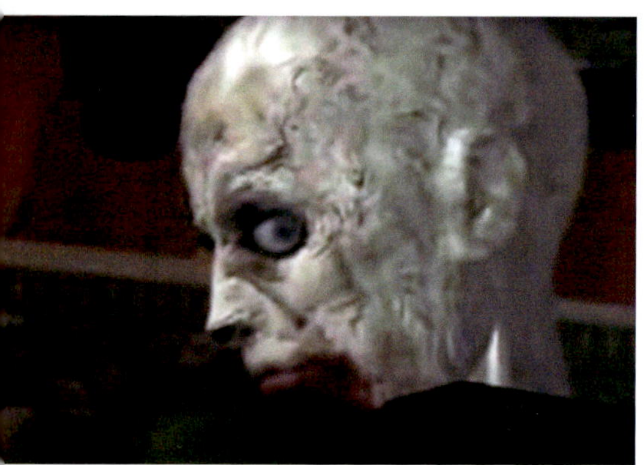

34 Als Spieler einer Spezialeinheit nähern Sie sich einem Mann, der sich schmatzend an etwas auf dem Boden zu schaffen macht. Er wittert Sie, dreht sich um – es ist kein Mann, es ist ein Zombie, und er frisst eine Leiche. (Resident Evil, Capcom, 1996)

nen und Story-Twists misslungen. Romeros Nacht der lebenden Toten dagegen beeinflusste ihn, gerade in der Auswahl von Bildausschnitten und Blickwinkeln.[7]

Schon kurz nach Erscheinen wurde Resident Evil zum Phänomen. Innerhalb des ersten Jahres hatten Sony und Spieleproduzent Capcom vier Millionen Exemplare abgesetzt. Warum ausgerechnet ein Konsolen-Game, kein Film die Untoten reaktivierte? Weiß keiner. Kann keiner begründen. Der Erfolg von Resident Evil ließ sich nicht prognostizieren. Aber die Story war «seiner Zeit voraus», und aus dem Kampf gegen den Biomedizin-Multi sprach das gesunde Unbehagen gegenüber Konzernen mit Monopolstellung, die mit ihren Dollar-Milliarden Dinge erforschen, die sie gegenüber der Öffentlichkeit nicht kommunizieren, und die wir sowieso nicht verstehen würden.

Die Spezialeinheit kämpft gegen die Umbrella Corporation, die ihre Interessen in den Bereichen der Pharmazie und Entwicklung medizinischer Geräte abzustecken vorgibt. Nach außen hin inszeniert sich der Konzern als Wohltäter, produziert Lebensmittel und Pflegeprodukte. Insgeheim experimentiert Umbrella mit genetischer Manipulation und sondiert Möglichkeiten viral-biologischer Kriegsführung. Die mangelnde Transparenz erinnert, obwohl Normalsterbliche keinen Einblick in die Chefetagen des Silicon Valley haben, an Google, Facebook und Amazon. Als Resident Evil 1996 erschien, existierte amazon.com seit einem Jahr und erzielte in der Frühphase kommerzieller Internetnutzung bereits einen Jahresumsatz von 15,7 Millionen Dollar.[8]

Skepsis gegenüber den Wachstumskurven dieser Konzerne ist angebracht, weil ihre CEOs die Erfüllung zweier Menschheitsversprechen des 21. Jahrhunderts predigen. Das ältere ist das Versprechen unendlichen Lebens, das jüngere ein Leben in virtuellen Welten, im Metaverse. Beide Versprechen gehen mit einer immer größer werdenden Herrschaftsfülle dieser Prediger einher, nicht nur, weil wir ihnen Geld, sondern auch personalisierte Daten geben, also Einblicke in unser Leben.

Das Vorgehen der Konzerne ist verdächtig. Aber bis zur Verschwörungserzählung ist es auch nicht weit. Mit seiner Dystopie eines verbrecherischen, zur Weltgefahr aufsteigenden Monopolisten erschien Resident Evil wie ein Vorbote unserer heute allgegenwärtigen Mischung aus Wut, Angst und heimlicher Bewunderung für FAANG.

7 *GamePro*, 4/1996.

8 *New York Times*, nyti.ms/3qsMHLZ (31.01.23).

Hinter dem reißerischen Namen verbergen sich fünf der am höchsten börsennotierten Technologie-Unternehmen, auch bekannt als die Datenkraken Facebook (F, heute Meta), Amazon (A), Apple (A), Netflix (N) und Google (G, heute Alphabet). Gäbe es die Umbrella Corporation wirklich, wir sprächen wohl von FAANGU.

Drei der wichtigsten Zombie-Geschichtenerzähler sind oder waren der Auffassung, dass allein Resident Evil für die Renaissance der Untoten im neuen Jahrtausend verantwortlich ist. «Die neue Popularität der Kreatur», sagte George A. Romero 2013, «kommt von den Games. Das Remake von Dawn of the Dead hat 75 Millionen Dollar eingespielt, aber die Games hatten einen weit größeren Einfluss.»[9]

Viele der späteren Filmemacher ließen sich als junge Spieler von Resident Evil beeinflussen. Schauspieler und Regisseur Simon Pegg führt die Entstehung seiner Zombiekomödie Shaun of the Dead auf ausuferndes, ängstlich machendes Daddeln mit Resident Evil 2 zurück. Alex Garland, Schriftsteller, Regisseur und Drehbuchautor, verantwortet mit dem von ihm geschriebenen 28 Days Later den ersten wichtigen Zombiefilm des 21. Jahrhunderts. Und auch er hätte nicht zur Feder gegriffen, gäbe es Resident Evil nicht. «Zwei Jahre, bevor ich die Geschichte schrieb, erschien das Spiel», sagte er. «Manchmal wird das Revival des Genres 28 Days Later zugeschrieben, aber letztendlich habe ich mich von Resident Evil beeinflussen lassen. Zombies hatte ich bis dahin so lange schon nicht mehr gesehen. Dann dachte ich: Oh mein Gott, ich hatte ganz vergessen, wie sehr ich Zombies liebe! Sie sind wunderbar!»[10]

Es ist lustig, Oldschool-Zombie-Jünger würden eher sagen: tragisch, dass Garland sich vom Resident Evil-Universum inspirieren ließ. Denn die dort hausenden, langsam taumelnden und dadurch so unheimlich wirkenden Untoten kommen bei ihm nicht vor. Für sein Drehbuch würde er auf neumodische, rasende Exemplare setzen, die es in den ersten Capcom-Games der Reihe nicht gibt. Die Aura der verwunschenen Resident Evil-Villa, sagt Garland, habe ihn beeindruckt, die Zombies habe er geliebt – nur gefürchtet habe er sich vor ihnen nicht, anders als vor den Terrorkötern, die durch Fensterscheiben krachen und den Spielcharakteren hinterherhetzen. Deren Geschwindigkeit habe er dann auf seine Untoten übertragen. Aber wie passt das zusammen: verfaulende Ex-Menschen mit Vierbeiner-Speed? Zu 28 Days Later, gedreht von Danny Boyle, kommen wir gleich.

Dennoch sprach einiges dafür, dass gerade Resident Evil die Renaissance der Zombies nicht nur im Gaming, sondern auch auf der Leinwand einleiten würde, schließlich lief Resident Evil im Jahr 2002 sechs Monate vor 28 Days Later an. Die Beteiligten standen für solides Spannungs-Kino, und Durchschnittlichkeit reicht manchmal aus. Produzent Bernd Eichinger verpflichtete für die deutsch-britische Co-Produktion Paul W. S. Anderson als Regisseur. Anderson hatte sich bereits einen Namen gemacht, weniger für sein Gehabe mit Initialen (die echten Meister setzen sie sowieso an den Anfang, siehe P. T. Anderson oder W. C. Fields, aber das hat sich Paul W. S. wohl nicht getraut), sondern mit

9 *The Telegraph*, bit.ly/3EqFH61 (31.01.2023).
10 *Huffington Post*, bit.ly/3FB585G (31.01.2023).

Computerspielverfilmungen (MORTAL KOMBAT, 1995) und einer Kubrick-Hommage für Leute, die nicht zu viel nachdenken wollen und bis heute davon enttäuscht sind, dass in 2001 – ODYSSEE IM WELTRAUM kein Alien zu sehen war, obwohl es um den Kontakt zu einer höheren Macht geht: EVENT HORIZON – AM RANDE DES UNIVERSUMS (1997).

Die Hauptrolle in RESIDENT EVIL übernahm Milla Jovovich, ein Ex-Model mit Erfahrung im Sci-Fi-Film (DAS FÜNFTE ELEMENT, 1997). Die Amerikanerin russisch-serbischer Herkunft ist ein «Girl with a Gun» in der Tradition Lori Cardilles, nur dass Jovovich geschminkt in den Kampf gegen die Untoten zieht und betont erotisch ihre Knarre schwingt, was männliche Fans des Konsolenspiels (und es wird überwiegend von Männern gespielt) natürlich erst recht ins Kino locken sollte. Bei Jovovich wurde die Waffe zum Fetisch, ihre Figur der Alice zur Lara Croft des Zombiefilms. In sechs der bis 2021 entstandenen Streifen macht Jovovich mit, alle sechs sind übel, nicht mal Guilty Pleasures, diese Kritikermeinung habe ich nicht exklusiv.

Das kumulierte Einspielergebnis der RESIDENT EVIL-Reihe beträgt rund 1,2 Milliarden Dollar, was wuchtig klingt, sich aber bei einer «Hexalogie», einem Sechsteiler, in harmlosere Einzelsummen zerlegen lässt. Die Untoten sehen aus, wie in der Theater-AG angemalt, wobei Teil 1 von der *Chicago Tribune* das vergiftete Kompliment erhielt, er «empfinde das Videospiel-Erlebnis perfekt nach». Hölzerne Schauspieler also, die sich kantig bewegen wie Figuren aus der Konsole, und visuelle Effekte, die aussehen wie dem PlayStation-2-Spiel entnommen.[11]

Fürs Bingewatching scheint die Filmreihe dennoch geeignet zu sein. Im Juni 2022 dominierten die Geschöpfe der Umbrella Corporation die deutschen Netflix-Charts. So etwas hat noch keine Filmreihe geschafft: Vier der sechs RESIDENT EVIL-Streifen standen in den Top 5, darunter mit RESIDENT EVIL – THE FINAL CHAPTER auf Platz 1 nicht mal der jüngste, sondern der vorletzte, aus dem Jahr 2018. Diesen Triumph eines nach Netzmaßstäben alten Schinkens gab es bei Netflix vorher nicht.

Zur Entstehungsgeschichte von RESIDENT EVIL gehört auch eine verblüffende Personalie. Ein von Produzent Eichinger abgelehntes Script stammt von George A. Romero. Muss man sich leisten können – also nicht den Job eines Drehbuch-Entwurfs für die Umsetzung eines gigantischen Spielerfolgs, sondern die Ablehnung dieses Drehbuchs, wenn es von Romero stammt. Eichinger konnte sich das anscheinend leisten, und es sagt etwas über den Statusverlust Romeros aus, des «Königs der Zombies», wenn seine Geschichte verworfen wird.

Bis auf Eichinger, sagte Romero, habe er alle auf seiner Seite gehabt, die Entwickler von Capcom sowie die in Los Angeles ansässigen Co-Executives der Neue Constantin GmbH. «Mein Drehbuch war wie Dynamit, alle liebten es», sagte er noch im Jahr vor seinem Tod 2017. «Nur dieser Typ namens Bernd Eichinger nicht. Er hatte keine Ahnung, was ein Videospiel ist. Dies war der Typ, der DAS GEISTERHAUS machte und DAS BOOT, und er hatte nur flüchtige Ideen davon, wie RESIDENT EVIL aussehen sollte.»[12]

11 *Chicago Tribune*, bit.ly/3KkykkN (31.01.2023).

12 Weedon, Paul: *Interview with George A. Romero*, bit.ly/3FHCQGx (31.01.2023).

Im Interview sprach Romero nicht einfach davon, dass er von der Aufgabe einer Story-Entwicklung entbunden wurde. Er sagte, er wurde von Eichinger gefeuert. Außerdem hielt Romero den bayerischen Impresario noch zur Entstehungszeit von Resident Evil anscheinend für einen Arthouse-Cineasten und Kunstförderer, zumindest hinsichtlich der von ihm exemplarisch genannten Filme Das Geisterhaus und Das Boot. Vielleicht wurde Romero von der Entlassung überrascht, weil er sich im Resident Evil-Kosmos wohlfühlte. In den 1990er-Jahren drehte er für Teil 2 des Spiels einen Werbeclip. Der Erfinder des modernen Zombies hatte also kein Problem damit, das Worldbuilding, die Ideenwelt eines fremden Autors, als Auftragsarbeit zu visualisieren. Romeros Beschäftigung mit Resident Evil fasziniert seine Apostel bis heute, für 2024 ist mit George A. Romero's Resident Evil eine Kinodokumentation über das gescheiterte Vorhaben angekündigt.

Resident Evil bedient Männerfantasien nach der erotischen Actionheldin und lädt dieselben Männer gleichzeitig zur pedantischen Überprüfung der korrekten Umsetzung einer Gaming-Welt ein. Zumindest einen Vorteil boten die Filme gegenüber den Konsolenspielen, der jedoch war immens: Sie stellten alle Ungeheuer und Charaktere des Resident Evil-Universums vor, auf die man in den Games möglicherweise nie traf – weil es zu schwer war, die höheren Levels zu erreichen.

Resident Evil ist kein Film für alle, muss er auch nicht sein, um dem Genre einen Stimulus zu geben. Aber der eigentliche Impetus – wehrt euch gegen die Macht der Konzerne! – spielte keine Rolle mehr. Hauptsache, Alice ist beim Shootout in Slow Motion zu bewundern. Das künstlerische Scheitern des Kino-Franchise ist beachtlich. Eine gelungene, sechsteilige Adaption hätte sicher jedes andere Werk dieser Gattung aus dem Kino verdrängt. Zumal allein die Resident Evil-Spielreihe neben den Zombies eine Vielzahl von Kreaturen auffährt, die nicht minder für Schrecken sorgen, albtraumhaft widerwärtig sind, wie von H. P. Lovecraft erdacht (der Licker!).

Im Juli 2022 lief mit der Serie Resident Evil der jüngste Versuch einer Wiederbelebung an, die schlichte Betitelung ist wohl als Statement der Produzenten zu verstehen: Dies ist unser bestes und letztes Wort in der Sache. Tatsächlich ist das von Netflix vertriebene Format der überzeugendste Beitrag der Reihe, nach immerhin 23 Jahren kontinuierlicher Umbrella-Schikane.

Kritiker als auch Zuschauer reagierten auf Resident Evil allerdings mit Ermüdungserscheinungen. All die Orte, wie Raccoon City, all die Charaktere, wie Oberbösewicht Albert Wesker, hier in einer souveränen, gedankenschweren Darstellung von Lance Reddick, all die Monster, wie Riesenraupe oder Zombie-Hund, sind in den Filmen und Spielen schon oft präsentiert worden – wohl zu oft, um noch Eindruck zu schinden. Einen Monat nach Sendestart wurde die Absetzung der Serie bekannt gegeben. Nicht nur ein frühzeitiger, sondern auch seltener Schritt von Netflix. Während andere Kanäle zum Ende jedes Jahres «Cancelled»-Auflistungen mit eingestellten Formaten veröffentlichen, hat dieser Streamingdienst eigentlich eine Kultur des leisen Abschieds ohne Meldung etabliert, sobald eine Serie als gescheitert betrachtet wird.

Die Untoten – Rennläufer, keine Schlurfer, Alex Garland darf sich freuen – erweisen sich in Resident Evil noch als die harmlosesten Bestien. Auf der sozialen Leiter des Monströsen sind sie ganz unten, in einem Resident Evil-Schachspiel wären sie die Bauernsoldaten in einem Heer von Metamorphen, die wuchtiger und weit gefährlicher sind. Das Riesenkrokodil walzt alles platt. Für ein paar Sekunden ist auch Lisa Trevor zu sehen, eine mutierte Frau, an der die Umbrella Corporation Experimente durchführte. Als Zwitterwesen aus buckligem Oger und Orang-Utan schmückt sie sich mit einem Laken, das aus abgetrennten, selbstpräparierten, menschlichen Gesichtern besteht; nur ihr Rücken ist freigelegt, denn dort befindet sich ein riesiges, blinzelndes Auge. Trevor ist eines der populärsten Monster aus der Konsolenspielreihe und feierte darin 2012 ihren letzten Auftritt, dazu spielte sie eine kleine Rolle in Resident Evil: Welcome to Raccoon City (2021). Ihre kurze Einblendung in der neuen Serie ist für die Resident Evil-Experten unter den PlayStation-Zockern ein Fanservice, für die streamenden Zuschauerneulinge auf Netflix zumindest ein Gruselmoment. Alle kommen damit auf ihre Kosten – und die Zombies müssen wieder mal ein Stück zur Seite treten, um den wahren Attraktionen Platz zu machen.

Das muss kein Nachteil sein. Resident Evil ist auch ohne Zombie-dominierte Set Pieces sehenswert. Die von Andrew Dabb entwickelten acht Episoden erzählen in zwei Zeitlinien den Aufstieg des Umbrella-Monopolisten, dessen CEOs sich offen mit Alphabet und Amazon vergleichen, sowie die Coming-of-Age-Geschichte der zwei Töchter des Konzerndirektors Wesker, Jade und Billie, die den Genforschern auf der Spur sind. Im Gegensatz zu dem Jovovich-Ballerstreifen kommt Resident Evil ohne den Male Gaze aus, also den kontinuierlich (hetero-)sexuellen, lustbetonten Blick auf die Frau. Hauptdarstellerin Ella Balinska (als Jade) benutzt ein Maschinengewehr, aber ihr Tun wird nicht fetischisiert.

Die Untoten, erklärt ein Umbrella-Direktor, sind nicht tot. Das von ihm entwickelte «T-Virus» verändert lediglich die Gehirne der Infizierten. Ursprünglich wurde das Virus als Antidepressivum entwickelt und sollte unter dem Handelsnamen «Joy» vertrieben werden. Die Zombie-Krankheit ist also eine Nebenwirkung, die bei der medikamentösen Behandlung des weltweit größten Volksleidens auftritt. «Das T-Virus, ist das sowas wie Covid?», fragt Billie Wesker (Siena Agudong) ihren Vater, den Umbrella-Executive. Sie hofft, dass es nur «sowas wie Covid» ist, denn sie trägt das Virus nach dem Biss eines Zombies in sich.

Die Umbrella-Bosse wiederum leiden an Omnipotenzwahn. Mit einer entsprechend hoch dosierten «Joy»-Tablette, glauben sie, ließen sich Patienten konditionieren, und wer den Menschen manipuliert, könne globale Probleme beseitigen: «Hungersnöte, das war einmal! Wir können alle zu Veganern werden!»

28 DAYS LATER: Wut macht Beine

«If you look at the whole life of the planet, we... you know,
Man has only been around for a few blinks of an eye.
So, if the infection wipes us all out, that is a return to normality.»
Sergeant Farrell, 28 DAYS LATER

Im Jahr 2002 wurde eine neue Zeitrechnung im Zombie-Kino eingeleitet, aber nicht durch RESIDENT EVIL. Ein halbes Jahr nach der Spieladaption lief ein Film aus Großbritannien an, der geografisch bedingte, von vielen Bürgern der Insel empfundene paradoxe Gefühle aus Furcht und Stolz nährte: Keine Landesgrenzen zu haben, bedeutet vielleicht Freiheit und Sicherheit vor unliebsamen Nachbarn, aber im Notfall eines Kriegs auch unvorteilhafte Abgeschiedenheit.

In Danny Boyles 28 DAYS LATER wird das Vereinte Königreich vom Zombie-Virus befallen. Die Inkubationszeit beträgt keine 20 Sekunden. Erbarmungsloser geht es kaum. Wer seinen Nebenmann einen Biss erleiden sieht, muss augenblicklich die Beine in die Hand nehmen, denn der Nebenmann würde sich sogleich auf einen stürzen. Grenzen müssen nicht geschlossen werden, da kein Schiffskapitän bei einer derart schnell voranschreitenden Infektion das britische Festland erreicht. Jedes Passagierflugzeug mit Infizierten stürzt ab, weil die Zombies das Cockpit stürmen. Aber es schafft eben auch keiner mehr die Flucht von der Insel.

Anfangs wird kolportiert, dass Paris und New York ebenfalls Krankheitsfälle melden. Später wird bekannt, dass das Virus nur in Großbritannien grassiert. Gut für alle anderen Nationen, aber schlecht für die Briten selbst. Keiner eilt ihnen zu Hilfe.

Großbritannien verabschiedete sich 2020 mit dem Brexit aus der Europäischen Union. Hämisch betrachtet ist die Zombie-Quarantäne ihre Quittung für leidenschaftlichen, wenn auch nur mit knapper Mehrheit erkämpften Isolationismus, vorweggenommen durch diesen Film aus dem Jahr 2002. Allerdings war der EU-Austritt Anfang des Jahrtausends noch kein schwelendes Thema. Regisseur Danny Boyle und sein Drehbuchautor Alex Garland widmeten sich anderen Ängsten ihrer Landsleute. «Großbritannien war von der Maul- und Klauenseuche befallen», erinnert sich Garland im Audiokommentar der DVD. «Und kaum hat man sich umgedreht, kam die nächste Seuche ins Land. Rinderwahnsinn.»

Nicht nur Tiere, auch Menschen gerieten durch Seuchen in Gefahr. Es gab Todesfälle durch das Marburg-Virus, benannt nach der deutschen Stadt, in der die erste Infektion stattfand. Das Virus hat eine Letalitätsrate von mindestens 23 und bis zu 88 Prozent, der jüngste Ausbruch wurde im August 2021 im westafrikanischen Guinea gemeldet.[13] Marburg war aber nicht das einzige zur Jahrtausendwende bekannter werdende, lebensbedrohliche Virus. Die Letalitätsrate des Ebolavirus aus den tropischen

13 *Statista*, bit.ly/3fTLTKd (31.01.2023).

Regenwäldern Zentralafrikas und Südostasiens liegt noch höher, bei 50 bis 90 Prozent. Die jüngste Epidemie datiert auf September 2022 und wurde in Uganda registriert.[14] Ein halbes Jahr nach der Premiere von 28 DAYS LATER grassierte die erste SARS-Pandemie, ihr Ursprung lag in Südchina. Dazu häuften sich Meldungen über Anthrax-Viren, die mittels Briefsendungen als Biowaffen gegen amerikanische Politiker eingesetzt werden sollten.[15]

Die Furcht vor der «Virus-Apokalypse», konstatierten Boyle und Garland, war allgegenwärtig. Die Ebola-Infizierten ähneln denen in 28 DAYS LATER: Hautausschlag, rote Augen, innere und äußere Blutungen.

Zum Kinostart wurde die «Virus-Angst» allerdings von der «Terror-Angst» überlagert. Der Film lief rund ein Jahr nach den Anschlägen vom Elften September an. Die Dreharbeiten von 28 DAYS LATER endeten kurz nach Nine Eleven, im Oktober 2001. Regisseur Boyle wurde für eine Szene kritisiert, in der er den Londoner Piccadilly Circus als Orientierungspunkt für Menschen darstellt, die nach verschwundenen Ehefrauen, Ehemännern, Eltern und Kindern suchen. Unter dem Erosbrunnen stehen riesige schwarze Bretter, wie sie nach dem Einsturz der Twin Towers auf Ground Zero errichtet wurden, darauf unzählige Vermisstenanzeigen und Briefe. Der Vorwurf an Boyle lautete, er hätte das Leid der Angehörigen für eine assoziative Darstellung fiktiver Leiden ausgeschlachtet.

In der Einsamkeit einer leergefegten Millionenmetropole erwacht der Krankenhauspatient Jim (Cillian Murphy) nach einem Unfall aus seinem Koma, in das er als Fahrradkurier 28 Tage zuvor gefallen war. Die Welt ist seitdem eine andere. Der Ahnungslose streunt durch London, ruft nach Menschen. Die im wahren Leben nicht vorzufindende, traumhafte Bewegungslosigkeit, die Leere und Stille der Stadt, fing Boyle ein, indem er sich für die Dreharbeiten kleine Zeitslots heraushandelte. Verkehrsknotenpunkte wie die Westminster Bridge, die Oxford Street und der Piccadilly Circus wurden an Sonntagen kurz vor Sonnenaufgang und kurz vor Sonnenuntergang für die Aufnahmen gesperrt, eine knappe Stunde lang.

Autor Garland bemerkte selbst, dass ein wie ausgestorben erscheinendes London keinen Sinn ergibt. Wenn eine schnell übertragbare Virusinfektion innerhalb von Sekunden zur Verwandlung führt, müssten die Straßen voller Infizierter sein. In ihre Häuser zurückkehren, um dort zu schlafen, bräuchten sie nicht. Und warum sollten sie sich vor einem einzigen Menschen, ihrem potenziellen Opfer Jim, verstecken? «Das war eine ästhetische und dramaturgische Entscheidung», sagt Garland. «Eine Entscheidung für Atmosphäre und Surrealismus gegenüber dem, was der Plot eigentlich verlangt. Garland zitiert Jean-Paul Sartre, «die Hölle, das sind die anderen». Aber in 28 DAYS LATER ist die Prämisse eine andere: Die Hölle, das sind nicht die anderen. Die Hölle ist, wenn man auf sich selbst zurückgeworfen wird. Man ist wirklich allein (Abb. 35–36).

14 *WHO*, bit.ly/3I9dbrY (31.01.2023).
15 *UCLA*, bit.ly/3qG38Vh (31.01.2023).

Die Methode des Schnellfilmens im kleinen Zeitfenster ähnelte vielleicht nicht ganz dem Amateurstil, auf den George A. Romero aufgrund der Budgetknappheit für Die Nacht der lebenden Toten zurückgriff, als er gezwungen war zu improvisieren. Aber die Methode entsprach den Bedingungen, denen Danny Boyle sich im Jahr 2001 stellen musste. Seine größten Erfolge sind Trainspotting – Neue Helden und Slumdog Millionär, sie stammen aus den Jahren 1996 beziehungsweise 2008. Dazwischen lag 28 Days Later, und der Film fiel in eine Phase, in der Boyle genug von Hollywood hatte, und Hollywood genug von ihm. Sein Celebrity-Vehikel für Leonardo DiCaprio, das hinreißend verpeilte The Beach (2000) nach dem Roman von Alex Garland, scheiterte an den Kassen und wurde von der Kritik verhöhnt. Der Titanic-Beau shirtless am Aussteiger-Palmenstrand? Blockbuster-Kino mit Ansage, das dann aber kein Blockbuster-Kino war.

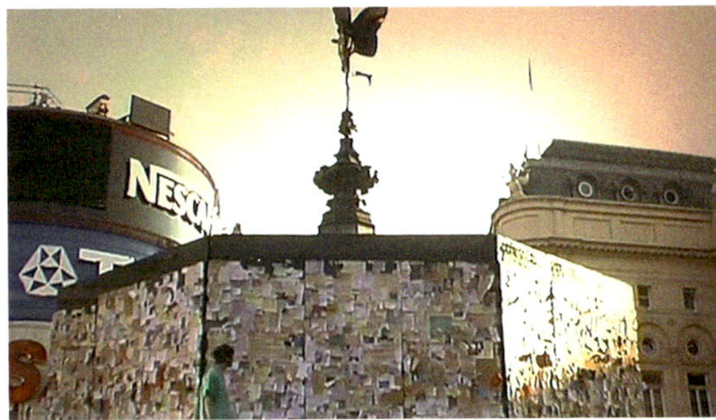

35–36 Jim (Cillian Murphy) trägt noch einen Krankenkittel, als er über die verlassene Westminster Bridge in London geht. Er erreicht den Piccadilly Circus, wo Vermisstenanzeigen auf riesige Wände gepinnt wurden. (28 Days Later, GB 2002)

Das Budget für 28 Days Later betrug schmale acht Millionen Dollar. Aber Boyle wusste es zu nutzen. Sämtliche Sparmaßnahmen führten zu phänomenalen Ergebnissen. Als Hauptdarsteller engagierte Boyle enthusiastische Nobodys, die danach zu Stars wurden. Neben Cillian Murphy zum Beispiel Naomi Harris in der Rolle der Selina, die im früheren Leben als Apothekerin arbeitete und nun mit Knüppeln infizierte Menschen erschlägt, aber für ein verlassenes Mädchen auch eine fürsorgliche Ersatzmutter sein kann.

Um der trügerischen Stille des verwaisten London ein Bild des nötigen Zombie-Chaos gegenüberstellen zu können, konstruierten Boyle und sein Autor Garland für den Prolog eine Szenenmontage, die bis heute vielfach kopiert wurde, zwei Jahre später erstmals von Zack Snyder für sein Remake von Dawn of the Dead. Wozu das Geld für eine Darstellung des inselweiten Zombie-Ausbruchs aufbringen müssen, wenn das mit Schreckensbildern aus unserer wirklichen Welt genauso geht? Anstatt eine teure Vielzahl von Statisten gegen eine Horde Monster antreten zu lassen, schnitt Boyle echte Fernsehbilder von gewaltsam niedergeschlagenen Demonstrationen sowie Hinrichtungen zusammen; Momente, die unsere Gesellschaft vor dem Zusammenbruch zeigen. Die schnellen Bildabfolgen machen es fast unmöglich zu erkennen, ob Men-

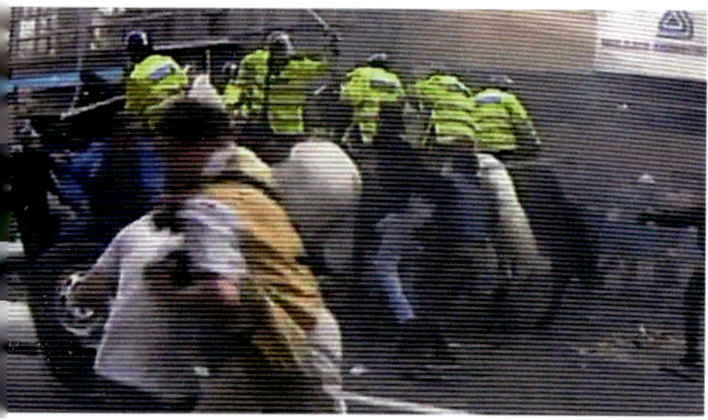

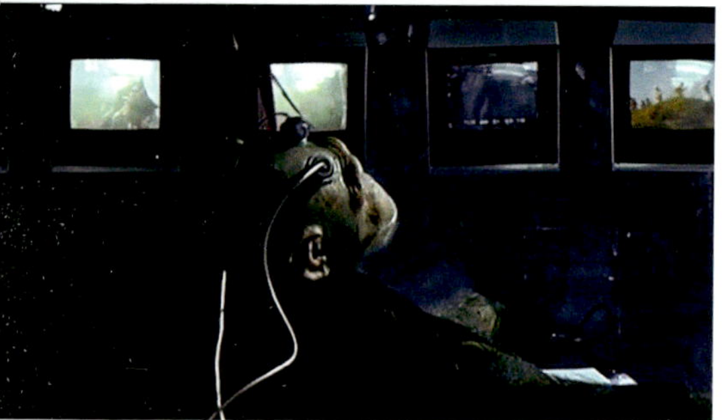

37–38 Das echte Nachrichtenbild einer Demonstration, die von berittenen Polizisten niedergeknüppelt wird. Ein an den Labortisch gefesselter und mit Elektroden verbundener Schimpanse muss die Ausschnitte ansehen. (28 DAYS LATER, GB 2002)

schen gegen Menschen oder Menschen schon gegen Mutanten antreten. Nur eines ist ersichtlich: Die Ausschnitte zeigen Homo Sapiens an seinem Tiefpunkt. Romero hätte befunden: Der Mensch hat seine Auslöschung verdient.

Erst nach einer Minute Aggressionsmedley erfahren wir den Hintergrund der Videomontage. Wir sind nicht die einzigen, die diesen Bildern ausgesetzt sind. Ein Schimpanse wurde an einen Labortisch gefesselt und muss sich, verkabelt mit Elektroden, die TV-Ausschnitte ansehen. Als wäre der Affe unser neuer Alex DeLarge, der in Stanley Kubricks UHRWERK ORANGE (1971) vom Verbrecher zum Unschuldigen mutieren soll, indem er per Gewaltbilder-Overload konditioniert wird (Abb. 37–38).

Was soll an dem Primaten erforscht werden? Wie wird er die gesehene Brutalität verarbeiten? Wir erfahren es nicht, denn diejenigen Affen, die wir in Aktion betrachten werden, sind andere. Sie befinden sich ebenfalls im Labor, in Käfigen, und werden von Tierschützern befreit, die ein Wissenschaftler nicht von ihrem Tun abhalten konnte. Den Schimpansen hatte der Forscher das «Rage»-Virus injiziert. Der flinkste von ihnen springt einer Aktivistin an die Kehle und macht sie zu Patient Zero.

Aber was genau treibt der Affe da an ihrer Kehle? Wir gehen davon aus, dass «Rage» durch eine Wunde in ihre Blutbahn gerät, es ist ein Schmatzen zu hören. So genau kann man das aber nicht wissen, denn auch hier beweist sich Danny Boyle als Meister der Andeutung, vielleicht auch aus Kostendruck. In 28 DAYS LATER gibt es viele Tote, etliche Angriffe, aber nicht einen einzigen Gore-Moment, kein abgetrenntes Körperteil, nicht einen erkennbaren Biss. Die Uneindeutigkeit senkte nicht nur den Preis für Spezialeffekte, sie macht die Infizierten auch zu mysteriös handelnden Organismen. Sie scheinen nicht an (menschlicher) Nahrung interessiert zu sein. Bei einer Fressorgie, dem Money Shot des Splatterkinos, sind sie nicht zu sehen. Viele der Tobenden begnügen sich damit, ihren Opfern Blut ins Gesicht zu spucken, auf dass das Virus in Mund, Augen, Ohren oder Nase gerät. Es geht den Tollwütigen also um Vermehrung, nicht Ernährung.

Der Einbruch ins Labor ist doppelt beunruhigend, weil er zu zwei Erkenntnissen führt: Wissenschaftler sind unfähig, ihre tödlichen Viren vor Diebstahl abzusichern, und Tierschützer setzen ihren Plan um, obwohl sie vor «Rage» gewarnt wurden. Beide, Wissenschaftler wie Aktivisten, sind Überzeugungstäter.

Für Boyle und Garland diente das Virus als Metapher für die zunehmende Alltagswut. Um die Jahrtausendwende wurde der Begriff «Road Rage» populär, heute gibt es allein auf YouTube zig Kollektionen aus «Road Rage»-, «Train Rage»- oder »Air Rage»-Schnipseln, in denen mehr oder weniger friedfertige Menschen aus nichtigen Gründen, ein falsch gesetzter Autoblinker, ein Niesen des Sitznachbars in der zu engen Holzklasse, zur Gefahr für ihre Mitbürger werden. Dabei war an Filterblasen und Echokammern in sozialen Netzwerken wie Telegram oder Twitter, wo sich der Hass frei entfaltet und zu Gewalttaten angestachelt wird, im Jahr 2002 nicht mal zu denken. Das «Rage»-Virus potenziert also eine Emotion, die wir eigentlich versuchen zu unterdrücken.

«Ich hasse Dich!», schreit Jim ein kleiner, infizierter Junge entgegen, so leise in den Ton gemischt, dass es kaum zu hören ist, die Mutanten können eigentlich nicht reden. Der unbedarfte, an das Gute im Menschen glaubende Jim wird erwachsen, als er das Kind in Notwehr tötet.

Zu dem, was das «Rage»-Virus aus einem macht, gäbe es heute unzählige Threads auf Reddit, in denen munter gestritten wird. Aber schon 2002 wurde diese Wutkrankheit im Netz diskutiert. Was sind die Mutanten, sind sie Zombies oder wahnsinnig gewordene, daueraggressive Menschen mit Persönlichkeitsverlust?

Womöglich sind sie keine Zombies. Keine Verstorbenen, die wiederauferstehen, keine Untoten. Sie leben nach ihrer Infektion weiter, wenn auch anders. Sie sterben, anders als Untote, wenn ihnen die Verpflegung ausgeht. Autor Alex Garland hat zur Spezies-Diskussion eine eindeutige Antwort, auch, weil ihn das Thema bis heute verfolgt: «Mir ist bewusst, dass es seit Jahren Debatten darüber gibt, ob 28 Days Later ein Zombiefilm ist», sagte er zuletzt 2022. «Aber genau das ist es: ein Zombiefilm. Ob sie sich nun auf die eine oder andere Weise verhalten – es sind Zombies.»[16]

Garlands Werk revidiert das Monster auch in einer weiteren Hinsicht. Eine Revision, die sicher nicht umwälzender ist als die Tatsache, dass diese Zombies eine andere Art von Untoten sind. Aber eine Revision, die einflussreicher war fürs Genre. Denn die Infizierten rennen nicht nur. Sie rennen wie verrückt.

Es war zwar nicht 28 Days Later, der den Zombie als Sprinter im Kino einführte – das war womöglich Verdammt die Zombies kommen von 1985. Aber es war 28 Days Later, der die Sprinter etablierte. Und falls diese Mutanten vielleicht auch keine Ich-sterbe-als-Mensch-und-komme-als-Untoter-zurück-Zombies sind, so rannten doch etliche Zombies nach ihnen, unabhängig davon, ob sie den Rage-Rennern ähnelten.

Auch für Danny Boyle waren die Infizierten echte Zombies. Aber er hatte keinen Sinn für Romero-Zombies. «Wenn sie wirklich furchteinflößend sein sollen», sagte der Regisseur und streckte die Hände von sich, als wären sie Klauen, «dann können sie

16 *Empire*, 6/22.

nicht herumstolpern und ‹Argh› sagen. So könnte man sich ja einfach umdrehen und vor ihnen davonspazieren.»[17]

Die Schockwirkung der vor 28 Days Later flitzenden Untoten war begrenzt. In Verdammt, die Zombies kommen wetzen sie bereits bis zur Atemlosigkeit, aber ohne Garantie ihre Beute zu erreichen. Sie erinnern an Menschen, denen irgendwann die Puste ausgeht. Erstbeste Komparsen eben.

Boyle traf zwei Maßnahmen, um seine Infizierten nicht wie Menschen aussehen zu lassen, die rotwangig nach Luft ringen, sondern wie Bestien, die erst ruhen, wenn die Futterquelle erreicht ist. Die erste Maßnahme: Er engagierte ehemalige Profi-Leichtathleten, die Geschwindigkeit und Ausdauer mitbringen. Die zweite bestand in einer technischen Darstellungsoptimierung seiner Mutanten, auch dies eine Neuerung, die nach Boyle etliche andere Filmemacher adaptierten. Mit seinen Canon-XL1-DV-Kameras konnte er durch deren Verfügbarkeit von enorm kurzen Verschlusszeiten Bilder mit übertrieben harten Bewegungen produzieren. Mutmaßlich reizte er diese Funktion voll aus und entfernte zudem jedes dritte oder vierte Bild, was im Resultat zu einem Stakkato-Effekt führte. Die Abfolge der scharfkantigen und unvollständigen Einzelbilder sieht so aus, als würden sie nicht nur springen, sondern einander überspringen. Mit dem Ergebnis, dass sich die Zombies im Film unnatürlich ruckartig bewegen.

Wie George A. Romero in Zombie, an deren Ende ein Schwarzer, eine Weiße und ihr ungeborenes Baby eines anderen Mannes den Zombies entkommen, stellt auch Boyle den Überlebenskampf einer multiethnischen Zweckfamilie in den Mittelpunkt. Jim und der Afrobritin Selina schließen sich der ältere Frank (Brendan Gleeson) und seine Tochter Hannah (Megan Burns) an. Und wie in Zombie tobt sich das Quartett im entvölkerten Supermarkt aus, eine Referenz an Romeros Film. Eine postapokalyptische Wunscherfüllung (Abb. 39).

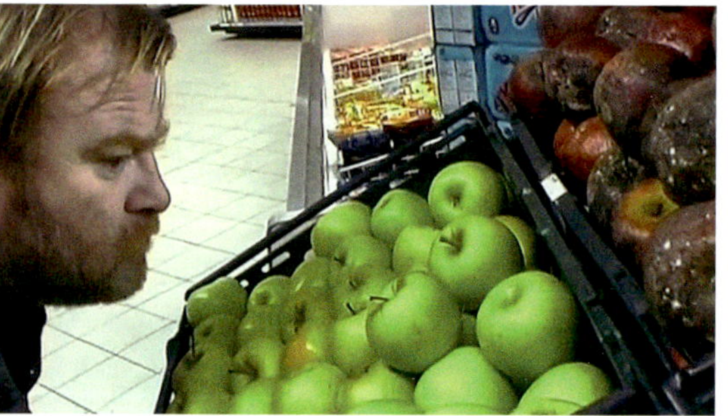

39 Frank (Brendan Gleeson) kann sich im Supermarkt nicht entscheiden: Welchen der Äpfel soll er mitnehmen? Sind ja alle nur für ihn da und kosten nichts. (28 Days Later, GB 2002)

Nach Franks Tod werden Jim und Selina zu den neuen Eltern des Teenagers. Das Motiv der bedrängten (Patchwork-)Familie und deren Versuch einer steten Neustrukturierung würden die besten Beiträge des heutigen, von besonders engagierten Kritikern auch schon mal «Post-Horror» genannten Gruselfilms prägen, ob im Folk von The Witch (2015), der Alien-Invasion von A Quiet Place (2018) oder der Satansbeschwörung Hereditary – Das Vermächtnis (2018)[18]. Am Anfang steht die Familie; eine lebensbedrohliche Gefahr führt zu Abwehrmaßnahmen der einzelnen Mitglieder; am Ende ist die Familie zerstört oder gefestigt.

17 *Independent*, bit.ly/3nFzPQU (31.01.2023).
18 *The Guardian*, bit.ly/3QrX1hq (31.01.2023).

Mit seiner Superschnell-Kamera hat Danny Boyle Maßstäbe gesetzt, aber er ist nicht nur Ästhet, er ist vor allem ein Schauspieler-Regisseur. Der 1956 geborene Filmemacher versteht seine viel jüngeren Darsteller bis heute, obwohl die Altersdifferenz von Projekt zu Projekt zunimmt. Er verklärt sie nicht, er romantisiert sie nicht. Mit Alex Garland hat er einen Dialog zwischen Jim und Selina verfasst, der in Anbetracht des Weltuntergangs trivial wirkt, aber alles andere als trivial ist. Er handelt von den zweitwichtigsten Dingen der Welt, die in ruhigeren Minuten so wichtig sind wie die wichtigsten.

Das folgende Gespräch ist möglicherweise das bedeutendste Gespräch, das je in einem Zombiefilm geführt wurde. Überleben hat Priorität, was sonst. Aber was ist das Leben wert ohne die schönen Sachen? «Weißt Du, woran ich gerade denke?», fragt Jim Selina. Sie haben London verlassen und sind auf dem Weg nach Manchester. Ein Stopp führt sie ins Grüne. Einladende, offene Flächen, keine Verrückten weit und breit, über ihnen der blaue Himmel, für den das Paar keine Bedeutung hat. Sie sehen zwei Pferden beim Rennen zu, es ist der Moment, in dem man an über alles andere als Flucht sinnieren darf. Selina antwortet: «Du denkst daran, dass du nie wieder neue Musik hören wirst. Dass du nie wieder ein Buch lesen wirst, das noch nicht geschrieben, oder einen Film sehen, der noch nicht gedreht wurde.»

Mit der Auflösung der Gesellschaftsordnung geht auch die Möglichkeit zur Kulturproduktion zugrunde. Eine Sache ist klar – die Zukunft der Menschheit steht auf dem Spiel. Eine andere Sache leider auch – wenn den wenigen am Leben gebliebenen Menschen der Sieg über die Monster gelingen soll, dauert es vielleicht Generationen bis zum nächsten Kulturfortschritt, weil es in einem menschheitsbedrohenden Krieg für Kultur keine Zeit gibt. Jims und Selinas Gespräch könnte im Angesicht der Apokalypse auf ein Luxusproblem verweisen, Twentysomething-Talk sein. Aber ihr Bedauern ist zutiefst menschlich. Aus ihm spricht der Glaube, dass die Höherentwicklung und damit der Fortbestand der Menschheit an Kunst gebunden ist.

Die eigentlichen Gegner dieser zwei Träumer sind – das gebietet die Genre-Tradition – nicht die Zombies, sondern andere Menschen: eine Militäreinheit, die sie per Funkspruch mit dem Versprechen auf zivilen Neuanfang in einer Gated Community heranlockt, in Wahrheit aber alle weiblichen Ankömmlinge als Sexsklavinnen halten will, wie nun Hannah und Selina. Mit der Darstellung dieser derangierten, wenn auch durch einen beherrscht auftretenden Major (Christopher Eccleston) halbwegs kontrollierten Soldaten zollen Boyle und Garland natürlich Romeros ZOMBIE 2 und dessen paranoider Bunker-Truppe Tribut.

28 DAYS LATER spielte mehr als das Zehnfache seiner Produktionskosten ein. Sein Einfluss auf das Zombie-Genre war dennoch nicht sofort absehbar, und die von Juan Carlos Fresnadillo gedrehte Fortsetzung 28 WEEKS LATER (2007) erzählte dieselbe Geschichte über Trennung der Familie und Integration neuer Mitglieder, nur mit größerem Militäreinsatz.

Nach seinem Zombiefilm gab es aus Hollywood für Danny Boyle noch kein lohnendes Angebot für eine Rückkehr. Das war gut so. Die Nullerjahre, die britischen Jahre, sind seine glanzvollen. MILLIONS (2004) ist ein Vorstadtmärchen über einen Jungen, der so viel Geld findet, dass er seine kindliche Moral, die Gut und Böse bereits erfassen kann, hinterfragen muss. SUNSHINE (2007) ist ein Exkurs zur Frage, ob die Expansion ins All eine religiöse Erfahrung sein kann; dazu gab es Action sowie das durch einen Notfall ausgelöste, wahrscheinlich nervenaufreibendste Experiment zur weltraumanzuglosen Weltraumdurchquerung, das je im Kino zu sehen war.

Besser wurde Boyle danach nicht. SLUMDOG MILLIONÄR gewann 2009 acht Oscars, so viele wie seitdem kein anderes Werk, darunter für Boyle als «Bester Regisseur». Ein unabsehbarer Erfolg. Boyle muss sich gefühlt haben wie der porträtierte indische Teenager aus den Slums, der als Spielshow-Kandidat die Million abräumt, weil er über Wissen verfügt, das sich aus (Über-)Lebenserfahrung speist. Boyles Triumph bei den Academy Awards machte ihn als Regisseur nicht mutiger, wenngleich seine jüngsten Filme zumindest auf routinierte Weise geistreich sind, auch dank der Kooperation mit Drehbuchdialog-Größen wie Aaron Sorkin (STEVE JOBS, 2015) und Richard Curtis (YESTERDAY, 2019).

Danny Boyle steht in der Tradition von (ehemaligen) Kollegen wie Richard Donner oder Rob Reiner, die mit jedem Film auch ein neues Genre erkundeten und dabei Stanley Kubrick zum Vorbild nahmen. Boyle wird immer wieder gefragt, ob er zu 28 DAYS LATER zurückkehren, einen dritten Teil drehen will. Ausgeschlossen hat er es nicht. Mit T2 TRAINSPOTTING (2017) brach er seinen Schwur, vergangene Stoffe ruhen zu lassen, keine Fortsetzungen zu inszenieren. «28 Months Later», eine Weitererzählung, bleibt also als Hoffnung bestehen.

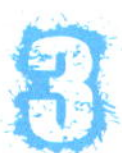

Das Goldene Zeitalter der Zombies

«Movement is life»
Gerry Lane, WORLD WAR Z

Rinderwahnsinn, Ebola, Maul-und Klauenseuche, Corona. Der 11. September. Einmarsch in den Irak. Donald Trump und seine MAGA-Anhänger. Ein russischer Präsident mit Zarenreich-Fantasien. Der Krieg in der Ukraine.

Viele Menschen haben Angst vor Krieg, Terror und neuer, unbekannter Krankheit. Viele Menschen haben durch Krieg, Terror und eine neue, unbekannte Krankheit ihr Leben gelassen. Andere tun so, als wäre nichts passiert und folgen apathisch Anführern, die die Lüge zur Wahrheit machen wollen.

Das noch junge 21. Jahrhundert ist eine gute Zeit für Zombies, die Untoten bieten sich für unzählige Nachempfindungen weltpolitischer Krisen an. Das «Goldene Zeitalter» der Zombies, wie ich es nennen möchte, hat jedoch weniger etwas mit der Qualität der Filme und Serien zu tun. George A. Romeros DIE NACHT DER LEBENDEN TOTEN und ZOMBIE erschienen schließlich weit vor dem Millennium und damit vor dem Beginn des «Goldenen Zeitalters», und ihre Bedeutung ist unerreicht. Romero war der Regisseur, der die modernen Zombies erfand. Er setzte sie immer seltener als Monster ein, immer öfter als schleichende, stumme Verkörperung unserer Fehler und Laster. Als (Lebe-)Wesen, in denen wir uns selbst entdecken sollten.

Im neuen «Goldenen Zeitalter» gibt es sehr gute Genre-Beiträge, aber auch sehr schlechte. Das «Goldene Zeitalter der Zombies» ist angelehnt ans um die Jahrtausendwende geborene «Goldene Zeitalter des Fernsehens». Früher hatten es TV-Stars schwer, im Kino Fuß zu fassen, weil Fernsehen als zweitklassig galt. Heute treten immer mehr Kino-Stars im TV auf, weil Fernsehproduktionen cineastisch aussehen. Dazu bieten Fernsehen und Streaming im Gegensatz zu Kinofilmen die Möglichkeit des seriellen Erzählens. Das serielle Erzählen kommt einer epischen Erzählung am nächsten, überbietet es womöglich durch die Darlegung längerer Erzählbögen, also einer komplexeren Geschichte. In der seriellen Erzählung werden Handlungsstränge nicht innerhalb einer Episode abgeschlossen, sondern erst viel später, im besten Fall am Schluss der Geschichte.

Im «Goldenen Zeitalter der Zombies» werden die unansehnlichen Schlurfer aus der Schmuddelecke geholt, und doch müssen wir auf ihre Gewaltorgien nicht verzichten. Einige der heutigen jugendfreien Filme und Serien bieten weit drastischere Szenen als die «Video Nasties» von früher. The Walking Dead zeigt mehr Innereien als Zombie 2. Noch bis in die Nullerjahre war es ausgeschlossen, dass Hollywood-Größen ihr Gesicht für eine Zombie-Produktion hinhalten, ob im Kino oder gar fürs Fernsehen. Mit Arnold Schwarzenegger (Maggie, 2015) und Brad Pitt (World War Z) übernahmen nun zwei der bestbezahlten Schauspieler ihrer Generation Hauptrollen in Zombiefilmen. Und während es früher schon Zombiekomödien gab, sind es jetzt nicht mehr unbekannte Darsteller, sondern (Komödien-)Stars, die sich engagieren lassen: Woody Harrelson und Jesse Eisenberg (Zombieland), Lupita Nyong'o (Little Monsters, 2019) oder Tilda Swinton, Adam Driver und Bill Murray (The Dead Don't Die). Auch im Fernsehen wird hohes Budget bereitgestellt, um wandelnde Leichen beim Essen von Menschen zu zeigen. Für die erste Staffel von The Walking Dead investierte AMC pro Episode 3,4 Millionen Dollar.

Zum Markenzeichen des «Goldenen Zeitalters» gehört auch ein weltweit gewachsenes Interesse am Genre. Gerade der asiatische Markt zeigt sich empfangsbereit für die Untoten. Train to Busan (2016) und die Fortsetzung Peninsula (2020) wurden nicht nur in Südkorea, sondern international zu Erfolgen, und doch boten sie eine Allegorie, wie sie vielleicht besonders in ihrer Region verstanden werden konnte (wir widmen uns den asiatischen Zombiefilmen ab Seite 152). Japan steuerte One Cut of the Dead (2017) bei, aus Taiwan stammt der – unzutreffend – als «blutigster Zombiefilm aller Zeiten» beworbene The Sadness (2021).

Die Zeitenwende, das «Goldene Zeitalter der Zombies», wurde mit einem Paukenschlag eingeläutet. Nicht, indem eine neue, bahnbrechende Zombie-Story erfunden wurde, sondern mit einem wahrscheinlich viel schwierigeren Unterfangen: dem Remake eines Klassikers. Es huldigt dem Original und stellt doch eigene Gesetze auf. Ausgerechnet im heikelsten Bereich. Wesen und Fortbewegung der Zombies.

DAWN OF THE DEAD ... und SHAUN OF THE DEAD

«Hell is overflowing. And Satan is sending his dead to us. Why? Because you have sex out of wedlock. You kill unborn children. You have man-on-man relations, same sex marriage!»
Televangelist, DAWN OF THE DEAD

Das Kinoplakat von Zack Snyders ZOMBIE-Remake DAWN OF THE DEAD ist ungewöhnlich. Es zeigt zwar ein Geschöpf, das wir sofort als Zombie identifizieren. Blut am Kinn, strähnige Haare, milchige Augen, die Zähne gefletscht. Ungewöhnlich ist das Plakat aber nicht wegen seiner Darstellung. Sondern weil dieser Zombie im Film nicht zu sehen ist.

Oder ist er es doch? Man könnte es nicht mit Gewissheit verneinen. Snyder inszeniert seine Untoten als Kurzstreckenläufer. Haben sie ihr Opfer erreicht, und das innerhalb weniger Sekunden, ist ihre Funktion erfüllt. Sie töten – und verschwinden dann für immer. Sie hinterlassen keine Eindrücke, ihre Erscheinungsbilder verblassen in unserer Erinnerung. Dieser DAWN OF THE DEAD-Zombie wurde also zum Plakat-Zombie promotet, ohne dafür seine Schauspielkunst über einen wesentlichen Handlungszeitraum unter Beweis gestellt zu haben.

Vielleicht fiel die Wahl auf Mr. Unbekannt mit Absicht. Vielleicht fürchteten sich die Amerikaner nicht mehr vor Menschen, die ihnen vertraut gewesen sind: dem Bruder, der zum Zombie wird (DIE NACHT DER LEBENDEN TOTEN), oder die verwandelte Mutter (BRAINDEAD). Sondern vor dem Fremden, einem Attentäter, der aus der Ferne kommt, unerkannt ist und dann zügig zuschlägt. Dem Ankömmling aus einem Land, dessen Menschen für viele im Westen gleich aussehen, «alle wie Terroristen», oder alle eben wie Poster-Zombie.

Zum Kinostart von DAWN OF THE DEAD lag der US-Einmarsch in den Irak erst ein Jahr zurück, Nine Eleven und der Beginn des «War on Terror» in Afghanistan erst drei. Beim 11. September handelt es sich nicht um die ersten von Ausländern verübten Attentate auf amerikanischem Boden. Aber diejenigen mit den meisten Opfern und der größten Zerstörung. Keiner der Terroristen lebte bis zum Anschlag länger als ein Jahr in den USA, doch nach den Anschlägen setzte in den Staaten ein bis heute wachsendes Gefühl der Unsicherheit ein, nach welchem der «böse Fremde» sehr lange inkognito unter den Amerikanern weilt und auf seinen Einsatzbefehl wartet. Nur etwas mehr als ein Jahr nach 9/11 wurde das Heimatschutzministerium gegründet, eine bis heute umstrittene Institution. Dessen in fünf Gefahrengrößen – von «sehr niedriges Risiko eines terroristischen Angriffes» bis «sehr hohes Risiko eines terroristischen Angriffes» – unterteiltes Warnstufensystem steht immer wieder in der Kritik, weil das Ministerium die Gefahrenlage je nach Ereignis anhebt oder senkt, ohne je Definitions-Kriterien veröffentlicht zu haben. Aber wenn sich auf dieser Skala etwas nach oben hin ändert, gerät die Nation in Unruhe.

Das seit Nine Eleven gewachsene Misstrauen gegenüber dem Fremden prägt die USA und ist ein Eingeständnis der Verwundbarkeit. Es hat Hassprediger wie Donald Trump bis ins Oval Office gebracht, auch, weil er im Falle des Wahlerfolgs den Bau einer Mauer zu Mexiko versprach. Selbst Liberale wie der Regisseur Steven Spielberg verspüren Machtlosigkeit, widmen sich verkopften Darstellungen von Unterwerfungen durch scheinbar unbesiegbare Mächte. In KRIEG DER WELTEN (2005) greifen Außerirdische unseren Planeten an. Aber nicht mit Raumschiffen frisch aus dem All, sondern mit Maschinen, die vor Millionen Jahren kilometertief in der Erde vergraben wurden und auf Kommando an die Oberfläche gelangen. Die Aliens als Schläfer. Spielbergs Adaption des Romans von H.G. Wells ist eine «Sie sind längst unter uns»-Erzählung, wie es sie sonst nur unter UFO-Gläubigen gibt – und konnte nur nach dem 11. September produziert werden.

Zack Snyders DAWN OF THE DEAD setzt nicht wie bei Romero im Fernsehstudio an, auch nicht bei der Erstürmung eines von Gangs beherrschten Wohnblocks, sondern in einer Vorstadtidylle der breiten Straßen, gepflegten Rasen und aufgeräumten Veranden. Das gute Amerika. Eben noch hat das auf Rollschuhen flitzende Nachbarsmädchen die Krankenschwester Ana (Sarah Polley) in der Einfahrt begrüßt, ein paar Stunden später steht sie unangekündigt vor ihrer Schlafzimmertür und will sie beißen.

Und dieses blutverschmierte Etwas soll ihre süße Nachbarin gewesen sein? Wer ist eigentlich ihre Nachbarin? Ana scheint sie nicht richtig zu kennen, und schon ist es zu spät. Auch dieses Gefühl ist ein Resultat der Terroranschläge von New York: Jeder mir Unvertraute könnte an der Umwälzung unserer Gesellschaft arbeiten und mich töten wollen.

Wer ist ein Guter, wer ein Böser? Ein Fernsehprediger weiß Rat, er gehört zum republikanischen Team Bible Belt: «Die Hölle läuft über! Und Satan sendet uns die Toten entgegen. Warum? Weil ihr Sex außerhalb der Ehe habt. Ihr tötet ungeborene Kinder. Ihr führt Beziehungen gleichen Geschlechts. Gleichgeschlechtliche Ehe! Was glaubt ihr, wie Gott euch beurteilen wird? Nun, Freunde, jetzt wissen wir es.» Seine Rede beschließt der Priester mit dem legendären Satz aus ZOMBIE: «Wenn in der Hölle kein Platz mehr ist, kommen die Toten auf die Erde zurück.»

Nicht nur der Satz fiel schon mal in einem anderen Film, es war auch derselbe Schauspieler, Ken Foree, der die Unheilsformel aussprach. In Romeros Original verkörpert Foree den SWAT-Fighter Peter, hier hat er ein Cameo als keifender Geistlicher, der über biblische Bestrafung schwadroniert und zur Moral Majority gehört.

Auch deshalb fand Snyders Film Anklang bei Rezensenten wie Kinogängern: Er tarierte Ehrerbietungen, wie sie im Engagement Forees zum Ausdruck kommen, mit neuen Ideen aus. Snyder wollte nicht cleverer sein, aber dennoch eine eigene Geschichte erzählen. Neben Foree besetzte er aus der ZOMBIE-Crew sowohl Scott H. Reiniger (Peters SWAT-Kollege Roger) als auch Tom Savini in kleinen Nebenrollen.

DAWN OF THE DEAD ist ein gelungener Actionfilm, Kritik an unserer Konsumkultur jedoch, wie Romero sie 1978 formulierte, kommt darin nicht vor. Auch die fatalistischen

Rückschlüsse des Televangelisten werden nicht weiter diskutiert. Die Helden flüchten in ein Kaufhaus (ein stillgelegtes Shopping-Center, das den langweiligen Filmnamen «Crossroads Mall» erhielt), fühlen sich darin aber nicht unbedingt wie zu Hause. Sie gehen nicht in den Angeboten der Geschäfte, die allein ihnen offenstehen, auf.

Allerdings hatten die Konsumtempel zu Romeros Zeit eine andere Bedeutung. Viele von ihnen entstanden erst in den 1970er-Jahren, die Monroeville Mall war die erste in Pittsburgh. Die Leute beteten ihre Mall an, weil sie neu war und ihre Stores im Abstand weniger Meter sich gegenseitig überlagernde Träume anboten. Die Freizeit vieler Menschen verlagerte sich vor Schaufenster. Das Kaufhaus wurde zu einem zweiten, in den Träumen finalen Lebensraum, wo man dort, wo es etwas zu kaufen gab, auch sein Bett aufstellen, also wohnen kann, wie in einer Vision von J. G. Ballard.

Die Überlebenden in Dawn of the Dead nutzen das Kaufhaus als Schutzort. Sie erkennen die Untoten als tödliche Gefahr an, spielen aber auch mit ihnen. Geben ihnen die Namen Prominenter und erschießen sie mit Scharfschützengewehren, aus sicherer Distanz vom Kaufhausdach. Die Untoten werden zu Surrogaten von Celebritys, denen man schon immer mal einen verpassen wollte. Nur in solchen Momenten wagt sich Regisseur Snyder an einer Kritik des Menschen und seiner Lust an der Tötung. «Ihr hattet bestimmt eine schwere Kindheit, voller Entbehrungen», schleudert Ana den Hobbyjägern entgegen, die sich feixend durchs Fernrohr das nächste Opfer aussuchen.

Nicht nur das Konzept flitzender Zombies übernahm Snyder von Danny Boyles 28 Days Later, dazu die übernatürlich erscheinenden, durch Aufnahme-Effekte erzielten ruckartigen Bewegungen. Auch der Vorspann mit seinen Nachrichten-Zusammenschnitten aus echten Plünderungen, brennenden Barrikaden und berittenen Polizisten geht auf die Boyle-Methode zurück. Manche Kampf-Einlagen sehen lächerlich aus, etwa am Boden liegende Zombies, die scheinbar erlegt sind, aber im nächsten Moment einsatzbereit auf alle Viere hochspringen, wie Raubkatzen, die immer auf den Tatzen landen. Aber es lohnt sich, bis zum Ende durchzuhalten. Den Abspann inszenierten Zack Snyder und sein Drehbuchautor James Gunn als Found Footage Movie, das 2004 als Genre trendete und den Überlebenden von Dawn of the Dead ein alternatives Schicksal zuschreibt. Die DVD wiederum enthält als Bonusfilm das 20-minütige Mockumentary Special Report, eine Nachrichtensendung, die fast noch unterhaltsamer ist, weil sie realistischer wirkt als der Kinofilm, den sie eigentlich unterstützen soll. Ein Nachrichtensprecher (Richard Biggs) berichtet live aus dem Studio und erhält nach und nach Reporter- und Zeugenvideos über unerklärliche Mordserien, ausgelöst von angeblich tollwütigen Menschen. Nur langsam kristallisiert sich heraus, dass die Wahnsinnigen Tote sind, die auf die Erde zurückkehren. Der Balkenticker berichtet von in die Luft gehenden Atomreaktoren, Massensuiziden im Nahen Osten sowie dem ratlosen Schweigen des Vatikans, dessen Glaubenslehre die Wiederauferstehung predigt, aber eben nicht die von blutrünstigen Leichen, sondern vom Sohn Gottes (Abb. 40).

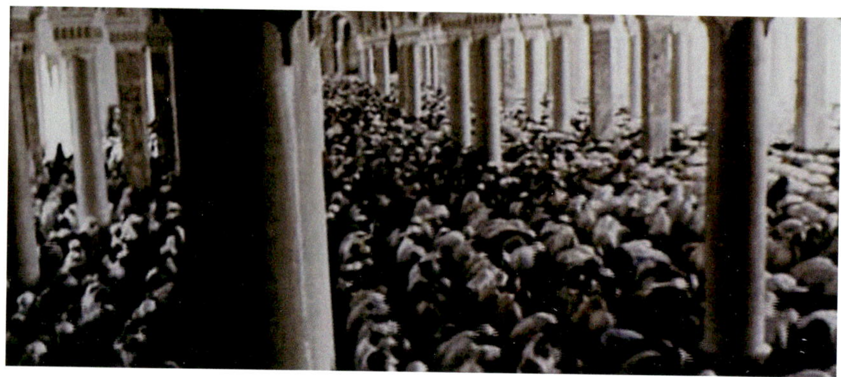

40 Eine unscharfe Originalaufnahme betender Muslime in einer Moschee reicht aus, um der Verzweiflung religiöser Menschen Ausdruck zu verleihen: Kann Allah die Apokalypse abwenden? (DAWN OF THE DEAD, USA 2004)

Wir sehen live, wie der Nachrichtensprecher dazulernt. Als er, der Anchorman vor der Kamera, letztlich aufgibt, ist auch die letzte Nachrichtenübertragung Amerikas tot. Er legt bei laufender Sendung seine Dienstkrawatte ab, macht sich auf zu seiner Familie und verabschiedet sich mit schwermütigem Blick in die Kamera: «Schatz, ich gehe jetzt nach Hause. Mach die Kids bereit. Ich bin bald bei euch.» *American Dad is coming home* ... was auch immer ihn dort erwartet. Der Film endet mit der Einblendung eines Schilds, das auf eine nicht mehr bespielte Sendefrequenz verweist: «Emergency Broadcast Network».

Die Mall? Nein, der Pub!

Das Jahr 2004 war ein gutes Jahr für die Untoten, aber ihr Comeback überraschend. Das Budget für DAWN OF THE DEAD wurde von den Universal Studios stark reduziert, weil ein Beitrag aus dem Vorjahr floppte, Uwe Bolls HOUSE OF THE DEAD, und der war ein B-Film. Es gab kein Vertrauen in das Genre.

Erst mit SHAUN OF THE DEAD erlebte der Zombie seine bis heute anhaltende Renaissance, dabei war er nur Beiwerk in einem Buddy Movie, ein fast schon trivialisiertes Monster. Lustige Zombiefilme gab es schon vorher, aber SHAUN OF THE DEAD ist mehr eine Komödie mit Zombies als eine echte Zombiekomödie. Und ein ur-britischer Film, was fast schon einer Systemübernahme entspricht. Neben den USA produzierten bis dahin nur Neuseeland (durch Peter Jackson) sowie Italien nennenswerte Zombiefilme. Aber die Italiener verkauften ihre Darsteller meist als amerikanisches Personal und siedelten die Storys in Übersee an.

In SHAUN OF THE DEAD flüchten die Überlebenden nicht in ein Kaufhaus, sondern an einen Ort, der ihnen heimeliger ist und die nötigen Naturalien bereithält. Sie flüchten in einen Pub.

Regisseur Edgar Wright bezeichnet seinen Film als Geschichte über «zwei Idioten, die mit einem Kater am Sonntagmorgen aufwachen und als letzte erfahren, was draußen passiert.»[1] Es geht um Menschen, deren Gedanken sich derart um ihre großen Sorgen (Arbeitslosigkeit, Trennung von der Freundin) und kleinen Sorgen (Warum stürzt die PlayStation ab? Wie vermeide ich Besuche beim Stiefvater?) kreisen, dass die Untoten vielleicht als Lebensgefahr, aber sonderbarerweise nie als wirklich wichtige Sache erscheinen, nicht als Problem, das es als erstes zu lösen gilt.

Elektro-Fachverkäufer Shaun (Simon Pegg, der mit Wright auch das Drehbuch verfasste) lebt mit seinem Slacker-Freund Ed (Nick Frost) in den Tag hinein. Im Londoner East End sind Menschen von Zombies eh nicht zu unterscheiden. Routiniert schieben sie im Supermarkt in unabgesprochenem Einklang ihre Einkaufswagen vom Regal bis zur Kasse, überall stehen sie wortlos Schlange, und alle schauen die ganze Zeit nur auf ihr Handy, da war das Smartphone noch nicht mal auf dem Markt. Das ist Shauns Leben.

Das Script schrieben Pegg und Wright unter dem Eindruck der Angriffe von 9/11. Sie erkannten einen Widerspruch in der zunehmenden Terrorangst. Die Gefahr neuer Attacken ängstigte jeden, aber der Alltag wartete immer noch mit eigenen, altbekannten Hindernissen auf. «Nach Nine Eleven sahen wir plötzlich, wie Leute auf politische Umwälzungen reagieren. Aber die kleinen Probleme in unser aller Leben würden deswegen ja nicht verschwinden. Man hört nicht einfach auf, sich vor Spinnen zu ängstigen, nur weil die Welt in die Luft geflogen ist.»

Shaun of the Dead ist eine Parabel über die schleichende Auflösung von Routine und Ordnung, und die Schwierigkeit, dennoch aus einem Muster auszubrechen. Der Job ödet Shaun an, aber er kündigt nicht. Seine Partnerin Liz (Kate Ashfield) droht mit Abschied, er will es nicht verstehen. Da kommt die Zombie-Apokalypse zur Heldenwerdung gerade recht. Rettet er Liz vor der untoten Meute, hat auch ihre Liebe eine Zukunft.

Doch selbst wenn es im Angesicht eines heranwankenden Zombies ums Überleben geht, bleibt noch Zeit für eine erregte Diskussion über Hoch- und Tiefpunkte der Diskografie von Lieblingskünstlern (Abb. 41–42). Wie im Gespräch von Shaun und Ed, die sich im Garten über ihre Plattenkiste beugen und bera-

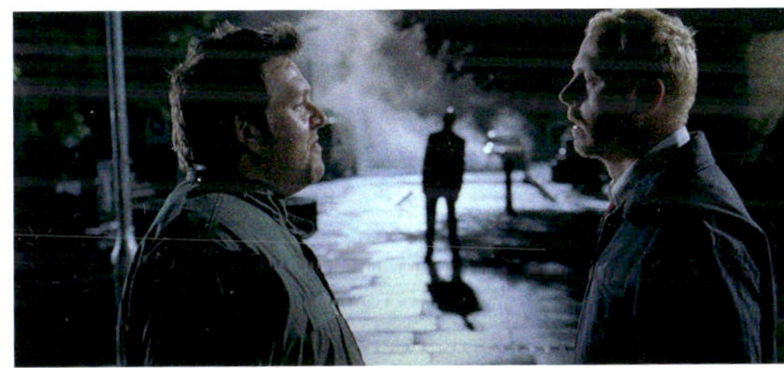

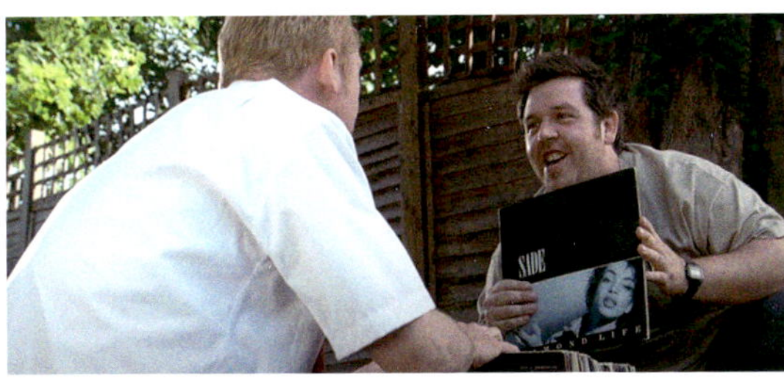

41-42 Oben: Shaun (Simon Pegg, rechts) und Ed (Nick Frost) diskutieren über Belanglosigkeiten. Keiner hat ein Auge dafür, dass auf den Straßen längst Zombies unterwegs sind. Unten: Ed durchforstet die Plattenkiste und fragt Shaun, ob er ein Sade-Album als Frisbee-Waffe benutzen darf. (Shaun of the Dead, GB 2004)

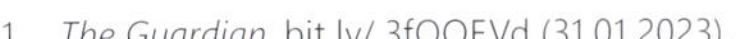

1 *The Guardian*, bit.ly/ 3fOQEVd (31.01.2023).

ten, welche LPs als Killer-Frisbees genutzt werden können, und welche dafür zu schade sind. Ed legt die entscheidende Entwicklung hin, wird vom Couch-Potato zum agilen Hero. Die Apokalypse ist genau das, worauf er sein Leben lang gewartet hat, ohne es zu wissen.

Zunächst, erzählte Wright, habe man daran gedacht, die beiden Nerds über David-Bowie-Alben als Wurfwaffen abstimmen zu lassen: «*Hunky Dory*? *Ziggy Stardust*? Nein, der LABYRINTH-Soundtrack!» Aber dann entschied man sich für Platten verschiedener Künstler. «*Blue Monday*?» – «Mann, das war eine Originalpressung!» – «*Purple Rain*?» – «Nein» – «*Sign O' The Times*?» – «Auf keinen Fall!» – «Der BATMAN-Soundtrack? – «Gib Feuer!» – «Oooh … Dire Straits!» – «Feuer!»

Die Klasse dieser Szene zeigt sich in ihrer Ausarbeitung als nicht anzunehmendes Kritikergespräch. Im entscheidenden Moment sind Shaun und Ed keine Trantüten, sondern unergiebige Verhandlungspartner mit Tiefenwissen (was allein schon einen eigenen Film wert wäre). Die beiden waren also nicht immer ambitionslos. Hier wurde eine vermeintliche Nebensache, Musik, zur Hauptsache gemacht, dem Schlüssel zum Überleben.

Dass die Künstler aus der Plattenkiste wegen der harten Kriterien ihrer zwei Fans pikiert sein könnten, war absehbar. Bis auf New Order erlaubte lediglich Sade Adu die Nutzung eines Plattencovers. «Sade war am coolsten», sagte Wright. «Sie stimmte ohne Zögern ein, dass wir *Diamond Life* schreddern.»

Der Pub ist der Safe Space des trinkenden britischen Mannes, hier passiert Shaun nichts. Keiner macht ihm einen Vorwurf daraus, dass er so ist, wie er ist. Es ist ein Ort der Selbstverwirklichung, wie auch des Müßiggangs auf Lebenszeit. Oder, wie ein Mitüberlebender aus Shauns Reihen eher vorwurfsvoll sagt: «Für diesen Mann sind ein romantisches Lokal und eine uneinnehmbare Festung dasselbe!» Denn Shaun hat es geschafft, im vom Untoten überrannten Viertel Crouch End seine Mikrofamilie in den sicheren Winchester Tavern Pub zu verfrachten, darunter seinen Busenfreund Ed, die (Ex-)Partnerin Liz sowie seine Mutter Barbara (Penelope Wilton).

Barbara formuliert einen der schönsten, weil liebevollsten, aber auch traurigsten Sätze, den Eltern an ihre Kinder richten können: «Ich wollte es dir nicht sagen – ich dachte, du würdest dich dann aufregen.» So etwas sagt die Mutter entweder, wenn sie ihre Krebserkrankung verschweigen will oder sich heimlich einen Sportwagen gekauft hat. Dies aber ist ein Zombiefilm. Bei ihrer Flucht wurde Barbara von einem Untoten gebissen. Sie weiß, das ist das Ende, aber sie will nicht, dass ihr Sohn sich sorgt.

Zuvor hat Shaun bereits Abschied vom Stiefvater Philip (Bill Nighy) nehmen müssen. Die beiden verstanden sich nie, der Alte hielt den Jungen für einen Taugenichts, der Junge den Alten für einen Tyrann. Mit den letzten Atemzügen vor seiner Metamorphose bekennt Philip, dass er falsch lag, dass er Shaun trotz allem mag. Shaun bereut, nie die Annäherung gesucht zu haben. Als Philip sich verwandelt, ist Shaun bestürzt. Als er später seine eigene, zur Untoten gewordene Mutter per Kopfschuss erlösen muss, weint er.

Gerade in einer Komödie, dann auch noch in einer Zombiekomödie, wiegen solche, einem unerwarteten Stimmungswechsel folgenden Momente schwer. In Gedanken hatte Shaun während seiner fieberhaften Abholfahrten durch Crouch End noch durchgespielt, wie er, am Haus der Eltern angekommen, seinem verhassten Stiefvater mit dem Baseballschläger den Kopf spalten kann. Einen Grund dazu hätte er: Die Mutter berichtete am Telefon vom Biss, den Philip sich zugezogen hat. Der bornierte Patriarch, schlussfolgert Shaun erfreut, darf vor seiner Verwandlung also ausgeschaltet werden. Aber dazu kommt es nicht. Als Philip nach warmen Abschiedsworten dahinscheidet, bedauert Shaun seine Wut.

Mordfantasien sind niemandem fremd. Vor allem dann nicht, wenn die Menschen, die man töten will, noch leben. Klingt wie ein Gemeinplatz, ist es aber nicht. Denn wer tot ist, denken wir, hat seine Strafe erhalten; deshalb empfinden Filmfiguren auch selten Spaß daran, einen Wiederauferstandenen, den sie zu Lebzeiten verabscheut haben, ein zweites Mal sterben zu sehen.

Im Kindesalter wünschen wir unseren Eltern oft den Tod: Wenn sie uns vom Spielplatz wegtragen, sie den Fernseher vor unseren Augen ausschalten, wenn sie uns den Teddybären im Schaufenster nicht kaufen. In der Pubertät wird unsere Wut auf die Eltern noch größer, aber wir würden ihnen nur noch aus wirklich triftigen Gründen den Tod wünschen. Erst, wenn wir das als Erwachsene noch tun, spricht man von einem Beziehungsproblem.

SHAUN OF THE DEAD betont die Wichtigkeit der Versöhnung im Angesicht einer größeren Gefahr (Weltuntergang), und dass, so banal es auch klingt, Liebe stärker ist als der Tod. Im Zuge ihrer Selbstermächtigung retten die Versager Shaun und Ed ihre Lieben. Das Motiv des Familienzusammenhalts ist für das Genre grundlegend. In seriellen, Generationen abdeckenden Langzeitformaten wie THE WALKING DEAD geht es vorrangig um den Neuaufbau von Familien. Abschiede von Infizierten, Integration von Waisen sowie den Aufbau eines Wertesystems, das den Kindern die notwendige Tötung von Lebewesen erklärt, die menschenähnlich sind.

Der Autor Daniel Kehlmann glaubt den Grund für die Popularität des Untoten zu kennen. Der Zuschauer identifiziere sich mit Menschen im Zombie-Genre, weil sie die Zombies, die im Geiste für unliebsame Mitmenschen stehen, eliminieren und zum Täter werden, ohne dafür sanktioniert zu werden. «Der Zombie ist eigentlich uninteressant, er hat keine Aura, aber genau darum geht es: Durch ihn können wir Mitmenschen als seelenlose Wesen sehen, die man ohne Mitleid wegballern kann. Für einen Psychopathen wären alle Menschen Zombies, genau das bestimmt den Blick des Psychopathen auf seine Mitmenschen. Der Zombiefilm erlaubt jedem von uns den Blick des Psychopathen.»[2]

Das nennt man wohl «eine interessante Theorie», eben weil sie nur eine Theorie ist, über die man gerne kurz nachdenkt. Der Überprüfung durch Kino- und Serienerzählungen hält sie nicht stand. Die Psychopathen-Theorie setzt eine eingeschränkte

2 *Süddeutsche Zeitung Magazin*, bit.ly/3nRMDDH (31.01.2023).

Wahl bestimmter Figuren als Stellvertreter unserer Gelüste voraus. Es wären vor allem die menschlichen Bösewichter, denen wir uns nahe fühlen müssten, weil sie straflos massakrieren dürfen. Aber fühlen wir uns ihnen wirklich nahe? Wahrscheinlicher ist die Identifikation mit Helden. Und Helden erscheint die Eliminierung der Untoten als schmerzhafter Prozess. SHAUN OF THE DEAD liefert das Beispiel für einen Film, in der jede Mordfantasie von Läuterung abgelöst wird. Erinnern wir uns an den Psychiatrie-Professor Steven C. Schlozman, der in seinem Roman *The Zombie Autopsies* von den Spiegelneuronen berichtet, die sich bei uns melden, sobald der wie ein erbärmlicher Rest-Mensch wirkende Untote eine Verletzung erleidet. Erleidet unser Gegenüber einen Schmerz, leiden wir mit.

So wie 28 DAYS LATER wurde SHAUN OF THE DEAD mit Blick auf Terrorakte interpretiert, nicht nur die von Nine Eleven. Ein halbes Jahr nach der SHAUN-Premiere wurde London von den Terroranschlägen des 07. Juli 2005 erschüttert. Vier «Rucksackbomber» töteten im öffentlichen Nahverkehr 56 Menschen und verletzten über 700. «Es war ein seltsames Gefühl», erinnerte sich Simon Pegg. «An jenem Morgen waren überall Sirenen zu hören, und ich konnte mir nicht helfen, auf unheimliche Art und Weise dachte ich daran: Mein Gott, das ist wie im Film.»[3]

SHAUN OF THE DEAD kostete sechs Millionen Dollar und nahm 30 Millionen ein. Er war eine Abwechslung von den Arbeiten, die zu Beginn der Jahrtausendwende das britische Kino prägten: Romantic Comedies, Literaturverfilmungen von Adels-Romanen oder Guy-Ritchie-Kleinkriminellenstreifen. «Ich möchte nicht arrogant klingen», sagte Regisseur Edgar Wright, «aber mein Werk war eine Reaktion auf das Kino seiner Zeit.»[4] Noch im Jahr 2016 erschien mit STOLZ UND VORURTEIL UND ZOMBIES eine bemüht humorvolle Adaption der gleichnamigen Erzählung von Seth Grahame-Smith, der Jane Austens Roman *Stolz und Vorurteil* zu einer Zombie-Story ummodelte. Untote und Romantik des frühen 19. Jahrhunderts, das können selbst die Briten nicht kunstvoll verknüpfen.

George A. Romero erhielt eine Privatvorführung von SHAUN OF THE DEAD und war begeistert. Für sein nächstes Abenteuer würde er Wright und Pegg zwei Cameos verschaffen. Sie verkörpern darin angekettete, versklavte Untote, vor denen Schaulustige für ein Foto posieren können: *«Take your picture with a Zombie.»*

Eine Referenz an den berühmtesten Satz des Zombie-Kinos, jenen, den Johnny in DIE NACHT DER LEBENDEN TOTEN zu seiner Schwester Barbra sagt, war Romero bei seiner Sichtung allerdings entgangen. Shaun bricht zu seiner Rettungsmission auf und verabschiedet sich am Telefon von seiner Mutter: «Wir kommen, um dich zu holen, Barbara!»

3 *Time Out*, bit.ly/3lmuvty (31.01.2023).

4 *Total Film*, 1/2022.

Romeros Comeback: LAND OF THE DEAD, DIARY OF THE DEAD und SURVIVAL OF THE DEAD

«In a world where the dead are returning to life,
the word ‹trouble› loses much of its meaning.»
Paul Kaufman, LAND OF THE DEAD

Ohne soziokulturelle oder politische Krise kein Zombiefilm, dies war George A. Romeros Antrieb. Das allein aber begründet nicht seine Zombie-Pause von 20 Jahren zwischen ZOMBIE 2 und LAND OF THE DEAD. Romero sprach in den 1990er-Jahren von Finanzierungsproblemen für solche Projekte. Auch war das von ihm verfasste und dann abgelehnte Drehbuch von RESIDENT EVIL seinem Ruf abträglich.

Die Entstehung von LAND OF THE DEAD war jedoch ebenso wenig an die Erfolge von epigonalen Werken wie 28 DAYS LATER, DAWN OF THE DEAD und SHAUN OF THE DEAD geknüpft. Für Romero kam erst Mitte der Nullerjahre alles zusammen: das Thema, das Geld, die Erwartung des Publikums, dass der Meister seinen Beitrag zum Comeback der Zombies leisten würde; nicht zuletzt seine Unzufriedenheit mit der Politik des US-Präsidenten George W. Bush. Eine Zeitenwende war auch durch die deutsche Titelwahl ersichtlich. Endlich wurde den Zuschauern hierzulande zugetraut, die ... OF THE DEAD-Endung zu verstehen, also des Englischen mächtig zu sein. Romeros Titel verblieben im Original – willkommen in der modernen Welt.

Bis zu seinem Tode 2017 klagte Romero darüber, dass jeder seit DIE NACHT DER LEBENDEN TOTEN immer nur Zombiefilme von ihm erwartet hätte. Seine Versuche in anderen Genres Fuß zu fassen, waren bis auf den Vampirfilm MARTIN erfolglos. Einer seiner besten Freunde war Stephen King, die beiden kannten sich seit ZOMBIE von 1978. Aber vor lauter Lobhudelei über Kings Romane vergaß Romero doch glatt, sich schnell eines der guten Werke für eine Verfilmung herauszupicken, sodass am Ende nur *Stark* von 1989 übrigblieb – die selbstmitleidige, vorgestanzte Erzählung über einen Schriftsteller, der von seiner eigenen, real gewordenen Romanfigur gejagt wird, weil sein Schöpfer sie zu Grabe tragen wollte. Romeros Verfilmung STEPHEN KINGS STARK erschien 1993 und funktionierte als Schocker, aber eben nicht als Studie über den auf allen populären Künstlern lastenden gesellschaftlichen Druck, bloß nicht neue Wege auszuprobieren, weil die alte Erfolgsformel doch funktioniert. Romero erkannte sich in der Schriftsteller-Figur Thad Beaumont wieder, der gefälligst Suspense-Stories und nichts anderes zu schreiben habe. Die Beschwerde der Romero-Gemeinde ließ auch nicht lange auf sich warten: Warum dreht der König der Zombies nicht einfach «Zombie 3»?

LAND OF THE DEAD bietet jene für ZOMBIE 2 erwartete Geschichte, die 1985 aufgrund des geringen Etats nicht umzusetzen war. Der Tag der Zombies, der «Day of the Dead» ist gekommen, die Wiederkehrer beherrschen die Welt, jedes Land ist ihr Land. Dieselbe Situation also wie im Vorgänger-Film – nur, dass damals vom globalen Siegeszug der Untoten nichts zu sehen war, nur Menschen, die sich in einer unterirdischen Festung stritten.

Der Filmbeginn funktioniert als bewundernswert stoizistisches Statement. Romero setzt dort an, wo ZOMBIE 2 endete: mit der Evolution der Untoten. Wir sehen Zombies, die in einem Wald umherstreunen, und verharren bei einer Gruppe von drei Zombie-Musikern, die ihre Position auf einem Pavillon eingenommen haben, den sie noch aus ihrer Zeit als Lebende kennen. Der arme Tropf links weiß nichts mit seiner Posaune anzufangen, haut sie gegen einen Stützpfeiler, erinnert sich also nicht so recht an seinen früheren Job. Die zwei anderen sind da weiter. Einer bläst in seine Tuba, immer denselben Ton, der andere schlägt einen Schellenkranz in seine Hand. Was alle drei gemeinsam haben: Sie machen ihre Art Musik als funktionierendes Trio, im Takt. Irgendetwas geht also vor sich, was die Menschen nicht sehen, weil sie sich vor den Untoten verbarrikadieren. Und was zumindest Dr. «Frankenstein» Logan aus ZOMBIE 2 schon vermutete, aber den psychotischen Soldaten im Bunker nicht glaubhaft machen konnte: Die Wiederauferstandenen erinnern sich an Fragmente ihres früheren Daseins.

Die Dreharbeiten begannen 2003, aber das Script schrieb Romero lange vorher. «Vor Nine Eleven, und damals handelte es von Heimatproblemen. Aids und Obdachlosigkeit, die verschwindende Mittelschicht», sagte er im Gespräch mit Simon Pegg. «Und es enthielt wesentliche Elemente, die jetzt zu sehen sind. Ein Gefährt, das durch Dörfer fährt und Leute niedermäht.»[5] Nach Beginn des Irakkriegs habe das Thema eine größere Wichtigkeit erhalten. «Also veränderten wir ein paar Dinge, schrieben Zeilen ins Drehbuch wie ‹Mit Terroristen verhandeln wir nicht›.»

Auffallend im Interview ist Romeros Bezeichnung für die wandelnden Toten. Er nennt sie nicht Zombies, er nennt diese Geschöpfe, die von einem Truckpanzer umgefahren werden, auch nicht mehr «Menschenfresser» wie noch zur Zeit von DIE NACHT DER LEBENDEN TOTEN, er nennt sie: Leute. In den 20 Jahren seit ZOMBIE 2 hat sich seine Einstellung verfestigt, dass die Untoten lebenswert sind, Geschöpfe mit Persönlichkeit und (Menschen-)Rechten.

Es gibt nun also zwei Spezies – eine davon war mal Mensch –, die einen Anspruch auf den Planeten erheben. Falls Dr. Logan in ZOMBIE 2 recht hatte mit seiner Vermutung, dass in den USA auf einen Lebenden 400.000 Untote kommen, also gerade mal 600 Lebende noch irgendwo übrig sind, dann hat sich die Menschheit rasch erholt. 20 Jahre später ist allein Pittsburgh eine Bastion mit tausenden Überlebenden, auf zwei Seiten umgeben vom Fluss, auf der dritten von einem riesigen Elektrozaun, kontrolliert durch Paramilitärs. Die Bewohner befinden sich in Sicherheit.

Aber gut geht es den meisten nicht. Als Plutokrat im anstrengungslosen Wohlstand regiert Paul Kaufman (Dennis Hopper) von einem Wolkenkratzer aus, den er «Fiddler's

5 *Time Out*, bit.ly/3Imuvty (31.01.2023).

Green» getauft hat, benannt nach dem Paradies, das Seefahrer im Jenseits erwartet. In dem Hochhaus im Finanzdistrikt leben die Gefolgsleute des Feudalherrschers im Reichtum, während das restliche Pittsburgh zu einem riesigen Ghetto geworden ist, in dem Banden das Recht des Stärkeren durchsetzen und die darbenden Bewohner mit dem wenigen, was sie haben, Handel betreiben. «Obdachlosigkeit» und «das Verschwinden der Mittelschicht», wie Romero es zur Jahrtausendwende in Amerika beobachtete, sind auch in Zombieland Realität geworden.

Nach 9/11 und dem Irakkrieg, sagte Romero, habe er neben der Hinzufügung von «Mit Terroristen verhandeln wir nicht»-Sätzen eine weitere Anpassung im Drehbuch vorgenommen. Als Wolkenkratzer suchte er ein noch höheres Gebäude aus, damit es an die New Yorker Twin Towers erinnere. Beim Anblick des darin lebenden Möchtegern-monarchen Kaufman entsteht vielleicht auch ein anderer Eindruck. Er ist ein schmieriger Geschäftsmann, der für den richtigen Deal seine eigene Mutter verkaufen würde. Er ist ein Donald Trump, der nicht in den Twin Towers residiert, sondern in einem Trump Tower.

Einer seiner Handlanger ist Cholo DeMora (John Leguizamo), ein Mexikaner, der die Drecksarbeit für ihn erledigen muss, aber trotzdem von Anerkennung durch den Amerikaner träumt. Die Apokalypse kommt ihm zupass. Wäre er nicht als Plünderer in Kaufmans Diensten, würde er, wie er selbst vermutet, einer der Mexikaner sein, die für die Weiße Oberschicht die Rasen mähen. «Cholo» ist ein abwertender Terminus für Menschen indigener Herkunft. Auch Gang-Mitglieder mexikanischer Abstammung werden so tituliert. Als Cholo am Ende des Films zum Zombie geworden ist, beschimpft Kaufman ihn als «Fucking Spic Bastard». «Spic» ist eine rassistische Bezeichnung für Bewohner aller Länder des amerikanischen Kontinents, die südlich der USA liegen. Es ist leicht vorstellbar, dass eine solche Tirade auch aus dem Mund eines bestimmten ehemaligen US-Präsidenten stammen könnte. Als Romero im Juli 2017 verstarb, war Donald Trump erst ein halbes Jahr im Amt. Auch wenn LAND OF THE DEAD die Verhältnisse unter George W. Bush adressiert – Romero hätte es sicher gefallen, mit seinem Film von 2005 eine Vorausschau auf eine Welt unter der Fuchtel von «Tangerine Palpatine» gegeben zu haben.

Cholo DeMora steht Riley Denbo (Simon Baker) zur Seite. Beide suchen mit dem Truckpanzer «Dead Reckoning» in den von Untoten überrannten Vororten nach Nahrungsmitteln, aber auch nach Luxuswaren, die sie Kaufman bringen müssen. Jeder im Weg stehende Zombie wird von «Dead Reckoning» überfahren. Eigentlich sollte das die Zombies nicht stören, denn sie haben keine Gefühle, kein Schmerzempfinden. Aber einen gibt es, der vor Wut schreit. Sein Name ist Big Daddy, ihm hat einst eine Tankstelle gehört. Noch immer geht der Untote regelmäßig zu seiner verwaisten Zapfsäule, nimmt den Zapfhahn ab und tut so, als befülle er den Auto-Tank eines Kunden. Die Routine hat er nicht vergessen. Nun sieht Big Daddy, wie ein Schlachtschiff auf vier Rädern seine Leidensgenossen von der Straße kickt.

In seinen grauen, verkümmerten Zombie-Zellen fängt es an zu arbeiten. Er lässt den Zapfhahn fallen. Geht zu seinen planlosen Gefährten und muht sie an. Wir verstehen nicht, was er sagt. Aber wir verstehen, was er meint: Lasst euch diesen Genozid nicht mehr gefallen.

Big Daddy wird zum Anführer einer neuen Bürgerrechtsbewegung – ein genialer Coup Romeros. Er macht einen der Gegenseite, ein Monster, zum Oberhaupt seines neuen Films. 1968 in der NACHT DER LEBENDEN TOTEN erkannten wir in den Untoten bereits Vertreter der Gegenkultur, aber es fehlte eine Identifikationsfigur, weil die Untoten austauschbar erschienen. Nun sympathisieren wir mit den Zombies, da ihre Feinde sie über den Haufen fahren und einer der Untoten, der das mitansehen muss, deshalb Qualen erleidet.

«Ich dachte, das soll ein Gefecht werden», merkt auch der – diesmal nicht das Fahrzeug steuernde – Protagonist Riley an, als die «Dead Reckoning» längst über alle Berge verschwunden ist. «Das ist aber ein verdammtes Massaker.»

«Das Jahr der großen Grausamkeit» Ein Gespräch mit dem ersten Zombie-Helden Eugene Clark

Big Daddy wird verkörpert von Eugene Clark. Er ist, nach Ben (Duane Jones), Peter (Ken Foree) und John (Terry Alexander) der vierte Schwarze Held in einem Romero-Zombiefilm. Aber der erste Schwarze Held, der in einem Romero-Film einen Zombie verkörpert. Was ihn zum ersten Zombie-Helden macht.

Am anderen Ende der Leitung lacht Clark auf. Er wirkt von dieser Feststellung überrascht. Clark sagt, das Casting sei «colorblind» erfolgt, es habe keine Informationen zur Ethnie der Figur gegeben, und die meisten der mehrere hundert umfassenden Bewerber seien Weiße gewesen: «Romero sagte nichts über die Hautfarbe Big Daddys.» Bereits die Rolle des Ben in NACHT DER LEBENDEN TOTEN sei nicht für einen Afroamerikaner geschrieben worden. Clark konnte auch nicht wissen, dass sein Big Daddy das Kinoplakat zieren würde. Naheliegender wäre es gewesen, mit Dennis Hopper aufzumachen, dem größten Star des Ensembles.

Clarks Bericht über dieses postethnische Casting ist aufschlussreich. Man erfährt, was getan werden musste, um unzählige Mitbewerber auszustechen und als Zombie-Held eine Hauptrolle bei Romero zu bekommen. Womöglich hatte Clark den Regisseur auch nicht deshalb überzeugt, weil er von beindruckender Statur ist – der damals 54-Jährige ist 1,90 Meter groß und verdiente sein Geld in den 1970er-Jahren als Profi-Footballer. Er hatte es schlicht verstanden, den Zombie in sich zu fühlen und zu erwecken.

«Die Typen vor mir in der Bewerberschlange hatten lauter Fragezeichen im Gesicht», erinnert sich Clark. «Und sie beschwerten sich beim Rauskommen: ‹Wieso gibt's da im Casting-Zimmer keinen, mit dem ich interagieren kann?›»

Als Clark an der Reihe war, sah er, was sie meinten. Drinnen saßen nur zwei Leute: Romero und einer der Produzenten. Kein Schauspieler als Sparringspartner. Außerdem sah er einen kleinen Bürostuhl und darauf ein Telefon. Romero gab ihm eine Regie-Anweisung: Er wäre tot und komme zurück ins Leben. Auch hier war Romero in seiner Wortwahl deutlich. Er sagte nicht «untot», er sagte «tot», und der Schauspieler solle nun wieder «lebendig» werden. Der Regisseur plante die nächste Evolutionsstufe für seine tragischen Helden.

«Ich ignorierte den Stuhl», berichtet Clark, «setzte mich auf den Boden, mit dem Rücken zur Wand, und blickte nach unten, für vielleicht 30 Sekunden, aber es kam mir länger vor. Dann hob ich den Kopf und sah Romero direkt ins Gesicht.»

Der war anscheinend verunsichert, denn er habe Clark gefragt, ob alles in Ordnung mit ihm sei. Clark habe nur genickt und den Telefonhörer fixiert. «Damit muss ich nun etwas anstellen. Und fragte mich zugleich, wie sehr ich den Job eigentlich will. Denn vor mir waren hunderte Leute noch auf der Toilette, wie ich. Vor Aufregung. Aber wie ich feststellen musste, haben die meisten sich danach nicht die Hände gewaschen. Und alle haben danach mit dem Telefonhörer hantiert. Ich hatte Angst mich mit irgendetwas anzustecken. Also: Wie sehr wollte ich diesen Job?» Dann traf Clark seine Entscheidung.

Die ergreifendsten Darstellungen gründen in der Überwindung persönlicher Grenzen. Clarke schnappte sich das Telefon, legte sich wieder auf den Boden, schloss die Augen und nahm die Embryonalhaltung ein. Seinen Kopf legte er auf dem Hörer ab, benutzte es als Kissen. Nach wenigen Sekunden öffnete er die Augen wieder ... und begann das Telefon abzulecken. «Oh mein Gott, ich dachte nur: Hoffentlich fange ich mir dabei keine Krankheit ein», sagt er lachend. Dann erzählt Clark, wie er das Telefon gegen die Wand geschlagen habe: «BAM! BAM! Ich war ein Kind. Wie Bamm-Bamm, der bockige Sohn von Barney Geröllheimer! Das war wie bei Familie Feuerstein!» Sein Finale sah so aus: «Ich griff mir den Stuhl, hielt ihn hoch über meinen Kopf und brüllte schmerzerfüllt.» Romero wiederum sprang unvermutet von seinem Stuhl auf und wirkte dabei selbst wie einer der hibbeligen Steinzeitmenschen aus dem Cartoon. Er rief Clark zu: *«You got me!»* Zwei Wochen später hatte er die Rolle.

Bei diesem Casting hatte man also eine Ahnung davon bekommen, wie schwer es sein muss, einen Zombie so zu verkörpern, damit die Performance selbst Romero noch umhaut.

Denn «Walking Dead Tutorials» für Schauspieler und Komparsen sind zwar bekannt. Dafür gibt es Lehrgänge, welche sich stets als intime, finstere Varianten des Ausdruckstanzes entpuppen. Wer «den Zombie in sich entdeckt», offenbart einen Blick in sein Inneres. Läuft man lässig, läuft man aggressiv, läuft man so, als ob alles schmerzt? Die Entscheidung für eine Gangart ist auch die Entscheidung dafür, wie man sich selbst nach dem Tode gerne hätte, sofern es die Wiederauferstehung gibt. Man kann noch so sehr einen auf Megabiest machen. Wie man läuft, zeigt, was man ist.

Daher fühlte Eugene Clark sich vorbereitet. Doch einen Untoten improvisieren, der «zum Leben erweckt wird» und etwas mit einem Stuhl und einem Telefon anstellen soll? Eine Herausforderung, denn Stuhl und Telefon sind nützliche Gegenstände der Lebenden, nicht der Untoten. Einfacher wäre es gewesen, Clark hätte die Ausweidung einer Leiche und anschließend das große Fressen darstellen müssen, besser noch die Attacke auf einen anderen Menschen.

Vielleicht hatte Romero bei dieser Casting-Anordnung seinen alten ZOMBIE 2-Helden Bub im Sinn. Den Ex-Soldaten, der sich als Untoter konditionieren lässt. Dessen Darsteller Sherman Howard stellte auch wunderliche Dinge mit den von «Dr. Frankenstein» bereitgestellten Experimentalgegenständen an, darunter ein Telefon.

Bub und Big Daddy, sagt Clark, haben eine Gemeinsamkeit: Beide greifen Menschen an, aber nicht, um sie zu verspeisen. Sie töten aus Rache. Big Daddy ist nicht ein einziges Mal beim Futtern zu sehen. «Er mag die Menschen nicht, er mag ihren Geschmack nicht», glaubt Clark, fügt aber ironisch hinzu: «Er ist klüger als die anderen Untoten. Er ist Veganer.» Clark sagt, dass er sich über die Wichtigkeit seiner Figur nicht im Klaren war. «Aber ich verstand das Script. 2004 kam mir als ein Jahr der großen Grausamkeit vor. Der Irakkrieg war beendet, doch die Kämpfe im Nahen Osten waren nicht vorbei. Weltweit herrschte Terrorangst.»

Seinen Big Daddy begriff er als Anführer der neuen freien Welt. «Er kapiert, wie es sich angefühlt haben muss, wieder lebendig zu sein. Und er will kein zweites Mal sterben. Die Menschen töten die Zombies nicht etwa, weil wir für sie eine Gefahr darstellen. Sie töten uns aus reinem Sportsgeist.»

Dazu müssen die Untoten aufgetrieben werden, sie wandeln in den Wäldern um Pittsburgh herum. Die Menschen locken sie mit einem Feuerwerk hervor. Gebannt starren die Zombies in den Himmel und sind dann umso leichtere Beute. Das Feuerwerk erinnert an Leuchtraketen-Großkaliber wie diejenigen zum 4. Juli, dem amerikanischen Nationalfeiertag. Diesen neuen Unabhängigkeitstag jedoch nutzen die Menschen nicht zum Feiern ihrer Unabhängigkeit, sondern für ihre Schlächterei. Big Daddy erkennt das Ablenkungsmanöver. Er fordert seine Gefährten auf, den Blick vom grell erstrahlenden Himmel abzuwenden. Er findet ein Gewehr und erinnert sich an seine Vergangenheit als Soldat. Schlägt sich auf die Brust und bringt seine Leute zum Zuhören. Big Daddy führt sie zum Angriff auf die Stadt an.

Amerika ist das «Land of the Dead», das «Land der Toten», regiert von Zombies. Doch sie sind nicht darauf aus, den Krieg zu gewinnen, den Kontinent von sämtlichem Leben zu säubern. Eigentlich sucht Big Daddy nur einen Platz für sich und seine Freunde. Aber die Meuchellust der Menschen lässt ihm keine andere Wahl als die Konfrontation. Die Zombies überqueren den Fluss, der sie von Pittsburgh trennt. Sie waten am Grund und werden erst im seichteren Gewässer wieder sichtbar. Die Aufnahme erinnert an jene aus dem Vietnamkriegsfilm APOCALYPSE NOW (1979), als Captain Willard langsam aus dem Wasser auftaucht und ihm die Gewissheit seines Missionsziels ins Gesicht geschrieben steht. Er muss den König des Dschungels, Colonel Kurtz, töten, damit die anderen in Frieden leben können. Big Daddy wiederum muss den König von Pittsburgh töten, Paul Kaufman, damit seine Leute in Frieden leben können. «Hätten sie Big Daddy in Ruhe gelassen, wäre all das nicht passiert!», sagt Clark (Abb. 43–45).

Die Romero-Protagonisten der ersten drei Filme, Ben, Peter und John, sind Menschen. Im Gegensatz zu ihnen kann Big Daddy als Wiederauferstandener nicht auf Sprache als Ausdruck seiner Gefühle zurückgreifen. Er stöhnt und brüllt, mehr ist nicht drin. Aber mehr braucht es auch nicht.

«Es war emotional jedoch äußerst anstrengend», sagt Clark. «Angst, Zorn, Mitgefühl, nur durch Laute, Gesten, Bewegungen. Für meine Darstellung half mir die Erinnerung an meine Vergangenheit. Ich dachte an Freunde, die ich auf den Straßen verloren hatte, schon als Kind. Später im Vietnamkrieg. Und in Afghanistan.» Clark ist breit wie ein Schrank, auch noch mit Anfang Siebzig. Er sagt, Theater und Football seien schon in Jugendjahren seine Leidenschaften gewesen. Aber die Entscheidung für Football erfolgte auch pragmatisch. «Die Leute mochten das damals eigentlich nicht: Männer, die Theater spielen und dann noch im Schulsport aktiv sind. Aber ich wuchs in Tampa, Florida, in einem schwierigen Bezirk auf. Wer da kein Football spielte, musste kämpfen, um nach der Schule überhaupt nach Hause zu gelangen. Jeder, der keinen Sport machte, galt als Punk. Und als Opfer.»

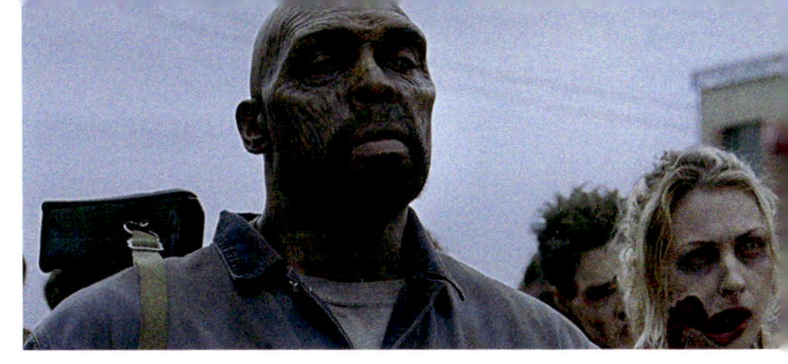

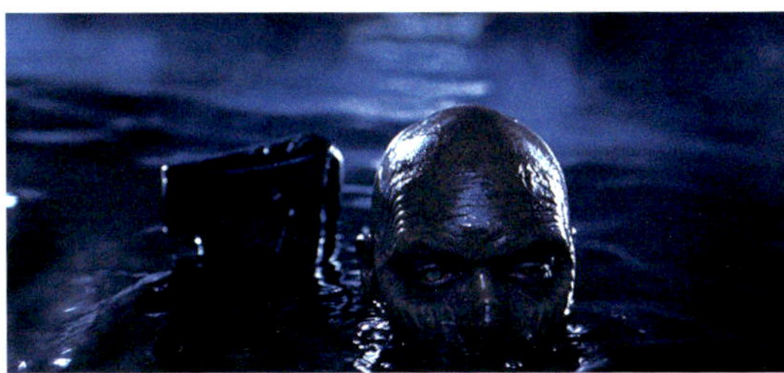

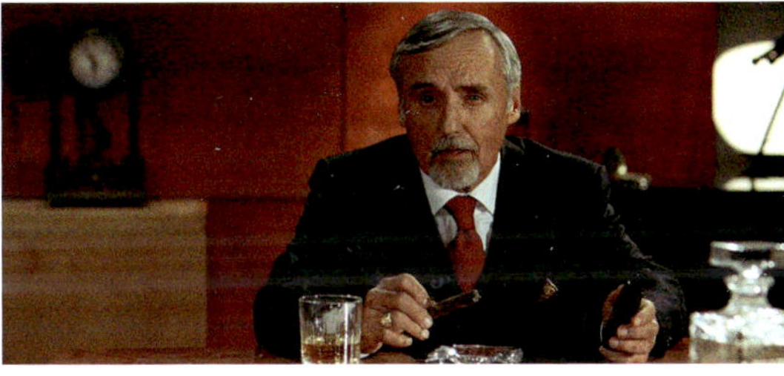

43–45 Big Daddy (Eugene Clark) führt den Marsch der Zombies auf Pittsburgh an. Die Untoten waten auf dem Grund des Flusses und tauchen im seichten Gewässer wieder auf. Paul Kaufman (Dennis Hopper) hält eine seiner feudalen Reden. (LAND OF THE DEAD, CAN/F/USA 2004)

Clark sagt, er wollte mit Big Daddy den Mittellosen seinen Tribut zollen. «Es ging mir darum, all jenen Menschen ein Gesicht zu geben, die von der Gnade der Mächtigen abhängig sind.» Im Militär und in der Polizei habe er viele Freunde, sie sprachen Anfang des Jahrtausends von der Wahrscheinlichkeit eines «Rassenkriegs» in Amerika. «Aber ich glaube, die Kampflinie vollzieht sich nicht zwischen Weiß und Schwarz, sondern denen, die haben, und denen, die nicht haben. Zwischen Reich und Arm.»

In Clarks Augen erhält LAND OF THE DEAD im Zuge der Corona-Pandemie neue Relevanz. Die Kluft zwischen denen mit Geld und denen ohne ist noch größer geworden. «Ich erinnere mich gut an Fernsehwerbung aus den 1970er-Jahren. Aufrufe an die Menschen, sich für den Fall eines Atomkriegs Notreserven zuzulegen, für mindestens sechs Monate. Seit Covid gibt es wieder Hamsterkäufe – aber auch unterbrochene Lieferketten. Die Zahl der Leute, die selbst mit Essensmarken nicht zu Rande kommen, steigt. Aber eben auch die Zahl derer, die sich zugedeckt haben mit allem möglichen

Zeugs. Und dafür braucht man viel Geld.» Ein König des Hamsterns ist auch der Autokrat Kaufman in LAND OF THE DEAD, der Reichtümer im obersten Stock seines Wolkenkratzers sammelt und sich die Loyalität seiner Leute dadurch sichert, dass sie Macht über ärmere Leute ausüben und dafür im «Fiddler's Green» shoppen und leben dürfen.

Clark hat eine Idee, wie sich LAND OF THE DEAD in das pandemische Zeitalter übertragen ließe, würde der Film im Jahr 2023 gedreht werden. «Die Gruppe der Überlebenden, vor allem die Gruppe derjenigen, die alles besitzen, wäre noch kleiner.» Und die Lebensbedingungen wären noch brutaler. Das Romero-Gesetz lautet: Ob der Mensch eines natürlichen Todes stirbt oder durch die Bisswunde eines Zombies, ein Untoter wird er sowieso – das Virus hat er längst eingeatmet. Aber was wäre, fragt Clark, wenn das Virus selbst zum Tod und damit augenblicklich zur Verwandlung führt? Man müsste sich vor der kontaminierten Luft verstecken. Clark spinnt die Seuchengenese Romeros weiter: «Wo könnten wir noch Schutz finden? In hohen Gebäuden vielleicht, in denen man sich absondern kann. Der Fiddler's-Green-Turm aber, in dem der Tyrann Kaufman haust, wäre bei dem Ansturm notleidender Menschen nicht zu halten.»

Clarks Gedankenspiel einer schnelleren Transformation mittels tödlicher Vergiftung durch Aerosole hätte weit dramatischere Konsequenzen für alle noch lebenden Menschen. Es widerspräche zwar allen bisherigen (wenn auch nicht in Stein gemeißelten) Untotengesetzen, hat jedoch seinen Reiz. Die Wiederauferstehung der Toten firmiert als Synonym für die Apokalypse. Aber was bedeutet eigentlich Apokalypse? Sie ist nicht nur negativ besetzt. In vielen Religionen markiert sie den Übergang ins Reich Gottes, den Weltuntergang meint sie nur in unserem allgemeinen Sprachgebrauch. Aber den Weltuntergang für wen? Wenn es um den Großangriff der Zombies geht, gilt der Weltuntergang ganz sicher nicht für Tiere und Pflanzen, sondern nur für uns. Falls keine Flugzeuge mehr fliegen, keine Kohlekraftwerke mehr Kohlendioxid ausstoßen, wenn kein Regenwald mehr zur Rinderzucht abgeholzt wird, wenn wir alle zu Untoten geworden sind, tritt eher das Gegenteil ein. Der Weltuntergang, an dem die Natur zugrunde geht, könnte abgewendet werden.

Die Apokalypse trifft also, solange es nicht um Kometeneinschlagsfilme von Roland Emmerich geht, nur den Menschen. Tiere und Zombies kämen wahrscheinlich im Sinne der Fressen-und-gefressen-werden-Nahrungskette untereinander klar, zumindest so lange, wie Tiere nicht zu Zombies werden können, die Zombie-Mythologie ist in diesem Punkt nicht definiert; abgesehen davon würden die meisten Tiere außerdem vor Zombies flüchten. Nur um Hunde, unseren zutraulichen Freunden, wäre es wahrscheinlich als erstes geschehen, sofern sie die Untoten nicht als solche erkennen.

Das Zombie-Virus führt zum Rückzug des Menschen aus Industrialisierung und industrialisierter Landwirtschaft. Wir werden archaischer, da der Überlebenskampf Priorität erlangt hat. Davon profitiert die Natur, weil sie sich erholen kann. Corona zum Beispiel hat ihr gutgetan, weil die Pandemie die Weltwirtschaft schwächte. Statistiken zur Umweltbelastung aus dem ersten offiziellen Corona-Jahr 2020 dokumentieren die – inzwischen wieder rückläufige – Entwicklung. Hierzulande durchgeführte Analysen zur Wetterbereinigung führten die Steigerung der Luftqualität auf verminderten Schadstoffausstoß durch weltweit gesunkene Fluggastzahlen zurück.[6] Kurz: falls Zombies und Corona den Planeten verändern, dann nicht zum Schlechteren. In ihrer Gleichgültigkeit gegenüber der Pflege aller zivilisatorischen und technischen Errungenschaften verschaffen die Zombies der Natur ein Comeback.

Nach Clarks Theorie stammt das Virus nicht, wie in DIE NACHT DER LEBENDEN TOTEN angedeutet, aus dem All, sondern aus einer Forschungseinrichtung. Die Gerüchte, nach denen Corona aus einem Labor entwichen ist, sind bis heute nicht verstummt. Es existiert die – nach überwiegender Expertenmeinung geringe – Wahrscheinlichkeit, dass sie sich bewahrheiten können, würde man einer unabhängigen Kommission Einblick in das Labor im chinesischen Wuhan gewähren.

LAND OF THE DEAD in der Kritik

«My zombies will never take over the world because I need humans.
The humans are the ones I dislike the most,
and they're where the trouble really lies.»
George A. Romero

LAND OF THE DEAD revolutionierte das Zombie-Kino nicht, dafür war die Geschichte zu absehbar. Eine Stadt ist dafür da, eingenommen zu werden, gerade wenn Zombies vor den Toren herumlungern und der in seinem Turm verbarrikadierte Regent ein Scheusal ist. Die Einnahme der Metropole ist nicht eine Frage des Ob, sondern nur des Wann. Letztendlich fehlte Romero auch das Geld, um eine respektable Armee aus Statisten zu präsentieren, die die Reichen in ihrem Wolkenkratzer schützt. Eine Revolte, ausgehend von der verelendenden, aber zahlenmäßig überlegenen Bevölkerung, hätte der Diktatur ein ebenso rasches Ende bereitet wie die Zombies; man wartet als Zuschauer die ganze Zeit darauf.

Die Motive – Arm gegen Reich, Aufstand der Unterprivilegierten – sind, wie in allen Romero-Filmen ab ZOMBIE 2, größer als die sie umsetzende Story-Produktion. Der «König der Zombies» war mit LAND OF THE DEAD kein Anführer mehr, eher Mitbewerber für den Führungszirkel der Untoten-Zeremonienmeister.

Aber sein Film erhielt wohlwollende Kritiken und spielte mit 46 Millionen Dollar das Dreifache einer Entstehungskosten ein. Er präsentierte sich politischer als Zack Snyders Pop-Spektakel DAWN OF THE DEAD aus dem vorangegangenen Jahr. Darin ging es nicht um Menschen, die Schutz in einem verlassenen Kaufhaus suchen und sich durch Konsumangebote moralisch korrumpieren lassen, sondern um Menschen, die in einem Kaufhaus Rambazamba veranstalten.

6 *Umweltbundesamt*, bit.ly/3tWd2UX (31.01.2023).

Dabei fokussiert LAND OF THE DEAD in gewisser Weise auch auf ein Kaufhaus, denn im Erdgeschoss des Sehnsuchtsorts «Fiddler's Green» stehen der Oberschicht die Boutiquen und Confiserien jederzeit offen. Im Gegensatz zur Monroeville Mall von ZOMBIE ist hier noch eine Stimme vom Band zu hören, allerdings nicht um Kaufimpulse auszulösen, sondern um für Ordnung zu sorgen. «Es ist streng verboten ohne Kostüm zu erscheinen!», schallt es aus den Mall-Lautsprechern. Die Zombies brechen durch die Glastüren ein, und nicht nur Big Daddy, auch seine Kumpane haben dazugelernt. Sie töten die Reichen, aber vorher nehmen sie ihnen die Klunker weg. Ein Zombie entreißt mit seinem Maul einer kreischenden Frau ihr Bauchnabel-Piercing.

Erstaunlich, wie alt bereits ein Film von 2005 wirken kann, also einer, der noch keine 20 Jahre alt ist. Gerade im Effektkino macht sich Veralterung schnell bemerkbar. Romero und sein Special-FX-Kollege Greg Nicotero animierten etliche der Zombies visuell, also per Computer, aber den meisten aus CGI (Computer Generated Imagery) erschaffenen Kreaturen sind die Grenzen damaliger – und trotzdem nicht bestmöglicher – Animation anzusehen. Die Zombies trotten nicht auf natürliche Weise trottig, sondern zeitlupig, wie von einem Rechner überdurchdacht und dann mit einem «Zombie Walk»-Programm exerziert.

Maskenbild-Ikone Tom Savini stieß zu Romero und Nicotero dazu, komplettierte das Gore-Trio, das zuletzt 1985 für ZOMBIE 2 hinter der Kamera stand. Savini steuerte jedoch keine Puppen bei, sondern trat als Schauspieler in Aktion. Seine Figur des Krawall-Bikers aus ZOMBIE von 1978 feierte ihre Rückkehr. Dabei folgte Romero bislang der Regel, von Epos zu Epos mit ausnahmslos neuem Ensemble zu arbeiten. Savinis «Motorcycle Raider», später «Blades» getauft, ist längst zum Untoten geworden, also innerhalb der letzten fast 30 Jahre seit ZOMBIE nicht verfault, sondern noch ganz vorne dabei. Er frisst auch nicht, er schlägt mit der Machete zu. Savini sagte, dass er gern eine größere Rolle in dem Film übernommen hätte. Universal Studios hätten das nicht gewollt, da er erst ein Jahr zuvor ein Cameo in DAWN OF THE DEAD absolvierte (Abb. 46).

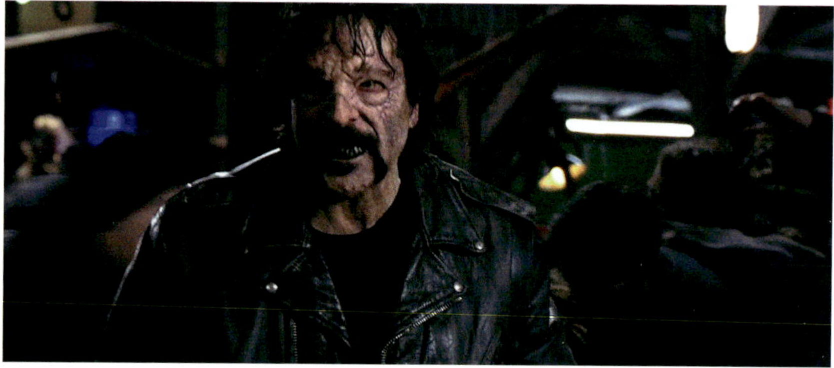

46 Blades (Tom Savini) gehört zur Gruppe der Zombies um Big Daddy. (LAND OF THE DEAD, CAN/F/USA 2004)

Hauptdarsteller Simon Baker würde in seiner späteren Rolle als PSI-Berater der Polizei, als MENTALIST (2008–2015), zu einem Sexsymbol werden. Innerhalb der Romero-Filmgeschichte der Leading Men beziehungsweise Leading Women aber ist er farblos. Sein Haar sitzt zu gut, der Rollenname Riley Denbo klingt wie im Abenteuerferiencamp ausgedacht, und wenn Riley Denbo nicht weiterweiß, hebt er die Hände, Handflächen nach außen, und winkt mit ihnen von links nach rechts – die Jazz-Hands-Geste, die einen eher verspielten als ernsten Eindruck erweckt und für einen Film, in dem permanent die Ausrottung durch Zombies droht, vielleicht nicht die naheliegende Art der Kommunikation darstellt. Baker fehlt das Format für einen Romero-Helden, seiner Figur des Panzerfahrers sowieso. Sein Energielevel ist zu niedrig. Riley hat im Leben vor der Apokalypse nie um Anerkennung kämpfen müssen, anders als die Hauptfiguren aus DIE NACHT DER LEBENDEN TOTEN, ZOMBIE und ZOMBIE 2. Die Afroamerikaner Ben, Peter und John mussten sich gegen Rassismus zur Wehr setzen, Francine und Sarah gegen Sexismus. Wäre John Leguizamos schwach ausgeleuchtete Figur des Cholo der geeignetere Protagonist gewesen? Dann wäre ein Mexikaner gegen einen Schwarzen Zombie angetreten. Regisseur Romero wird die Gefahr erkannt haben, dass er diese Stellvertreter der Stigmatisierten folglich gegeneinander hätte ausspielen müssen. Zur Inszenierung einer gemeinsamen Szene von Big Daddy und Riley Denbo konnte Romero sich aber auch nicht aufraffen.

Die Besetzung Dennis Hoppers als Antagonist für LAND OF THE DEAD ist auf den ersten Blick eine grandiose Idee. Auf den zweiten nicht. Seit seinem Comeback in David Lynchs BLUE VELVET (1986) war Hopper, wie man zu sagen pflegt, «auf die Rolle des Bösewichts abonniert». In den 1990er-Jahren, so schien es, schusterten sich Gary Oldman und er die Schurken-Engagements gegenseitig zu. Es war kaum noch zu unterscheiden, wer von den beiden in LEON – DER PROFI (1994) zu sehen war, in SPEED (1994), WATERWORLD (1995), DAS FÜNFTE ELEMENT und in AIR FORCE ONE (1997).

Hopper und Oldman sind sehr gute Schauspieler, aber die *«Where's my Paycheck?»*-Chuzpe stand ihnen damals ins Gesicht geschrieben. Vielleicht war es nicht Romeros Einfall, sondern der des Studios, den «charismatischen Bösewicht vom Dienst» Hopper zu engagieren, also auf Nummer sicher zu gehen. Vielleicht hatte Romero auch kein Interesse daran, diesem Übeltäter Facetten zu verleihen, da wir Hoppers Charakteren automatisch eine Diabolik zuschreiben, die er nicht mehr innerhalb der Handlung unter Beweis stellen müsste. Auffallend ist, dass Kaufman neben Captain Rhodes aus ZOMBIE 2 die einzige verbrecherische Hauptfigur in den immerhin sechs Zombiefilmen Romeros darstellt. Tatsächlich ist Kaufman der einzige Gangster im Romero-Universum, der durch die Apokalypse wohlhabender wird.

LAND OF THE DEAD bietet also die Konfrontation zwischen dem Sonnyboy-Mentalist Baker, der seine Hände die Rolle für ihn spielen lässt, und dem meistgebuchten Widerling der 1990er-Jahre, eingerahmt von Computerzombies, beziehungsweise Komparsen mit schimmeligen Computerzombie-Visagen. Wie etliche andere Zombie-Arbeiten allerdings hat auch LAND OF THE DEAD einen Denkfehler, der viel schwerer wiegt als schlecht gealterte CGI oder fehlbesetzte Männer. Er betrifft alle Werke, in denen Überlebende eine Stadt oder Gemeinde als eine mit Zäunen oder Mauern umgebene Festung umfunktioniert haben. Dieser Denkfehler ist in LAND OF THE DEAD evident, aber auch in Gated-Communities-Serien wie THE WALKING DEAD: WORLD BEYOND (2020–2021): Die Errichtung einer Sicherheit durch Eingrenzung ist in Wirklichkeit eine Scheinsicherheit, die bislang keinem Regenten, keinem Verwaltungschef aufgefallen ist – und von der anscheinend auch Geschichtenerzähler glauben, sie fiele dem Zuschauer nicht auf.

Betrachten wir die Wohnbedingungen in LAND OF THE DEAD genauer. Schon Downtown Pittsburgh, Schauplatz des Films, hat eine Größe von 1,7 Quadratkilometern. Das sind 238 Fußballfelder. Im Finanzdistrikt stehen allein 32 Wolkenkratzer, die höher sind als die magische Marke von 300 feet, also höher als 91 Meter. Der größte ist mit 256 Metern jener Steel Tower, bei dem in ZOMBIE durch einen Blackout nach und nach die Lichter ausgehen, während der Hubschrauber mit Fran, Peter, Stephen und Roger an Bord die Stadt verlässt. Der Lebensraum der in LAND OF THE DEAD mehrere tausend Menschen umfassenden Bevölkerung Pittsburghs geht also nicht nur in die Breite, sondern auch stark in die Höhe. Wir sprechen hier demnach von vielen Quadratkilometern Wohnfläche mehr.

Es ist unmöglich, in einer Metropole den Überblick über das Treiben aller Einwohner zu erlangen – und sie permanent zu überwachen, denn das wäre nötig. Früher oder später wachsen die Zombies innerhalb der eigenen Festung nach. Denn nach Romero-Regel wird man ja nicht nur durch einen Zombiebiss zum Zombie. Es reicht, überhaupt zu sterben, ob eines natürlichen Todes oder nicht. Das Virus zirkuliert in der Luft. Wenn jemand an Altersschwäche stirbt – eine Stunde später Zombie. Jemand einen Herzinfarkt erleidet – eine Stunde später Zombie. Jemand vom Dach fällt – Zombie. Einer im Streit den anderen tötet… und so weiter. Nicht nur hinter verschlossenen Türen, sondern auch draußen. Und bevor die Metamorphose überhaupt von Sicherheitskräften bemerkt wird, greift der neue Untote schon seinen Nachbarn an. Innerhalb kürzester Zeit könnten die frisch bereitgestellten Pittsburgh-Zombies ihrem draußen anklopfenden Freund Big Daddy die Tore öffnen.

Die Großstadt ist ein denkbar ungünstiger Ort für das Aussitzen einer Apokalypse. Das wusste schon Max Brooks mit seinem Ratgeber *Der Zombie Survival Guide* (S. 148 ff.). Aber auch das populäre PlayStation-3-Spiel THE LAST OF US bietet nicht ohne Grund einen postapokalyptischen Streifzug durch ein labyrinthisches, scheinbar menschenverlassenes Pittsburgh an. Hinter jeder Ecke kann ein Monster lauern.

In THE WALKING DEAD: WORLD BEYOND gibt es den halbherzigen Versuch, diese Schwachstelle der Gemeindeplanung auszumerzen. Jeder der 9671 Einwohner der Campus Colony lebt in einer Wohnung, die zusätzlich zur Holztür mit einem Eisengatter ausgestattet ist. So wird das Zuhause zu einem Gefängnis, falls sich dessen Bewohner infiziert. Die Isolation funktioniert aber nur dann, wenn sich die Todgeweihten freiwillig in ihre Wohnung begeben oder überhaupt noch die Zeit oder Kraft dazu haben. Wer unbemerkt in einem Hinterhof umkippt – Zombie. Das Sicherheitsprinzip ist in WORLD BEYOND nicht zu Ende gedacht.

Der sehenswerte australische Zombiefilm CARGO (2017) berücksichtigt das Problem der mangelnden Übersicht und Kontrollierbarkeit infizierter Gemeindemitglieder und präsentiert eine Lösung, die sogar noch vor der Apokalypse von der Regierung organisiert werden konnte. Jeder Bürger erhält ein «Containment Kit», also einen Erste-Hilfe-Kasten für den Fall einer Ansteckung. Darin befindet sich ein akustischer Signalgeber für die in Kürze anstehende Verwandlung, dazu ein Suizid-Instrument für Willige, und, für solche, die es nicht über sich bringen, zumindest eine Uhr mit Timer. Denn die Neugeburt erfolgt in exakt 48 Stunden. Bis dahin können Vorkehrungen getroffen werden.

In Arnold Schwarzeneggers Zombiefilm MAGGIE (S. 152 ff.) beträgt die Inkubationszeit mehrere Wochen, und die Verwandlung erfolgt schleichend; zunächst werden die Augen milchig. Das bietet nicht nur genügend Zeit für Familienmitglieder, sich voneinander zu verabschieden, sondern überhaupt die Gelegenheit einer amtlichen Registrierung, wer wann dran ist. Dass die Infizierten sich deshalb noch lange nicht von der Polizei in eigens errichtete Todeslager abtransportieren lassen wollen, macht diese trostlosen Lebensläufe noch realistischer.

Big Daddy und seine Familie sind in die Stadt gekommen, auch ohne die Hilfe Infizierter von innen. Am Ende wird das brennende Pittsburgh von den Zombies in ihr Land of the Dead eingemeindet. Riley Denbo erhält die Gelegenheit, Big Daddy mit den Raketen der «Dead Reckoning» in die Luft zu jagen. Aber er sieht davon ab. «Die Toten wollen nur einen Platz zum Leben haben», sagt er. «So, wie wir.» Es sind die Menschen, die weiterziehen müssen. Die Untoten bleiben in der City. Romero lässt Big Daddy am Leben, so, wie er auch den dressierten, gutherzigen Bub aus ZOMBIE 2 am Leben ließ.

Was kommt nach diesen Zombies? Welche Fähigkeiten können sie entwickeln? Normalerweise wird Evolution durch Fortpflanzung bedingt. Die Untoten aber pflanzen sich nicht untereinander fort, sie können nicht gebären, sie werden mehr, indem sie Menschen töten. Sind alle Menschen zu Zombies geworden, hat sich zwar das Survival of the Fittest der Darwinschen Evolutionstheorie bestätigt. Aber die Untoten haben auch das Ende ihrer Vermehrung erreicht.

DIARY OF THE DEAD und SURVIVAL OF THE DEAD

*«In an us-versus-them world, someone puts up a flag,
another person tears it down and puts up his own.
Pretty soon no one remembers what started the war in the first place
and the fighting becomes all about those stupid flags.»*
Sarge «Nicotine» Crockett, SURVIVAL OF THE DEAD

Mit LAND OF THE DEAD, DIARY OF THE DEAD und SURVIVAL OF THE DEAD realisierte George A. Romero, der stets Ausschau hielt nach der politischen Metapher und dafür Jahre des Wartens in Kauf nahm, gleich drei DEAD-Werke innerhalb eines Jahrzehnts. LAND OF THE DEAD behandelt die größer werdende Spannung zwischen Arm und Reich, jene virulente, menschliche Gesellschaftsordnungen seit Jahrtausenden prägende

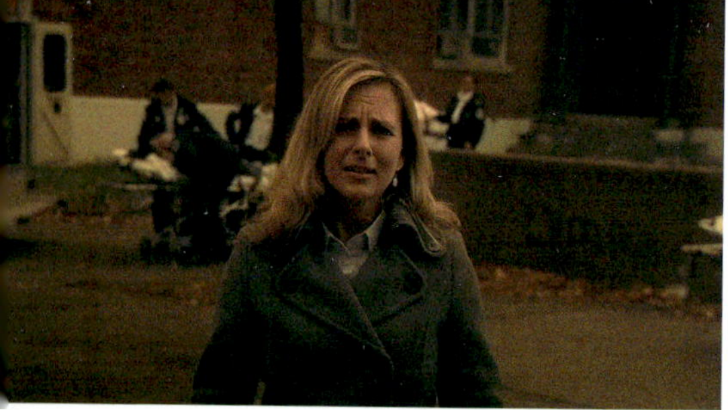

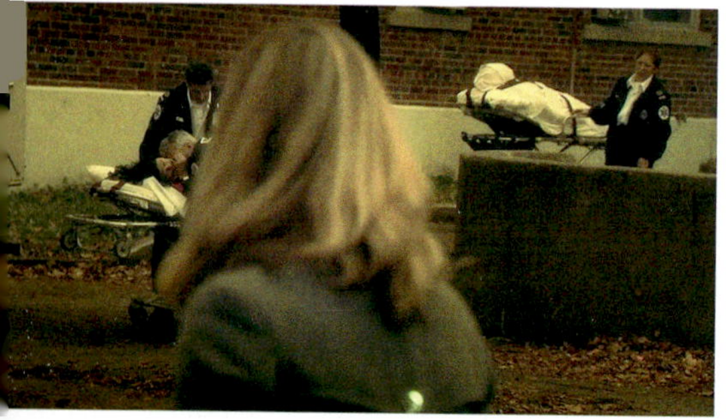

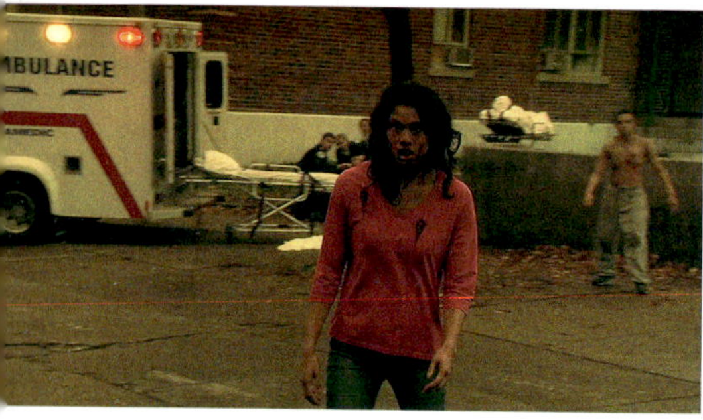

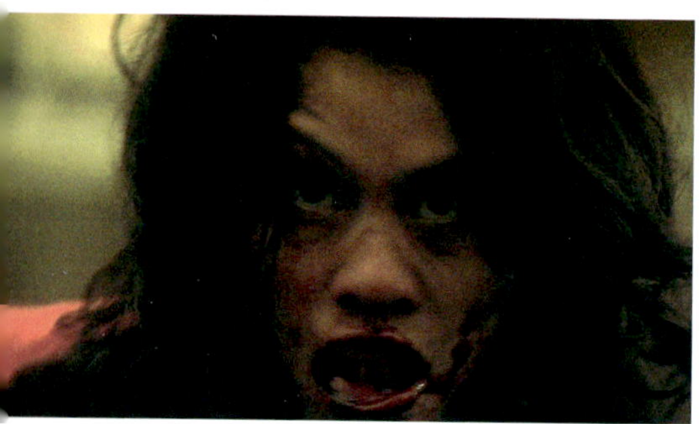

Ungerechtigkeit, nicht nur im Kapitalismus. Das Motiv ist also alt, wenn auch nicht altmodisch.

Mit Diary of the Dead von 2007 drehte Romero einen Found-Footage-Film, wählte also ein damals boomendes Erzählvorgehen, welches auf dem suggerierten Glauben «gefundenen Filmmaterials» beruht und das einen Spielfilm als Dokumentation von Amateurregisseuren verkauft, die unverändert präsentiert wird. Found Footage kann, wenn die Pseudo-Authentizität authentisch wirkt, extrem furchterregend sein. Ruggero Deodatos Nackt und Zerfleischt war 1980 ein Vorläufer dieses Horrors. Darin wird der «Film» einer Crew «gefunden», die im südamerikanischen Dschungel eine Dokumentation über einen Kannibalenstamm drehen wollte und verspeist wurde, festgehalten in eben diesem «Film». Blair Witch Project initiierte 1999 eine Flut von Found-Footage-Arbeiten, deren Höhepunkte REC (2007), Cloverfield (2007) und Paranormal Activity (2007) zeitlich mit Diary of the Dead zusammenfielen. Diary ist jedoch derjenige Beitrag, über den am wenigsten geredet wird (Abb. 47–50).

Im Jahr 2023 gilt Found Footage als tot. Zum einen, weil es nicht mehr «den einen Film» geben würde, den ein einziger Kameramann dreht, und der dann gefunden wird. Stattdessen hunderte einzelne Clips. Denn wir filmen heute nicht mehr

47–50 Gute Found-Footage-Inszenierungen paaren hektische Kamerabewegungen mit Jump-Scares. Eine Reporterin berichtet von einem Gewaltverbrechen unter illegal eingewanderten Ausländern. Sie dreht sich um, als die angebliche Leiche auf der Pritsche einem schreienden Cop in den Hals beißt. Ihr Kameramann gerät in Panik, schwenkt die Kamera umher. Als er zurück zur Reporterin schwenken will, ist die Leiche von der Pritsche aufgestanden und unterwegs zu ihm. Ein paar hektische Schwenks später – und die Untote steht direkt vor seiner Linse. Dieser Kameramann sorgt für Schrecken durch seine Unzuverlässigkeit. (Diary of the Dead, USA 2007) mit einer Kamera, sondern mit Handys. Jeder von uns hält parallel drauf. Und wir laden alles, um Traffic zu generieren, sofort hoch. «Gefunden» werden muss nichts mehr.

Zum anderen ist der Trend vorbei, weil die Plot-Schwäche solcher Arbeiten bis heute bemängelt, aber nicht behoben wird. Ein kontinuierlich filmender Kameramann, der seine Gefährten auch bei Lebensgefahr im Sucher behält, handelt wenig plausibel. Eher wäre zu erwarten, dass er hilft oder wegrennt. Aber in Filmen wie DIARY OF THE DEAD läuft die Aufnahme weiter, der Kameramann ist konzentriert, oft sogar ohne Angst.

In DIARY bekommt Kameramann Jason (Joshua Close) ständig einen Rüffel von seinen Kommilitonen, weil er dreht, statt Zombies abzuwehren. Seine Begründungen für die unterlassene Hilfeleistung sind immer gleich – so wie in allen anderen Found-Footage-Streifen: «Ich kann nicht kommen, ich muss bei der Kamera bleiben!» Dabei geht es der Figur in Wirklichkeit nicht um die Rettung der Amateur-Doku für die Nachwelt, sondern um das Filmerlebnis für uns Zuschauer – nur, dass die Figur von dieser Metaebenen-Mission nichts wissen dürfte, sie ist ja nur ein Filmcharakter. Sonst müsste Jason die vierte Wand durchbrechen und mit uns sprechen, aber dann wäre DIARY OF THE DEAD kein Found-Footage-Film mehr. Deshalb die unzähligen Konflikte zwischen dem Kameramann und seinen Freunden, die ihn von dem Gerät wegkriegen wollen, ihn wegen seiner Skrupellosigkeit beschimpfen. Es gibt für das Kameramann-Problem im Found-Footage-Genre keine elegante Lösung.

Sollten die Protagonisten vielleicht eine Helmkamera statt Handycam tragen? Funktioniert auch nicht. Die Helmkamera setzen sich Snowboarder und Motorradfahrer auf. Weil sie ein Spektakel inszenieren wollen, nicht zufällig in Szenarien hineingeraten.

Dazu kommt in DIARY OF THE DEAD die mangelnde Glaubwürdigkeit des Zombies als neues, unbekanntes Monster. Die ersten vier DEAD-Filme von 1968 bis 2005 beschrieben eine kontinuierliche Erzählung, der Untote war in der Welt und ab Teil 2 eine bekannte Gefahr. DIARY OF THE DEAD spielt in einer parallelen Realität des Jahres 2007, die als Alternative zur Zeitlinie ab DIE NACHT DER LEBENDEN TOTEN von 1968 begriffen werden soll. Damit bricht Romero nicht nur sein eigenes Kontinuum der Zombie-Saga, macht den Reset – was noch in Ordnung wäre. Er versucht jedoch eine Welt zu entwerfen, in der das Konzept «Zombie» vor Ausbruch der Zombie-Invasion unbekannt war. Menschen des Romero-Jahres 2007 kannten also den Toten, der wiederaufersteht und Lebende frisst, nicht. Aus der Literatur nicht, aus dem Kino nicht, von den Cranberries nicht. Niemand in der Geschichte der Menschheit, wie DIARY sie darlegt, ist je auf den Gedanken gekommen, sich Schauermärchen auszudenken, in denen jüngst verstorbene Tote zurückkommen und den Lebenden zusetzen. Und eben dieses Nichtwissen ist schwer vorstellbar, schwer vermittelbar.

Für wissende Zuschauer werden Filmfiguren, die mit einem Monster-Mythos vertraut gemacht werden müssen, manchmal zur Qual. Charaktere müssen begreifen, was wir längst wissen. Das Drehbuch schreibt ihnen eine Entwicklung, eine beschwerliche Heldenreise zu. Sie müssen sagen: «Die Toten leben? Erzähl nicht so einen Quatsch!» Sie müssen sehen: «Ich habe ihm sechs Kugeln in den Körper gejagt, er ist wieder aufgestanden!» Und sie müssen lernen: «Ich soll was? Ihm in den Kopf schießen? Das ist doch mein Freund!» Ich weiß nicht, wie es Ihnen geht, aber wenn ich heute noch in Zombiefilmen eine Szene sehe, in der unserem Protagonisten die Kinnlade runterfällt, weil jemand von Leichen berichtet, die Lebende fressen, dann sinkt mein Interesse schnell.

Modernere Horrorfilme setzen ein Bewusstsein der Figuren für die Gefahr voraus. Sie haben denselben Wissensstand wie das Publikum. Deshalb hat Wes Cravens SCREAM (1996), dessen Popularität auf der Zitierung von Opferfallen-Gesetzen beruht, auch so viele Kinogänger angesprochen. Die baldigen Opfer des Killers haben zwar einen gedankenverlorenen Fehler begangen, wussten danach aber so schnell wie wir, warum es sie deshalb treffen würde, weil sie das Horror-Genre kennen (und auch deshalb, weil der Klugschwätzer-Schurke Ghostface es ihnen flugs erklärte). Regeln wie diese, kennt jeder: Niemals eine Gruppe auflösen, keiner läuft allein durch den Wald oder begibt sich auf die Suche nach der Quelle eines unnatürlichen Geräuschs, niemand bleibt in einem Spukhaus wohnen, wenn die Nächte darin immer unerträglicher werden, egal, wie sehr am Tage die Sonne scheint. Wer SCREAM liebt, bezeichnet sich oft als schlau, weil er über die Tollpatsche lachen kann, die in die blödesten Fallen tappen. Die es aber nun mal geben muss, denn fast jeder Horrorfilm braucht Todesopfer.

Romeros Protagonisten, die das Found-Footage-Material bereitstellen werden, kennen Zombies nicht. Andere Kreaturen aber schon. Bevor sie die Hölle echter Ungeheuer kennenlernen, drehen sie einen Horrorfilm mit einer Mumie als Monster. Als man schon dachte, alle guten Zombie-Titel wären vergeben, überrascht Romero mit einem genialischen Titel für den Streifen, den die Studenten drehen: «The Death of Death». Wenn der Tod «stirbt», entsteht der «Untod», und die Mumie ist ja genau das: ein Untoter. Nur mit dem Unterschied zum Otto-Normal-Zombie, dass die ägyptischen Untoten oft Adelige sind, Pharaonen, und sie auf Rachefeldzug gehen, weil sie in ihrer Totenruhe gestört wurden. Untote und Mumien werden oft miteinander verwechselt. Mumien sind mystisch, ihr Biss, wenn sie denn unbedingt beißen wollen, nicht ansteckend, und sie wurden von einem anderen Pharao verflucht, der nun ihre Taten kontrolliert.

Die Studenten und ihren Professor lernen wir an ihrem ersten Drehtag kennen. Es ist nachts im Wald. Ein von Kopf bis Fuß bandagierter Lulatsch torkelt einer spärlich bekleideten Frau hinterher. Der Regisseur ruft «Cut!» und regt sich auf.

Der Regisseur ist das Alter Ego von Romero, der es sich nicht verkneifen kann, gleich in den ersten DIARY-Minuten etwas klarzustellen. Seit dem DAWN OF THE DEAD-Remake mit seinen Fitnessstudio-Zombies hat es in ihm gebrodelt. Als Romeros Stellvertreter schreit der Regisseur die Mumie an, aber er meint nicht die Mumie, er meint den Zombie, für den die Mumie steht, den es in jener Welt aber noch nicht gibt: «Tote können nicht rennen! Wenn du rennst, brechen dir deine halbverwesten Füße ab!» Die Mumie ist verdattert: «Ich muss doch schnell laufen, wenn sie schnell läuft.» Er zeigt auf die Frau, die vor ihm weggerannt ist: «Wie soll ich sie denn sonst erwischen?» Der Regisseur sagt: «Du sollst sie später erwischen.»

Das ist Romero. Der Romero auf jenem Foto mit dem ausgestreckten Mittelfinger und dem Schild, das er in die Kamera hält: *«Zombies don't run.»* Sie erwischen einen auch so. Irgendwann stolpert man über die eigenen Beine. Es gibt nicht vieles, was der Zombie richtig macht. Der Mensch aber macht vieles falsch, und das reicht aus.

Romero wollte sich absetzen vom Zombie-Trend der Nullerjahre, in dem das Tempo der Untoten und die Schnitte immer schneller und in dem die Darsteller immer jünger wurden, bis ins Teenageralter. Ganz gelungen ist ihm das nicht. Er nutzt erstmals junge Erwachsene als Hauptdarsteller. Und die hastige, wie einem MTV-Video entnommene Szenenmontage in der Titelsequenz folgt dem Prinzip der Verwendung echter Nachrichtenschnipsel à la 28 DAYS LATER. Aber zumindest seiner politischen Mission blieb er treu. Er kritisiert rechte Medien, in deren Kolportage der Patient Zero der Zombie-Seuche ein illegal Eingewanderter sei. Wer sonst. Dafür erwischt es die Reporter auch als erstes.

Die sieben Filmstudenten machen sich auf der Flucht ihr eigenes Amerikabild. Im Zombie-durchseuchten Pennsylvania treffen sie viele Menschen, die ihr Außenseiterstatus eint. Und die vieles bewerkstelligen. Eine Gruppe afroamerikanischer Widerständler setzt ihre erbeutete Militärausrüstung nicht zur Terrorisierung derjenigen Menschen ein, die sie zeitlebens rassistisch drangsaliert hatten, sondern nur zur eigenen Verteidigung. Dann gibt es jenen Einsiedler (R.D. Reid) aus der Glaubensgemeinschaft der Amish, der eigentlich keine Chance in der neuen Weltordnung haben dürfte. Samuel arbeitet nicht mit Elektrizität, vor allem ist er alt und taubstumm. Wie könnte er merken, dass ein Zombie heranschlurft? Die vorindustriell-landwirtschaftlich lebenden Amish sind isoliert von der «normalen» Welt und bekämen in den USA, abgeschnitten von Fernsehen und Internet, wahrscheinlich als Allerletzte etwas vom Jüngsten Gericht mit.

Und doch kommt der ältere Herr allein mit den Untoten zurecht. Er weiß, wie man jagt, ist Selbstversorger, besitzt Dynamitstangen und kann mit der Sense umgehen. Anhänger seiner Religion glauben an Himmel und Hölle. Keine Frage, dass sie im Kampf gegen die, die aus der Hölle auf die Erde zurückkehren, besonderen Einsatz zeigen. Am Ende hilft der Alte den vitaleren Filmleuten bei ihrer Flucht vor den Zombies und schreckt nicht vor einem Suizid zurück, als er infiziert wird. Er nimmt dabei einen Zombie mit ins Jenseits, indem er sich die Sense durch seine Stirn und den Kopf des Untoten bohrt, der ihn von hinten in den Griff genommen hat.

Mit den Einsätzen der Schwarzen Paramilitärs und des Amish appelliert Romero an unsere Einigkeit. Denn diejenigen, die wir nicht recht kennen, sogar diejenigen, die wir ausgrenzen oder stigmatisieren, können dennoch diejenigen sein, die uns zur Seite stehen. DIARY OF THE DEAD ist ein Film über gemeinsamen Widerstand gegen eine Gefahr, die das Heimatland bedroht. Auch in diesem Romero-Werk sind die Übeltäter Vertreter der herrschenden Klasse. Weiße Soldaten, die die Vorräte der Studenten plündern. Den selbstsüchtigen Nationalgardisten werden wir im Folgefilm SURVIVAL OF THE DEAD wiederbegegnen.

Found Footage wirkt überholt, aber in anderer Hinsicht ist DIARY OF THE DEAD ein prophetischer Film. Er zeigt die Macht der Blogosphäre auf unser Selbstbild, er nimmt den Einfluss sozialer Medien vorweg. 2007 war das heute längst vergessene Myspace die Nummer eins des Social Network, für das es damals den Überbegriff «Social Network» noch gar nicht gab. Facebook und Twitter waren neu und unbedeutend, TikTok existierte nicht. Aber Romeros Protagonisten nutzen bereits YouTube, um möglichst waghalsig aufgenommene Videos der Zombieattacken hochzuladen und sich darüber auszutauschen. Sie geben Anweisungen, wie Clips zu schneiden sind, um damit größere Wirkung zu erzielen. Schnell wird unklar, was noch Information oder nur noch aus Ansichten entstandene Montage ist. Oder Fake News, wie sie heute das Netz verunreinigen.

Ein 2008er-Interview über das World Wide Web erscheint heute schon eine Ewigkeit her. Romero aber formulierte damals Bedenken, die aus dem Jetzt stammen könnten: «Der Wert des Internets besteht darin, Informationen zur Verfügung zu stellen. Aber man hat auch Zugang zu jedem Verrückten mit einem Blog und einer radikalen Idee. Wer nur halb vernünftig klingt, zieht bereits Millionen Follower an. Hitler ginge heute nicht mehr auf den Marktplatz, er hätte einen Blog.» Romero nimmt Filterblase und Echokammer vorweg, die Gleichgesinnten-Sammelstellen zur Bestätigung einer vorgefertigten Meinung durch Peer Groups: «Es ist heute so einfach, nicht nachzudenken. Einfach nur den Kopf kurz über das Bierglas zu heben und zu sagen: ‹Dem stimme ich zu›. So entsteht Tribalismus. Tribalismus, Religion und Patriotismus, das sind die Gründe, weshalb wir alle miteinander Ärger haben.»

Romero fordert: Hinterfragt Blogger, aber hinterfragt deren amateurjournalistischen Nachrichten nicht weniger als die der etablierten Medien. Alles, was im Netz steht, sollte überprüft werden. «Als es nur drei Fernsehsender gab, sagten Journalisten auch nicht immer die Wahrheit. Aber jetzt gibt es wahrscheinlich noch mehr Leute, die nicht die Wahrheit sagen. Ich weiß nicht mehr, wem ich glauben soll. Dem Netz fehlt eine Bibliothek, in der sich Fakten überprüfen lassen.» In der Ära des Klimawandels zum Beispiel sind wir alle zu Klimaexperten geworden, aber Romero fand damals keine Antworten auf seine Fragen, zumindest nicht im Internet: «Erwärmt sich der Planet jetzt? Ja oder nein?»

Romero vergleicht die Blog-Ergüsse mit den – oft albernen, aber gelegentlich clever codierten – Botschaften der Graffiti. Die Präsentationsfläche sei vielleicht nicht dieselbe, der – seiner Ansicht nach geringe – Wert der Meinungsarbeit aber schon. Das, was deren Urheber einst an die Wände sprühten, lande nun im Netz. «Ich wünschte, jemand würde eine Studie erheben, ob es seit Erfindung der Blogs weniger Graffiti auf Autobahnbrücken gibt!»[7]

In seinem 1978er-Werk ZOMBIE werden die Fernseher, in deren Notprogrammen Wissenschaftler Vermutungen von sich geben, als Teufelszeug gebrandmarkt und mit Hämmern kaputtgeschlagen: «Darin läuft doch eh nichts mehr!» In DIARY OF THE DEAD pflegen die Protagonisten einen behutsameren Umgang mit Medien. Sie ersehnen eine Karriere als Netzpersönlichkeiten, wittern die Chance auf digitale Lebensverlängerung.

7 *Ciinemablend*, bit.ly/32CEds1 (31.01.2023).

Das Vietnam aus DIE NACHT DER LEBENDEN TOTEN ist für die junge Generation der Amerikaner nicht mehr allzu präsent, für Europäer noch weniger. Die allegorische Einordnung des Films ist an den Vietnamkrieg gebunden. DIARY OF THE DEAD dagegen war 2007 eine Vorausschau, die heute, 16 Jahre später, noch immer aktuell, also höchst verstörend ist. DIE NACHT DER LEBENDEN TOTEN von 1968 ist Romeros mutigster Film, ZOMBIE von 1978 sein bester. DIARY OF THE DEAD ist sein weisester.

Das glückliche Ende? Leben mit den Zombies

Seine zweite Zombie-Trilogie beendete George A. Romero 2009 mit SURVIVAL OF THE DEAD. Es wirkt gespreizt, dass er gerade diesen Film als seinen liebsten kürte, gemeinsam mit dem einzigen Beitrag aus der ersten Trilogie, der als Enttäuschung wahrgenommenen wurde, ZOMBIE 2. SURVIVAL OF THE DEAD, sein letzter Film, ist auch sein am wenigsten gelungener. Arbeitsbedingungen mit verringerten Budgets und reduzierter Produktionszeit durchziehen Romeros Biografie, hier sind sie am deutlichsten erkennbar.

Seine demonstrative Zufriedenheit mit ZOMBIE 2 und SURVIVAL OF THE DEAD wurzelte im Urteil, nur in diesen Werken seine politische Kritik zur Vollendung gebracht zu haben.

Seine Parabeln, da hat Romero recht, sind klar dargelegt. Nur sind sie oft größer als der fertige Film. In Anlehnung an eine britische Redewendung ließe sich sagen: Seine Zombies beißen mehr ab, als sie kauen können. Andererseits lässt sich Romero, wie jeder andere Künstler, leicht verteidigen. Ein Künstler hat gegenüber seinem Kritiker das Anrecht auf die Behauptung, ein Kunstwerk exakt so ins Leben gerufen zu haben, wie es in seinem Kopf, einem Schutzraum, Gestalt annahm. Das macht den Künstler unantastbar zumindest gegenüber der Kritik, eine Arbeit nicht gut genug umgesetzt zu haben. Was man Romero bei SURVIVAL OF THE DEAD jedoch vorhalten kann: dass er etwas zu sagen hat, aber nicht weiß, wie er es ausdrücken sollte.

SURVIVAL OF THE DEAD mutet wie der Schlusspunkt einer Saga an, dabei hatte Romero noch zwei weitere Werke in Planung, eines davon mit einem Arbeitstitel («Road of the Dead»), der 2021 von seiner Witwe Suzanne Romero zu «Twilight of the Dead» geändert wurde. George A. Romero verstarb, bevor die Vorproduktion begonnen werden konnte. Suzanne Romero will das Drehbuch von «Twilight of the Dead» verfilmen lassen und befindet sich in Gesprächen mit Produktionsfirmen.

Die «Road», die Straße, sollte den Zombies möglicherweise eine spirituelle Reise ermöglichen. SURVIVAL OF THE DEAD behandelt ihre Daseinsberechtigung. Auf Plum Island vor Delaware sind zwei irische Familien, die O'Flynns und Muldoons, miteinander im Streit. Patriarch Patrick O'Flynn (Kenneth Welsh) will das Eiland von allen verbliebenen Untoten säubern, Seamus Muldoon (Richard Fitzpatrick) die Untoten in deren Familien integrieren, angekettet oder weggesperrt, bis ein Heilmittel gegen das Virus gefunden ist. Bislang sind die Zombies nicht zu domestizieren, es kommt zu

Übergriffen. Die O'Flynns ziehen deshalb als bewaffneter Mob durch die Gemeinde, die Dauerfehde droht zu eskalieren. «Du gibst zu, dass ich recht hatte», sagt ein wütender O'Flynn zu Muldoon und fuchtelt mit dem Gewehr vor seiner Nase herum, «und dass du Unrecht hast!» Diplomatie ist keine Stärke der alten Herren, ihre Kommunikation ist ausbaufähig.

«Ich wollte einen Film über Begebenheiten kreieren, die niemals enden», sagte Romero. «Über Konflikte, die einfach nicht geklärt werden können. Ob nun im Mittleren Osten oder dem amerikanischen Senat. Juden und Araber passten jedoch nicht in mein Setting.» Gibt es Menschen, die für ihre Sturköpfigkeit bekannt sind, auf die er vielleicht stattdessen zurückgreifen konnte? «Irische Familien!»

Als Cinemascope-Vorbild diente der Western WEITES LAND (1958), aber Romeros Landschaftsaufnahmen reichen nicht an die detaillierte Bildkomposition, die Dialoge nicht an die Brillanz von William Wylers Lehrstück über Konfliktlösung zwischen einem Major und einem Viehzüchter heran. Bei Romero klingt alles so, als würden sich zwei Jungen streiten.

SURVIVAL ist ein Durcheinander, es gibt keinen eindeutigen Protagonisten, keinen Antagonisten, auch die aus DIARY OF THE DEAD bekannte, darin noch heimtückisch auftretende Nationalgarde um Sarge Crockett (Alan van Sprang) besteht aus leidlich ambivalenten Charakteren. Das Coming-out einer Soldatin erfüllt keinen erzählerischen Zweck, sondern dient allein der Bereicherung des Romeroschen Figuren-Portfolios um eine Minderheitenvertreterin. Das konnte Romero schon mal besser.

Ein vermeintlich wichtiger, erst zum Finale geklärter Streitpunkt der Familien besteht in der Frage, ob Untoten der Verzehr von Tieren beigebracht werden könne, damit sie die Menschen in Ruhe lassen. Dabei wurde die Frage nach der Varianz ihres Ernährungsverhaltens schon in Teil 1, DIE NACHT DER LEBENDEN TOTEN, längst geklärt, als die Menschenfresser sich über Gewürm hermachen.

Am Ende seines Lebens wurde Romero zum Verfechter der Legitimation untoten Lebens. Er liebte die Zombies mehr als die Menschen. Aber O'Flynn und Muldoon lehnt er auch dann noch ab, als sie längst zu Wiederauferstandenen geworden sind. Sie werden Untote, die in Gefühlsresten von früher stecken geblieben sind und nicht das pure, instinktgetriebene Dasein genießen dürfen. Sie hassen weiter. In der Schlusseinstellung des Films zeigt er mit den beiden Streithähnen erstmals zwei Verwandelte, die sich sogar noch nach dem Tod bekriegen. Sie stehen sich in Duell-Position gegenüber und drücken die Abzüge ihrer leeren Pistolen. Hinter ihnen der übergroße Mond, wie ein toter Planet. Dabei ist bereits die Erde der «Planet of the Dead» (Abb. 51).

«Mich verfolgt das Zombie-Thema natürlich», sagte Romero im Interview von 2010. «Zu gerne würde ich auch mal eine andere Art Film pitchen und ernst genommen werden. Aber ich werde grundsätzlich nicht ernst genommen. Ich wünschte, ich hätte ein breiteres Spektrum. Ich versuchte es mit mehreren Filmen anderer Genres, und die wurden dann nur von neun Leuten gesehen.» Er machte eine Kunstpause. «Die andere Seite der Medaille ist eine, die alles andere aufwiegt. Ich bin in der Lage, meine Meinung kundzutun und dafür das Fantasy- und Horror-Genre zu nutzen. Ein bisschen

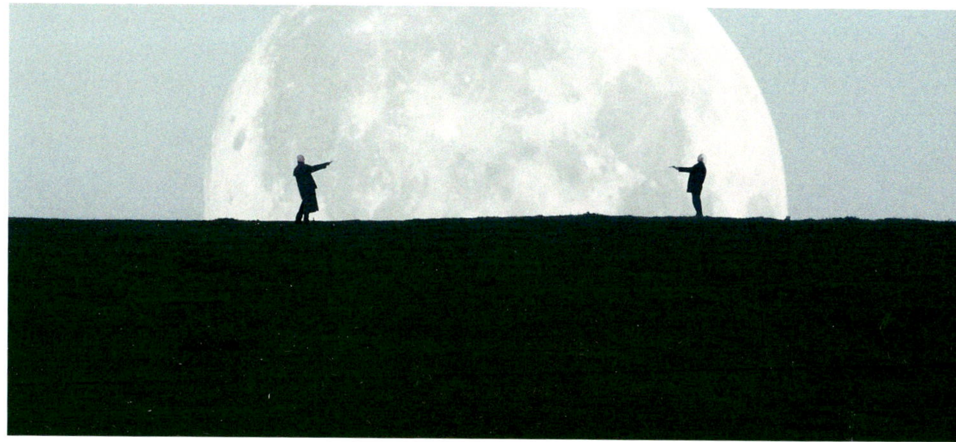

51 Die untoten Patrick O'Flynn (Kenneth Welsh, rechts) und Seamus Muldoon (Richard Fitzpatrick) stehen sich im Duell gegenüber. Hinter ihnen der riesig erscheinende Mond. (SURVIVAL OF THE DEAD, USA/CAN 2009)

über die Gesellschaft zu reden, ein bisschen Satire zu machen – und das, Mann, ist großartig. Vielen Leuten fehlt eine derartige Plattform. Ich mache manchmal Witze und sage, ich bin der Michael Moore des Horrors. Aber es ist großartig, diese Möglichkeit überhaupt zu haben. Es ist meine Nische.»

Preppen gegen Zombies
Max Brooks, Brad Pitt und WORLD WAR Z

«Ideal protection = tight clothes, short hair»
Max Brooks, The Zombie Survival Guide

Die Absicherung eines Forts gegenüber Belagerung ist grundsätzlich ein Kernelement des Western. Aber dem Untoten-Genre sind «prepare for battle»-Situationen nicht fremd. Mitunter kommen einem die Filme wie Tutorials vor. Ein Wie-man's-macht und Wie-man's-nicht-macht des Handwerks. In vielen Zombiefilmen wird gehämmert und gezimmert, sobald Gevatter Untot in Richtung Veranda wankt. Fenster müssen, damit keiner reinkommt, mit Holzplanken verschlagen, Eingangstüren mit passendem Mobiliar zugestellt und Keller versiegelt werden. Nägel und Hammer werden in Windeseile aufgetrieben, Durchgangstüren aus den Angeln gehoben und Barriere-gerecht verkleinert.

Zombies haben ein gutes Auge für Lücken, und die durch den Plankenspalt greifende, den Menschen an den Haaren ziehende Hand ist zum ikonischen Motiv des

Genres geworden – nach der NACHT DER LEBENDEN TOTEN etliche Male kopiert. Auch die in vielen Filmen zu bewundernde, aus Graberde emporschnellende Pranke wird dem Einfluss des Zombie-Königs Romero zugeschrieben, obwohl sie bei Romero nie zu sehen war. Die Formulierung «in der Totenruhe gestört werden» erhält mit der Wiederauferstehung im verbuddelten Sarg natürlich eine viel größere Dramatik, als wenn der Untote dort erweckt wird, wo er als Mensch starb, nämlich über der Erde. Zombies, die ihr angestammtes, tief liegendes Zuhause verlassen und sich freigraben müssen, sind eben richtig sauer.

Die NACHT DER LEBENDEN TOTEN, aber auch das Remake DIE RÜCKKEHR DER UNTOTEN, dokumentieren das Lärmdilemma, dem Überlebende sich beim Versuch einer Abschottung stellen müssen. Jede Eroberungsmöglichkeit der Festung durch den Feind muss unterbunden werden, aber die Handwerksarbeiten machen einen derartigen Krach, dass die Untoten dadurch erst recht angelockt werden. Jeder Schlag mit dem Hammer ist für die Zombies wie das Läuten mit einer Glocke zum Mittagessen.

Die Absicherung der eigenen vier Wände dürfte den meisten Menschen auch ohne Zombies Wohlbefinden und ein Gefühl von Sicherheit verschaffen. Der «Prepper» ist ein Mensch, der sich auf Katastrophen jeder Art vorbereitet, Lebensmittel, Schutzkleidung und manchmal Waffen einlagert, in Notfällen in seinem Zuhause eine eigene Stromleitung sowie Wasser zirkulieren lassen kann – und oft als kleinmütiger Eremit verlacht wird. Vor Covid betrug die Zahl der US-amerikanischen Haushalte, die über einen Zeitraum von länger als einem Monat in Selbstversorgung funktionieren könnten, schätzungsweise sieben von 120 Millionen. 2021 wurde die Zahl schon auf bis zu zehn Millionen geschätzt, zirka drei Prozent der Gesamtbevölkerung.[8]

Auf YouTube finden sich unzählige Präsentationen von «Zombie-proof Houses» mit Schutzwällen, einem zusätzlichen Treibhaus zur Gemüsezucht sowie persönlichem Brunnen. Aber auch bei zweckentfremdeten öffentlichen Gebäuden, Fahrzeugen und Schiffen sind die verhinderten Ingenieure und Raumplaner kreativ. Ganz oben als Zufluchtsziele rangieren verlassene Gefängnisse und Bohrinseln: die einen durch Mauern, die anderen durch ihre Höhe im Meer gesichert. Es gibt «Anti-Zombie-Busse» mit vor den Kühlern montierten Baggerschaufeln, um Untote von der Straße zu räumen, doch das beliebteste Gefährt bleibt die Yacht. Sie hält Feinde, die nicht schwimmen können, auf Distanz und bietet Komfort, da sie als Jet-Set-Boot gebaut wurde.

In dem 277.000 Abonnenten starken YouTube-Kanal «ZMZ reloaded – Zombie Survival Labs» werden die Vor- und Nachteile diverser Rückzugsbehausungen diskutiert. Die Episode «Are Boats GOOD in a Zombie Apocalypse» versammelt bislang rund 5.500 Kommentare.[9] Ernst und sachverständig wird besprochen, wie gut schwimmende Transportmittel bei der Abwehr von Untoten helfen. «Was tun gegen Zombie-Fische?» – «Koche sie, Problem gelöst.» Auch bei Platznot schaffen Hobby-Seefahrer Abhilfe: «Verbindet verschiedene Bootstypen per Leinen, sodass eine kleine Insel

8 *Theprepared.com*, bit.ly/3KXfhxc (31.01.2023).
9 *ZMZreloaded – Zombie Survival Labs*, bit.ly/3zetIOU (31.01.2023)

entsteht. Jedes Boot erfüllt einen anderen Zweck: Bauernhof, Treibstoff-Basis, besser noch Solaranlage, Waffendepot, Sanitäranlagen. Die Überlebenden sind Angestellte, die darauf ihren Job zu erfüllen haben.» Ein anderer denkt in maximalen Dimensionen, schwört auf Frachtschiffe: «Die Größe! Crewmitglieder können sich gegenseitig aus dem Weg gehen, die Kajüten sind weiträumig, und die Höhe des Decks bietet eine absurd gute Sicht auf weit entfernte Feinde. Einziger Nachteil: die Dieselmotoren am Laufen zu halten.» Diese Planspiele ähneln grob der theoretischen Handhabung eines Zombieangriffs, wie er im CDRUSSTRATCOM CONPLAN 8888-11 Counter-zombie dominance operations (CONPLAN 8888), dem in Kapitel 2 besprochenen Notfallplan des US-Verteidigungsministeriums, exerziert wird.

Bei aller Strenge der YouTube-Diskutanten: Die Boot-Überlegungen sind unter bestimmten Bedingungen auch moralisch einwandfrei. Preppen gegen Untote ist kein unmoralisches Vorgehen, falls Menschen sich bei der Errichtung von Schutzzonen gegen die Wiederkehrer vereinen, statt sich aus Angst vor Beengung und Ressourcen-Rationierung gegenseitig zu meucheln.

Etwas anderes ist das Preppen in einer Welt ohne Untote, also preppen in einer normalen Welt, oder zumindest einer Welt, die keine Monster kennt. Preppen kann Ausdruck einer Unmoral sein. Wer sich bereits in Friedenszeiten abschottet und Lebensmittel oder Geräte bunkert, der teilt seine Vorräte in Notsituationen womöglich nicht mit Menschen, die grundsätzlich auf seiner Seite stehen, ihm aber keine Gegenleistung für sein Schutzangebot offerieren könnten. Der Prepper beschützt sein Eigentum und nimmt den Tod des anderen in Kauf. Prepper treffen Vorkehrungen, weil sie das Vertrauen in staatliche Versorgungs- und Schutzleistungen verlieren. Warum sollte man dann glauben, dass Prepper notleidenden Fremden, die an ihre Stahltür klopfen, vertrauen?

Ob Frachter, Yacht oder Gefängnis, viele dieser Fortbewegungsmittel oder Gebäude werden in Zombie-Planspielen also auf ihren Nutzen hin abgeklopft, auch wenn sie nicht mit der Aussicht auf einen Abwehrkampf gegen Zombies gebaut wurden. Sie existieren in diesen Gedankenspielen, weil Zombieattacken berechenbar, langsam und in der Regel ohne großen Materialschaden stattfinden. Untote spielen mit offenen Karten. Im Gegensatz zu menschlichen Gegnern klettern sie selten über eine Leiter aufs Dach (nur in Romeros ZOMBIE!), sie kriechen nicht unter Stacheldrahtzaun hindurch, lassen sich nicht per Fallschirm in den Garten abwerfen. Sie präsentieren sich, sofern ihre Beine noch vorhanden sind, aufrecht gehend und schon ab erstem Sichtkontakt geräuschvoll, weil sie ihre Beute maulend begrüßen. Das unmoderne Gegenteil hybrider Kriegsführung.

Auch hier hilft, um die Unterlegenheit des Zombies zu veranschaulichen, ein Vergleich mit den Konkurrenz-Monstern Vampir und Lykanthrop. Dracula liebt «Ta-da!»-Auftritte, fliegt als Fledermaus durch den Schornstein und ist sofort drinnen. Werwolf kracht mit den Pfoten voran heulend durchs Fenster.

Die Untoten sind auch nicht so überwältigend wie eine Naturkatastrophe, nicht wie ein Tornado oder Tsunami, die Häuser zertrümmern oder fortspülen. Jedem, der seinen Truck oder seine Villa «Zombie-proof» machen will, steht also nicht nur relativ viel Bauzeit zur Verfügung. Man hat es außerdem mit einem Feind zu tun, der im Gegensatz zum Einbrecher kein Konzept hat, wie er seinen Einbruch anstellen soll.

Die Konfrontation mit dem Zombie liefert uns demnach die Gelegenheit, zum Heimwerker-Profi zu werden. Die Ansprüche an Bauphysik sind nicht hoch: Wie stabil muss eine Mauer, eine Wand, eine Tür sein, um drängelnde Untote abzuwehren? Als Maßstab für die erforderliche Statik von Bauteilen nehmen wir die auf sie einwirkende Körperkraft des Menschen, welche derjenigen des Zombies meist überlegen ist. Zunächst geht es auch nur um die Hände einiger weniger Streuner, die nicht durch sich auftuende Lücken hindurchgreifen dürfen. Erst wenn eine Rotte entsteht, droht der Durchbruch.

Max Brooks' fiktiver Ratgeber *Der Zombie Survival Guide – Überleben unter Untoten* war 2003 nicht deshalb ein Welterfolg, weil Max der Sohn jenes Mel Brooks ist, der uns nicht nur, aber vor allem unsterbliche Komödien schenkte, als Regisseur, Produzent und Schauspieler. Nein, der *Guide* war deshalb so überwältigend, weil Brooks todernst durchdeklinierte Überlebenstipps für Situationen gibt, die nie eintreten werden. Sein Buch firmiert fälschlicherweise unter «Humor», weil manche über Brooks' Ideen lachen, seine Ratschläge nicht ernst nehmen. Das schmälert Brooks' Leistung enorm. Er kann begründen, wieso man mit einem Fahrrad besser beraten ist als mit einem Panzer (größere Beweglichkeit in der Stadt) und eine Ritterrüstung zwar von Vorteil bei Bissangriffen ist, aber aufgrund ihres Gewichts nicht geeignet für eine Flucht. Die von Brooks skizzierte Gefahr ist eine spekulative, aber die Gefahrenabwehr auch ohne Praxisbewährung sinnfällig – darum geht's. Jeder Tipp funktioniert. Mit diesem Autor geht also nicht die Fantasie durch, sondern er ist in einem zweckmäßigen Sinn kreativ.

Der Zombie Survival Guide war ein Erfolg, den er mit seinem zweiten Buch, einem Roman, übertrumpfte. Dessen Filmrechte wurden sogleich nach Erscheinen 2006 verkauft, mit Ansage, da reichte ein Blick auf den monumentalen Titel: *World War Z – An Oral History of the Zombie War.* Aber nicht nur im deutschen Filmverleih, auch in den deutschen Buchverlagen scheint ein mit speziellem Sinn für Phrasen gesegnetes Titelvergabekomitee über dem Ziel möglichst abwegiger Übersetzungen zu brüten, um dann nach liebevoller Kleinarbeit «Wow!»-Titel zu präsentieren. Man gab dem Roman hierzulande einen Namen, den noch niemand, der Binsenweisheiten umschiffen möchte, bis heute benutzt hat: *Operation Zombie – Wer länger lebt, ist später tot.*

Brooks' Roman setzt sich aus fiktiven Interviews zusammen, die ein UN-Mitarbeiter überall auf dem Planeten mit Menschen geführt hat, die die Zombie-Apokalypse überlebten und am Neuaufbau der Gesellschaft beteiligt sind. Das Buch enthält Schlachtberichte mit nie dagewesenen Größenordnungen, aber der Fokus liegt auf ökonomischen, technologischen und zivilisatorischen Veränderungen, die die Weltpolitik nach der Zombie-Pandemie neu strukturierten. Mehr oder weniger isolierte, arme Inselstaaten wie Kuba, die ihren Tourismus seit Jahrzehnten reglementieren und sich infolge des Klassenkampfs mit dem Westen wirtschaftlich wie medizinisch autark aufstellen müssen, gehen als Krisengewinner hervor. Die Globalisierung hatte den Untoten also bei ihrer Eroberung mächtiger Nationen wie die USA und Deutschland in die Hände gespielt, weil diese Nationen eben nicht autark sind, ihre Abhängigkeit vom Weltmarkt groß ist. Israel und die palästinensischen Gebiete schließen einträchtig die gemeinsamen Landesgrenzen, da der Zombie eine größere Gefahr als der menschliche Feind darstellt. Und wer in kalten Regionen lebt, Nordkanada, Grönland, Sibirien, ist sowieso im Vorteil, die Untoten frieren im Eis ein.

Zombie-Literatur ist oft unbefriedigend, glanzlos. Untote können nicht reden, den Geschichten fehlen also Dialoge mit monströsen Übeltätern sowie die vom Zombie selbst formulierten Begründungen für sein Tun. Spannung entsteht nur durch die Beschreibung seiner widerwärtigen Taten als auch durch die Chemie zwischen den Menschen, die sich vor ihm schützen oder sich untereinander bekriegen.

Ausgerechnet George A. Romero begeht in seinem Debütroman *The Living Dead*, nach seinem Tod vollendet von Daniel Kraus, den Fehler eines Worldbuilding, in dem das Konzept «Zombie» fehlt. Zwei Pathologen versuchen die Genese des Untoten, der sich vom Leichentisch erhebt und auf sie zuwankt, zu verstehen. Dieses Geschehnis breitet sich in der deutschen Übersetzung auf fast 100 Seiten aus. Wir kennen diese Konzeptschwäche schon aus Romeros Diary of the Dead, in dem ebenfalls aufwendig dargelegt wird, was das für Ungetüme sind, die uns nach dem Leben trachten.

Sind wir Leser, geprägt durch Die Nacht der Lebenden Toten von 1968, nicht längst weiter? Roman- und Filmfiguren sollten uns einen Schritt voraus sein, nicht umgekehrt. Colson Whiteheads *Zone One* (2011) ist das Beispiel für eine treffliche literarische Herangehensweise. Whitehead wirft uns hinein in die Apokalypse, verzichtet auf eine Exposition und macht uns zum Begleiter eines bereits aufgeriebenen Soldaten innerhalb eines Spürtrupps, der in Manhattan Block für Block aufräumen soll. Wie die Untoten beseitigt werden können, erfahren wir sogleich durch die erste Säuberungsaktion.

Die Gründe für Hollywoods schnelles Interesse an Brooks' *Operation Zombie – Wer länger lebt, ist später tot* sind offensichtlich: Der Roman bietet exotische Schauplätze auf allen Kontinenten, Culture Clashs, aber auch epische Militäraufmärsche («The Battle of Yonkers»), dazu das exakte Gegenteil von Zombieheeren gegen Menschenheeren, den Einzelkampf eines japanischen Hikikomoris, der seine selbst gewählte Isolation verlässt, um sich aus seiner Wohnung durch die Piste der Untoten den Weg in die Freiheit zu erschleichen. All das wird in der Retrospektive geschildert, also mit weisem Blick von heute, ohne anstrengendem «Hey, wieso kann der Zellhaufen plötzlich gehen?»-Berichtsaufbau eines nicht allwissenden Erzählers.

Mit der Verfilmung des Romans als Kinofilm World War Z steuerte das Genre auf einen neuen Popularitäts-Höhepunkt zu. Die Produktionsfirmen von Leonardo DiCaprio und Brad Pitt leisteten sich einen Bieterwettstreit um die Rechte, Pitt gewann. Danach wanderte das Projekt in die «development hell» des ewigen Herumdokterns am Stoff. Die Drehbuchautoren Damon Lindelof (Lost, 2004–2010, Prometheus, 2012) und Drew Goddard (Cloverfield) kamen nur mühsam voran. Als Regisseur wurde schließlich

Marc Forster (JAMES BOND 007: EIN QUANTUM TROST, 2008) engagiert. Produzent Brad Pitt übernahm die Hauptrolle des UN-Majors Gerry Lane, der das Zombie-Virus unter Kontrolle bringen soll.

Pitt war Anfang der Zehnerjahre der vielleicht größte Schauspiel-Star. Nicht nur wegen seines Aussehens. Er wurde auch als Darsteller langsam besser. Die Einspielergebnisse seiner Filme aber gaben das nicht wieder. Die Box-Office-Zahlen schwanken sogar bis heute heftig, und selbst die jüngeren Hits vor WORLD WAR Z, wie die OCEAN'S 11–13-Trilogie (2001–2007) waren Kollektivdarbietungen, die womöglich auch ohne ihn funktioniert hätten. Was Pitt fehlte, war ein auf ihn zugeschnittener Action-Mehrteiler, ein No-Brainer, den er beliebig fortsetzen könnte. Die drei neben ihm populärsten Schauspieler seiner Generation, geboren zwischen 1962 und 1964, hatten sich dahingehend längst etabliert: Johnny Depp mit den FLUCH DER KARIBIK-Streifen (ab 2003), Tom Cruise mit MISSION: IMPOSSIBLE (ab 1996) und Keanu Reeves mit der MATRIX-Trilogie (1999–2003).

WORLD WAR Z spielte 540 Millionen Dollar ein, ist der bis heute erfolgreichste Zombiefilm und kostete Schätzungen zufolge bis zu 269 Millionen Dollar. Differenzrechnung macht daraus einen Erfolg, auch wenn die wahren Kosten, wie Marketing-Beträge, in solchen Zahlen nicht berücksichtigt werden. Eine halbe Milliarde Box Office war gemessen an Produktionen des Jahres 2013 aber nur mau. Echte Blockbuster heutiger Zeitrechnung beginnen erst ab 600 Millionen Dollar Einspielergebnis, vor allem, wenn sie mehr als 200 Millionen kosten. Eine WORLD WAR Z-Fortsetzung wurde in den vergangenen Jahren angestoßen, das Projekt nach dem Absprung von Wunsch-Regisseur David Fincher aber abgeblasen.

WORLD WAR Z ist ein atemloses Gewirr, auch dank Untoter, wie es sie noch nie zu sehen gab. Sie rennen nicht mehr, sie haben mittlerweile das Rennwagentempo erreicht. Außerdem können sie meterhoch springen. Nicht von irgendwo runterspringen, das können wir auch (und müssen mit Knochenbrüchen leben), nein, sie können tatsächlich meterhoch springen. Als wären sie von einem Taifun bewegt. Sobald einer dieser Zombies auftaucht, ist man erledigt.

Die Allmacht dieser Infizierten trug stärker denn je zur Spaltung der Zombie-Fangemeinde bei. Zum parabolischen Bild der Zwietracht wurde der Angriff der Horde auf Jerusalem. Die Altstadt ist nicht nur von einer sie seit Jahrtausenden umgebenden, zwölf Meter hohen Mauer geschützt. Sondern auch von einer sie zusätzlich umgebenden, neu errichteten Holzmauer des Militärs, die um die 30 Meter höher ist. Nicht zu hoch für die Untoten. Sie stapeln sich in Windeseile übereinander, bis der Erste über die Zinne kullern kann. Zombies mit Schwarmintelligenz, Ameisen-gleich (Abb. 52). Genial oder irre unrealistisch?

Angelockt werden die Untoten von singenden, Allah auf dem Tempelberg feiernden Palästinensern. Ihre Darstellung entspricht dem Klischee der dümmlichen, religiösen Fanatiker, die in ihrer Gebets-Ektase jede Ratio über Bord werfen. Die Gläubigen singen mit Mikrofonen, obwohl sie wissen müssten, aber hier als einzige nicht wissen, dass hohe Lautstärke die Zombies herbeiruft. Die betenden Muslime werden von

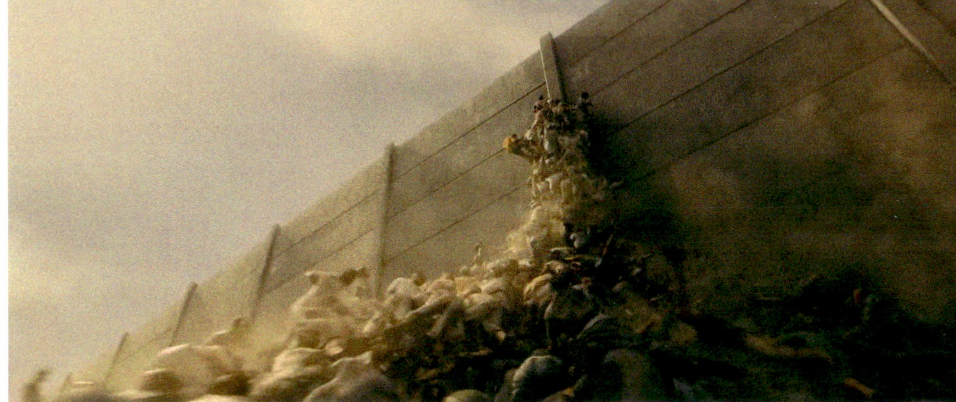

52 Die sich übereinandertürmenden Zombies belagern die Altstadt Jerusalems. (World War Z, USA 2013)

israelischen Soldaten skeptisch beäugt, aber bevor sie zur Vernunft gerufen werden können, ist es schon zu spät.

Die Szene steht exemplarisch für diesen schwachen Film, in dem die anschaulichen Konflikte aus Brooks' Roman, die Unfähigkeiten der Regierungen zum Dialog, aus Zeitgründen auf stupide Ursache-Wirkung-Schemata zusammenschrumpfen, in denen eine der beteiligten Parteien die dumme sein muss, weil Konfliktgespräche zu zeitintensiv wären.

UN-Ermittler Gerry Lane redet mit Vertretern verschiedener Länder, aber das Antivirus wird auch ohne ihn entwickelt. Der aufregendste Moment ist ironischerweise jener, in der Lane selbst für einen Zombie gehalten wird und ein Untoter – endlich! – abbremst, ihn einfach nur beschnuppert und wir uns fragen, ob Lane aus der Sache wieder rauskommt. Hier entsteht Spannung durch Tempo, nämlich verringertes. Eine bösartige Pointe steckt in der Beobachtung Lanes, dass die Zombies über einen der Natur gegenläufigen Instinkt der Beutewahl verfügen. Sie fressen nur gesunde und nicht zu alte Menschen. Die Todkranken, Greisen und Gebrechlichen ignorieren sie, anders als Raubtiere es tun, die sich einer Herde nähern und die Schwachen herauspicken. Anscheinend haben die Untoten Angst, dass zombiefizierte Großeltern keine Geschwindigkeitsrekorde knacken können, Ballast für ihren eigenen Schwarm sind.

Der Zombie schnüffelt an Lane herum, statt ihn anzugreifen, weil der sich eine schwache Dosis des Virus verabreicht hat. Der Untote kann nicht einschätzen, ob der Mann nicht schon einer der seinen ist oder bald sein wird.

Nur durch den Selbstversuch kann ein Antiserum getestet werden, Lane ist bereit sich aufzuopfern. Die Möglichkeit zur Herstellung eines «Gegengifts» tangiert ein für fast alle Zombiefilme geltendes, bislang ungelöstes Problem in der mythologischen Ausarbeitung dieser Infektionskrankheit. Würde man einen Werwolf heilen, wäre er wieder ein Mensch, vielleicht mit einigen Narben, die ihm während seiner Aktivitätsphase als Monster zugefügt wurden. Aber er wäre geistig ganz der Alte. Wer den Fluch des Vampir-Daseins ablegen kann, ist auch wieder ein Mensch; als hätte er nur einen bösen Traum von sich geschüttelt. Zombies aber durchlaufen einen Verwesungsprozess, sie begannen ihre Bestien-Laufbahn schließlich als Leichen und sie ließen sich, solange Kopf und Gehirn intakt bleiben, auch verstümmeln. Es gibt daher keine Chance auf vollständige Heilung. Der Körper des Untoten kompostiert oder wird zerstört, eine Rückkehr des Menschen in seinen prä-morbiden Körper ist ausgeschlossen. Eine Ausnahme bildet die Young-Adult-Komödie WARM BODIES (zu der wir noch kommen). Darin finden zwei Liebende zueinander, von denen einer ein Zombie ist. Eklig darf der nicht sein. Das Mädchen kann sich nur in den untoten Jungen verlieben, wenn er nicht allzu entstellt ist.

Der Wilde Westen und der Wilde Osten: MAGGIE, ZOMBIELAND, THE DEAD DON'T DIE, TRAIN TO BUSAN und PENINSULA

«When you love something, you shoot it in the face…
so it doesn't become a flesh eating monster.»
Wichita, ZOMBIELAND 2

Brad Pitt war der erste Superstar im Zombie-Kino, Arnold Schwarzenegger der nächste. Es war sein zweiter Versuch im Genre, nachdem sich in den 1990er-Jahren die Idee eines Remakes vom OMEGA-MANN (1971), einer Verfilmung von Richard Mathesons *Ich bin Legende*, zerschlagen hatte. Mit Will Smiths I AM LEGEND kam 2007 eine unterschätzte Version ins Kino, deren einziger Schwachpunkt ausgerechnet die computeranimierten Halbnacktzombievampire waren, die über Smith wie Zeitrafferlemminge herfallen.

Aber auch Arnold würde seinen Zombiefilm noch bekommen, acht Jahre danach. Henry Hobsons MAGGIE kostete nur etwas mehr als eine Million Dollar, was den Film zu Schwarzeneggers kostengünstigstem seit DER TERMINATOR von 1984 machte. Eine Indie-Produktion, für die der Action-Star und ehemalige Gouverneur Kaliforniens angeblich keinen Cent Gage kassierte. Das Risiko für ihn war überschaubar. Bei einem Flop wäre das Image des Alphamannes aus der «Planet Hollywood»-Posse nicht angekratzt, und sein Debüt als Drama-Schauspieler vielleicht misslungen, aber nicht Ursache eines allzu hohen Finanzdebakels. Andersrum wäre eine überzeugende Performance in der Vater-Tochter-Geschichte vielleicht der Auftakt für weitere ähnliche, auf leise Darstellungen ausgelegte Rollen gewesen.

MAGGIE holte sein Budget knapp wieder rein und erhielt mäßige Kritiken. Aber nicht wegen Schwarzeneggers Leistung, sondern – eigentlich ein No-Go-Wort in der Filmkritik, man muss es aber so sagen – weil er: langweilig ist. Die als tiefgründig verkaufte Bindung zwischen Schwarzeneggers Wade und seiner Tochter Maggie, gespielt von Abigail Breslin, bleibt flach; die zahllosen als vielsagend beabsichtigten Blicke, von denen es mehr gibt als an Dialogen, sind nicht zu deuten. Es ist die Geschichte eines Vaters, der einer sich schleichend vollziehenden Zombie-Infektion seiner Tochter hilflos gegenübersteht, wenn doch Gespräche angemessener wären.

Dabei böten sich optimale Bedingungen für eine Dynamik. Die Verwandlungsdauer in den Necroambulist genannten Untoten beträgt um die acht Wochen, was Familienmitgliedern ausreichend Zeit für Leugnen, Wut, Feilschen und Verhandeln, Depression und Annahme, also für die fünf Trauerphasen von Elisabeth Kübler-Ross gewährleistet.

Die lange Inkubationszeit gibt den gesunden Menschen ihre Macht über die Monster zurück. Die Gesellschaft ist nicht dem Untergang geweiht, Infizierte lassen sich entdecken und absondern, auch wenn sie sich wehren. Der Staat ist intakt und das Vorgehen bei Krankheitsfällen reglementiert. Gebissene sind den Behörden zu melden. Infizierte und ihre Hinterbliebenen müssen sich mit dem Gedanken an einen Abschied anfreunden. Nach ihrer Unterbringung in Camps müssen die Noch-Menschen sich für eine Hinrichtungsmethode entscheiden.

Im Mittleren Westen sind viele Farmen verwildert, Tankstellen scheinbar verlassen, Familien gebeutelt durch den Verlust ihrer Töchter und Söhne. Als Sozialstudie über (Wirtschafts-)Depression, Arbeitslosigkeit und eine medizinisch vernachlässigte Mittel- und Unterschicht im Flyover Country funktioniert MAGGIE durchaus.

Vater Wade will Maggie nicht deportieren lassen, legt sich mit der Polizei an. Er möchte bei seiner Tochter sein, wenn sie sich verwandelt, auf seiner Farm, egal, was dann, falls sie auf ihn losgehen sollte, mit ihm passiert. Der Familienname ist Bird; Maggie weiß, dass sie sich wie ein Vogel vom Hausdach fallen lassen kann, aber wie ein Mensch aufprallen wird. In den letzten Sekunden vor ihrer Transformation springt sie von dort in den Tod. Suizid ist die mächtigste Waffe des Teenagers. Erworben wird sie meist durch Liebeskummer. Sie ist aber auch dann die mächtigste Waffe, wenn eine Krankheit jede Hoffnung auf eine Zukunft zerstört.

100 Regeln für ein besseres Überleben

Bis WORLD WAR Z seine hunderte Millionen Dollar einfuhr, galt ZOMBIELAND (2009) mit rund 100 Millionen Dollar Einspielergebnis als kassenträchtigster Zombiefilm. Regisseur Ruben Fleischer nutzt das Motiv der Neubesetzung der Familie für eine Komödie mit vier zankenden Überlebenden. Hillbilly-Macho Tallahassee (Woody Harrelson) nimmt den pingeligen Nerd Columbus (Jesse Eisenberg) unter seine Fittiche. Sie begegnen der pragmatischen Wichita (Emma Stone) und ihrer rebellischen kleinen Schwester Little Rock (Abigail Breslin). Beiden sind die Männer nicht gewachsen: Tallahassee nicht, weil dieser Mann ein Auslaufmodell darstellt, Columbus nicht, weil er zwar tausend streng einzuhaltende Regeln kennt, um nicht zu Zombie-Fraß zu werden, wie «#9: Eine Keule muss nicht nachgeladen werden». Aber er kennt keine einzige, um sich normal mit einer Frau zu unterhalten. Die Reibereien sind derart rührend, dass die Zombies nebensächlich werden. Eine Patchwork-Familie entsteht, mit Tallahassee als

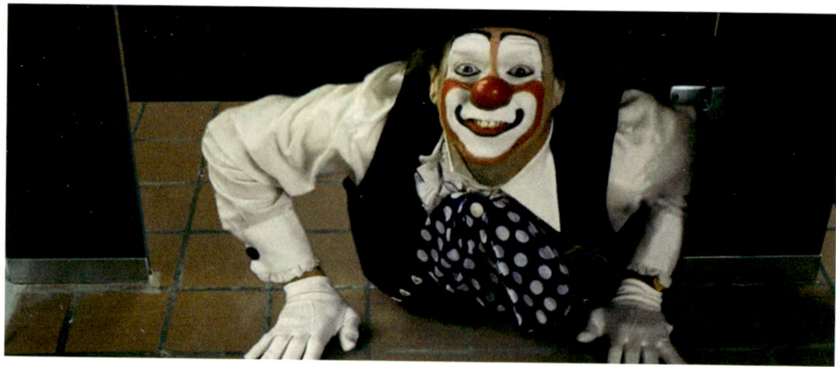

53 Columbus sitzt auf der Toilette und denkt über verschiedene Monster nach, die er noch mehr fürchtet als Zombies. Vor seinem inneren Auge sieht er einen Clown, der durch den Kabinenspalt grüßt. (ZOMBIELAND, USA 2009)

Großvater, der die Senior-Rolle nicht wahrhaben will, den sich bald liebenden Wichita und Columbus, sowie der Quasi-Enkelin Little Rock.

Die wahrscheinlich gruseligste Szene hat nichts mit Zombies zu tun, sondern den zweitunangenehmsten Gestalten: Clowns. Der hypochondrische Columbus berichtet von seinen Phobien. Nirgendwo fühlt er sich unwohler und ungeschützter als auf öffentlichen Toiletten, eine Angst, die vielen bekannt sein dürfte. Das Unbehagen gegenüber einem zum Boden hin riesig erscheinenden Kabinentürspalt paart sich mit Coulrophobie, der Angst vor Clowns. Das Ergebnis ist die plötzliche Einblendung einer Schockkreatur (Abb. 53).

ZOMBIELAND 2: DOPPELT HÄLT BESSER erschien zehn Jahre später, und mit der Fortsetzung verhält es sich wie mit vielen Ehen, wenn die Routine einkehrt: Strukturen verfestigen sich, Manierismen auch, Vorurteile und Abneigungen werden stärker. Nur weiser geworden sind die vier Protagonisten nicht. Wichita und Columbus stehen vor der Trennung, der Hänfling lässt sich außerdem von einer barbiehaften Blondine (Zoey Deutch) bezirzen, die, so geht der Joke, von Zombies nicht gefressen wird, weil sie kein Gehirn hat.

Sexismus ist ein polit-kulturelles Thema, das im Kino-Jahr 2019 mehr Aufmerksamkeit erfuhr als noch 2009, rettet aber nicht diesen Film, dessen Darsteller ermüdet, geradezu ausgezehrt erscheinen. Breslin, nach MAGGIE erneut im Zombie-Genre tätig, war keine 13 mehr wie im ersten ZOMBIELAND, sondern 23, und musste sich dennoch wie ein Teenager gebärden. Emma Stone war mittlerweile zur Oscar-Preisträgerin mit Ausrichtung auf weit schwierigere Charaktere geworden. Und Jesse Eisenberg nahm nach dem ersten ZOMBIELAND eine derart passgenaue Rollenauswahl vor, ob als Mark Zuckerberg in THE SOCIAL NETWORK (2010) oder Lex Luthor in BATMAN V SUPERMAN: DAWN OF JUSTICE (2016), dass er selbst zu einem der unsympathischsten Schauspieler Hollywoods wurde. Einzig Woody Harrelson, beim ersten Teil 48 Jahre alt, spielt seinen schießwütigen Tallahassee auch als knapp 60-Jähriger mit demselben Enthusiasmus. Er ist ein großer Junge, egal welchen Alters. Oder eben doch nur ein Männchen in der Midlife-Crisis.

Im Produktionslogo von ZOMBIELAND 2: DOPPELT HÄLT BESSER wehrt die Columbia-Statue, die Nationalallegorie der Vereinigten Staaten und Firmenemblem von Columbia Pictures, heraneilende Zombies ab – der erstmalige Angriff Untoter auf Hollywood-Institutionen (Abb. 54–56). Die Verteidigung ihrer Position auf dem Treppchen lässt sich unfreiwillig auch so deuten: Zombies haben nicht nur in diesem Film, sondern auch bei diesem Studio keine Chance. Allen Werbemaßnahmen zum Trotz wurde ZOMBIELAND 2 ein Flop.

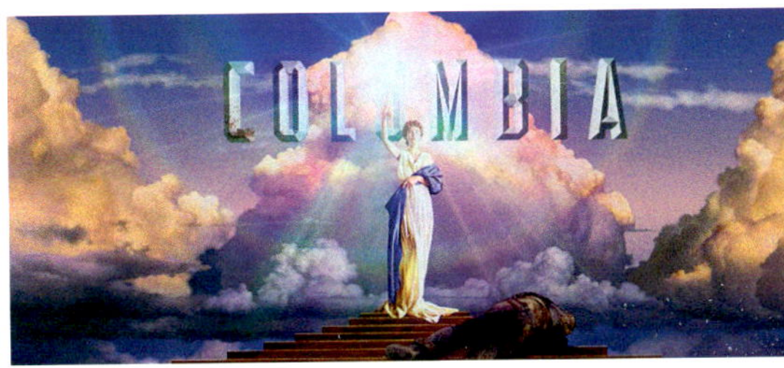

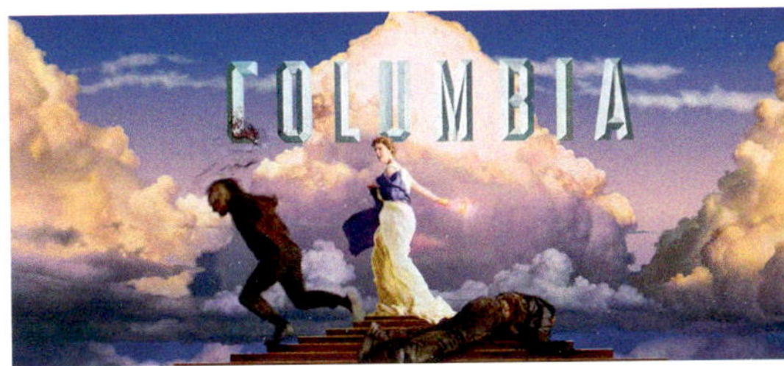

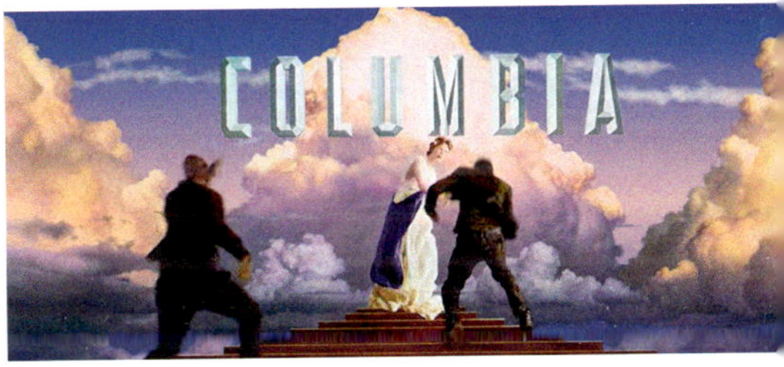

54–56 Die Columbia-Statue, Nationalallegorie der Vereinigten Staaten und Firmenemblem von Columbia Pictures, kämpft gegen Zombies, die sie vom Treppchen stoßen wollen. (ZOMBIELAND 2: DOPPELT HÄLT BESSER, USA 2019)

Verloren auf der Metaebene

Bei Erscheinen dieses Buch ist der originale ZOMBIELAND 14 Jahre alt, deshalb darf auch das damals überraschende Cameo Bill Murrays verraten werden, der im Film nicht in einer Rolle, sondern als er selbst, als Bill Murray auftritt. Murray tarnt sich als Zombie, damit die Untoten ihn übersehen, und igelt sich in seiner Villa ein. Die Maskerade als Ungetüm funktioniert derart gut, dass er von Columbus erschossen wird.

Neben eines Post-Credit-Cameos in ZOMBIELAND 2 würde Murray im Jahr 2019 in einer weiteren Zombiekomödie zu sehen sein: THE DEAD DON'T DIE. Dieser Film zeigt, was passiert, wenn ein für solche Stoffe ungeeigneter Regisseur versucht, intelligenter zu sein als das Genre, dem er sich widmet. Jim Jarmusch ist ein Arthouse-Filmer, ein Vorkämpfer des US-Independent-Kinos der 1980er, ein Ex-Kettenraucher mit Heroin-Chic und allem Anschein nach der Lieblingsamerikaner des deutschen Kino-Feuilletons. Glaubt man den hiesigen Kulturseiten, hat er noch keinen einzigen schlechten Film gedreht.

Bei Jarmusch wird die Zombie-Apokalypse durch Raubbau an der Umwelt ausgelöst. An den Polen des Planeten wird gefrackt, dadurch verschiebt sich die Erdachse.

Das holt die Untoten aus ihren Gräbern. Kann man machen. Kühn, möglicherweise despektierlich aber ist der professorale Umgang mit einer Horror-Gattung, dessen Anhänger Spannungsbögen erwarten, so offensichtlich sie auch sein mögen.

Jarmuschs Parodie von Genregesetzen grenzt an Publikumsverhöhnung. Mit ONLY LOVERS LEFT ALIVE (2013) widmete er sich zuvor schon einem klassischen Monster, dem Vampir, allerdings verbot er sich da noch die Groteske. Nun präsentiert er das «Augenzwinkern» des Intellektuellen, den Sprung auf eine Metaebene am Filmende. Ein Cop (Adam Driver) verrät dem anderen (Bill Murray), dass er den Ausgang der Geschichte bereits kenne, weil «Jim» ihm das gesamte «Drehbuch» zur Verfügung gestellt habe, während seinem Kollegen doch «die letzten Seiten» gefehlt hätten, die «Jim» ihm nicht gegeben habe. Das muss Murray, ein Freund des Regisseurs und ein Hauptdarsteller in dessen Werken, als Verrat empfinden: «Und das nach allem, was ich für diesen Kerl getan habe!» Die Kleinstadtpolizisten wissen, dass sie Spielfiguren in einem Film sind, und können doch nichts dagegen tun.

Ein für Sozialdramen gefeierter Regisseur investiert also Arbeit in ein Genre, über das viele Regisseure eh schon ihre Nasen rümpfen, weil es «phantastisch» sei, «billig» oder «ekelerregend», nur um dann zu demonstrieren, wie die dem Kinogänger gebotene Fiktion zu einer doppelten Fiktion wird, weil auch Filmcharaktere die Inszenierung durchschauen. Eine Darstellungsentscheidung, geboren aus Überheblichkeit.

THE DEAD DON'T DIE ist jedoch nicht nur eine Geschichte, die sich als Inszenierung einer Geschichte offenbart. Die ursprüngliche Bedrohung durch ein Monster, dem Zombie, verliert auch gänzlich an Wert, weil in der Schlusseinstellung ein UFO auf der Wiese landet. Die Botschaft kommt an, oder? UFO-Gläubige gelten als Spinner. Und wer sich in Zombiefilmen verlieren will, wer an den Schrecken durch Untote glaubt, kann also auch gleich an fliegende Untertassen glauben.

Selbstverständlich wiederholen sich manche Monsterregeln – nie allein im Wald sein, Geräuschen nicht nachforschen – von Film zu Film, aber sie machen auch den Reiz des Horrorkinos aus. Hier lohnt eine erneute Betrachtung von Wes Cravens SCREAM, wie schon in Bezug auf die Frage nach deckungsgleichem Wissen von Charakteren und Zuschauern im Kontext von DIARY OF THE DEAD. In SCREAM sterben all diejenigen Teenager, die etablierte Überlebensweisheiten nicht kennen oder vergessen haben, also uninformiert oder nachlässig sind. Dafür werden sie bestraft. Und diese Bestrafung kam eben nicht bei allen Grusel-Liebhabern gut an. Natürlich können sich neuzeitliche, informierte Filmfiguren über die Simplizität von Dramaturgie-Geboten lustig machen, obwohl die durch deren Missachtung entstehenden fatalen Fehler unsere Emotionen berühren und nicht unseren Sinn für Plausibilität Alarm schlagen lassen sollen. Das verlautbarte Wissen («Jim», «Drehbuch») um anstehende, obligatorische Schockeffekte zeugt aber von mangelndem Respekt vor der Lust an ungefiltertem Vergnügen. Wie Jarmusch zeigt auch das SCREAM-Team, dass es die Horror-Historie kennt. Aber nicht unbedingt, dass es sie liebt.

Maßgeblich für Qualität, Langlebigkeit und Einfluss eines Zombiefilms ist dessen Inklusivitätspotenzial: Im besten Fall erreicht er auch Neugierige, die vorher nicht auf den Gedanken kämen, sich mit Gore zu beschäftigen oder speziell mit Kreaturen, die früher mal lebende Menschen gewesen sein sollen. Die Streifen sollen brutal sein dürfen, aber dazu inspirieren, gleich den nächsten anzusehen, weil wir dadurch etwas über den Zustand unserer Welt erfahren. Allein deshalb ist DIE NACHT DER LEBENDEN TOTEN nicht nur der erste moderne Zombiefilm, sondern für manche Rezipienten auch der erste Film über den Vietnamkrieg: Er war mehr als nur Horror, er wurde von Amerikanern verstanden, die ihr Land nicht mehr verstanden. Jarmusch jedoch ermöglicht eine *«been there, done that»*-Erfahrung für Zuschauer, die sich nach THE DEAD DON'T DIE nie mehr die Finger am Genre schmutzig machen wollen.

Der Regisseur wirft uns allerhand DAWN OF THE DEAD-Allegorien («Zombies sind die Leichenreste materialistischer Menschen») vor die Füße, demonstriert aber auch Schlaubergertum, sobald seine Charaktere den Zombies auf die Schliche kommen: «Das ist ja wie bei Romero!» Für seinen Versuch eines doppelbödigen Revisionismus standen die Jarmusch'schen Allstars Schlange. Sie wollten Teil des cleversten aller Zombiefilme werden: Tilda Swinton, Chloë Sevigny, Iggy Pop, Steve Buscemi, die Sendboten des Programmkinos.

Womöglich reizte sie der Auftritt im professionellen Zombie-Make-up, welches die auf Hollywood-Partys übliche Schminke übertraf. Iggy Pop zum Beispiel sieht nicht aus wie ein Schauspieler, der einen Untoten verkörpert. Iggy Pop sieht aus wie der Star-Musiker Iggy Pop, der sich als Ghul geriert. Auf der Bühne wälzte er sich periodisch in Scherben, hier durfte er endlich so tun, als sei er (un-)tot. Zu Iggys Verteidigung als möglicher Fan von Zombie-Stoffen ließe sich vorbringen, dass er gemeinsam mit der Sängerin Peaches bereits 2003 ein eindrucksvolles Video zu ihrem Duett «Kick It» veröffentlichte, das im 1978er-Farbfilter von Romeros ZOMBIE aufgenommen wurde und Untote mit jenem einstigen, dem Zeitkolorit entsprechenden Graublaugesichtern präsentiert.

In THE DEAD DON'T DIE gehen die Menschen an ihrer Bräsigkeit zugrunde, weil sie die Zombie-Pandemie als solche zu spät begreifen. Sie sind sehr relaxed. Für Bill Murray, der die Kunst der passiv-humoresken Darstellung perfektioniert hat, eine konsequente Rollenentscheidung. Er ist nicht der Komödiant, der Missgeschicke verursacht, er ist der Komödiant, der in Missgeschicke hineingerät.

Die Arbeit ruft

Seit dem 2004er-Remake von DAWN OF THE DEAD und der Renaissance der Untoten, entstehen Zombiefilme auch in Ländern, wo sie zuvor keine Heimat gefunden hätten. Als die zombiefreie Sozialaufstiegs-Satire PARASITE 2020 bei den Oscars als «Bester Film» ausgezeichnet wurde, sagte – der als «Bester Regisseur» prämierte – Bong Joonho in einer viel zitierten Dankesrede, dass sein Werk die Amerikaner vielleicht überrascht habe, sein Triumph aber hoffentlich kein Zufallstreffer bleibe, weil es auf einem Fundament etlicher – unerkannter – Meisterwerke stehe. Das südkoreanische Kino, gerade das ab der Jahrtausendwende, stecke voller weiterer Wunder, die es im Westen zu entdecken gilt.

Drei Jahre vor PARASITE kam ein Film seines Kollegen Yeon Sang-ho ins Kino. In TRAIN TO BUSAN gewinnt der Fondsmanager Seok-woo (Gong Yoo) inmitten eines Zombie-Ausbruchs das Zutrauen seiner Tochter Su-an (Kim Su-an) zurück, die er seit seiner Scheidung nur noch selten gesehen hatte, weil ihm die Geschäfte wichtiger sind.

Beide befinden sich in einem fahrenden Schnellzug, in dem eine Horde lebender Leichen randaliert. Aber auch ohne Beteiligung der Bestien spielen sich dort Dramen ab, zwischen den Angehörigen verschiedener Klassen. Ein Obdachloser, der sich kein Ticket hätte leisten können, fährt heimlich mit. Er wird zum Opfer gemacht, die anderen diskutieren, ob ihm überhaupt geholfen werden soll, ob er ein vollwertiges Mitglied der ums Überleben kämpfenden Gemeinschaft ist. «In Zeiten wie diesen solltest du erst mal an dich denken!», herrscht der Technokrat Seok-woo seine Tochter an. «Ihr Fondsmanager seid Blutsauger, ihr lebt vom Geld anderer Leute!», giftet ein Passagier zurück. Seok-woo hat aber auch für seinen Kritiker ein paar Worte übrig: «Und du? Immer hast du dein Leben nach anderen ausgerichtet, war es das wert, du Idiot?» Nur widerwillig hilft er im Kampf gegen die Untoten. Aber mit jedem geretteten Passagier reift die Erkenntnis, dass Gemeinschaftssinn genau das ist, was seinem Leben gefehlt hat.

Kulturrelativistische Beurteilungen des asiatischen Kinos sind leicht gefällt. In Werken wie PARASITE, TRAIN TO BUSAN oder dem Netflix-Hit SQUID GAME (2021) geht es um angeblich spezifischen fernöstlichen Erfolgsdruck, Klassenunterschiede im Turbokapitalismus, Elite und Elend, vor allem den geringen Wert menschlichen Lebens, sobald Leistung nicht erbracht wird. Eine Serie wie KINGDOM (2019–2021) zeigt, dass die Zombies bereits im frühen 17. Jahrhundert die südkoreanische, um Bedeutungserhalt kämpfende Joseon-Dynastie ins Visier genommen haben.

Allen asiatischen Untoten ist außerdem die Hochgeschwindigkeit gemein, wie auch Beiträge aus Japan (ONE CUT OF THE DEAD) und Taiwan (THE SADNESS) demonstrieren. Deren Zombies sind Fitnessstudio-Zombies, was zu einer vorschnellen Deutung verleiten könnte: Wer nicht schneller ist als der schnellste Konkurrent, wird im kapitalistischen System gefressen.

Aber die asiatischen Sujets sind nicht so asiatisch, wie sie zunächst erscheinen. Sie sind universell verständlich. Die Filme behandeln den Verlust der Menschlichkeit als Folge des Zwangs zum Abliefern und Funktionieren. Rücksicht und Fürsorge rücken in den Hintergrund. «Sie sind Experte darin, überflüssige Menschen abzuservieren!», wird Seok-woo in TRAIN TO BUSAN vorgehalten. Im Anzugträger aus dem Börsenviertel wird längst ein Zombie vermutet, eine andere Art Zombie, eine, die stets den Befehlen eines Vorgesetzten folgt. Der Film wird zur Quest des geläuterten Finanzhais. Bevor Gong Yoo sein Ende findet, findet er auch Frieden mit seiner Tochter (Abb. 57).

Einige asiatische Arbeiten erzählen von neuartigen Modellen der Lebensführung, die im Kampf gegen die Wiederauferstandenen von Nutzen sind. Hikikomori, zurückgezogen und ohne Einkommen bei ihren Eltern lebende Töchter und Söhne, gibt es nicht nur in Japan, sondern auch in Südkorea. In #AMLEBEN (2020) kommt einem Teenager die netztechnologische Vollausstattung seines Domizils zunächst zugute, denn er bleibt über sie in Kontakt mit anderen Überlebenden der Apokalypse; um die Welt vor seinem Wohnblock in Augenschein zu nehmen, nutzt er eine Kameradrohne. Erst als das Stromnetz ausfällt, muss er sich nach draußen wagen. Der Hikikomori stellt sich dem Leben.

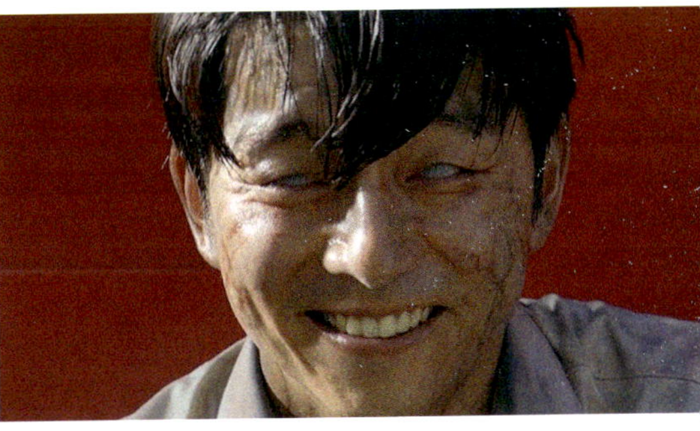

57 Rares Bild-Dokument! Erstmalige Aufnahme eines Menschen, der in den letzten Sekunden vor der Verwandlung in einen Zombie nicht vor Verzweiflung weint, sondern selig lächelt. Gong Yoo (Seok-woo) erinnert sich an glückliche Stunden mit seiner Tochter. Sein Leben hat doch noch einen Sinn gehabt. (TRAIN TO BUSAN, SKOR 2016)

In der eher banalen Zombies-in-Schuluniform-Serie ALL OF US ARE DEAD (2021), einem Netflix-Top-Ten-Hit in 91 Ländern und innerhalb der ersten drei Tage knapp 125 Millionen Mal abgerufen, wird die Highschool zum Schauplatz monströser Umtriebe. Ein Lehrer vergeigt ein Experiment und ruft untotes Leben hervor. Die Schüler müssen ihre Klassenzimmer und Sporthallen verteidigen und dabei Dinge tun, die sie im Unterricht nicht vermittelt bekämen. Sie tragen dieselben Kostüme und sind doch verschieden: Manche werden zu Helden, andere zu Feiglingen oder Mördern.

TRAIN TO BUSAN machte asiatisches Zombie-Kino bekannt, die Fortsetzung PENINSULA gehörte 2020 bereits zur offiziellen Auswahl der Filmfestspiele von Cannes. Auch sie erzählt vom Wunsch nach einem besseren Dasein. Jung-seok (Gang Dongwon) streunt in Hongkong als Flüchtling ohne Aufenthaltsrecht umher, sieht aber seine Chance gekommen, als Kriminelle ihm ein Angebot unterbreiten. Das von Zombies überrannte Seoul ist voller Autowracks, darunter ein voll beladener Geldtransporter. Schafft Jung-seok den Zaster rüber nach Hongkong, bekommt er seinen Anteil ab.

Auch PENINSULA ist, wie der Oscar-Abräumer PARASITE, eine Story über die Unmöglichkeit des Klassenaufstiegs auf legalem Wege. Dem Werk fehlt die klaustrophobische Intensität von TRAIN TO BUSAN, in dem Überlebende aus den Abteilen eines engen Schnellzugs Verteidigungsräume zu schaffen versuchen. Doch die Fortsetzung überzeugt im Lauten wie im Leisen: durch Verfolgungsjagden in schmalen Hochhausschluchten sowie der Geschichte über einen Mann, der an Schuldgedanken zugrunde zu gehen droht. Jung-seok fühlt sich für den Tod seiner Schwester und seines Neffen verantwortlich. Im menschenverlassenen Seoul findet er eine Frau und ihre Tochter und will mit der Bekanntschaft dieser zwei neuen Freunde alte Fehler wiedergutmachen.

Bankraub mit Zombies: ARMY OF THE DEAD und ARMY OF THIEVES Ein Gespräch mit Matthias Schweighöfer

«It's a goddamn Zombie Tiger. That's crossing the line.»
Martin, ARMY OF THE DEAD

Ein Heist-Movie mit Untoten, wie PENINSULA, schwebte auch DAWN OF THE DEAD-Regisseur Zack Snyder als nächstes Projekt vor. Dabei eint Snyder eine berufsbiografische Gemeinsamkeit weniger mit seinem südkoreanischen Kollegen Yeon Sang-ho als mit George A. Romero. Beide Amerikaner wurden beziehungsweise werden an ihrem Kinodebüt gemessen. Während Romero zumindest mit ZOMBIE ein Werk drehte, das ähnlich geliebt wird wie sein Erstling DIE NACHT DER LEBENDEN TOTEN, hat Snyder eine derartige Erfahrung noch nicht machen können. Vom unerwartet erfolgreichen DAWN OF THE DEAD-Remake, mit dem er seinen Einstand feierte, konnte er sich bislang nicht emanzipieren. Comic-Verfilmungen wie 300 (2006) oder JUSTICE LEAGUE (2017) sehen prächtig aus, leiden aber unter schematischen Helden-Schurken-Attribuierungen sowie einem Hang zum Siegerpathos, hinter dem manche Kritiker eine faschistische Ideologie wittern. Wie bei Romero, der sich im Vampir-Genre und in Stephen-King-Verfilmungen versuchte, kam nach jedem Film die Frage: Kehrt Snyder nicht doch besser zu den Untoten zurück?

17 Jahre nach DAWN erschien ARMY OF THE DEAD, ein Werk über den Versuch egozentrischer Schwerkrimineller, in einer Zombie-verseuchten Metropole eine riesige Geldreserve zu heben. Snyder selbst bestätigte in Interviews das unglückliche Timing des Filmstarts. Erst ein Jahr davor erschien Yeon Sang-hos PENINSULA, in dem ebenfalls eine Bande egozentrischer Schwerkrimineller in einer Zombie-verseuchten Metropole versucht, eine riesige Geldreserve zu heben.

Im Corona-Jahr 2021 feierte ARMY OF THE DEAD seine Premiere aber auf Netflix, dem nach Disney+ weltweit größten Vertreiber von Film-Content, und wurde innerhalb der ersten vier Wochen in 75 Millionen Haushalten ausgestrahlt. Eine außerordentliche Bilanz, denn im dritten Quartal 2021 betrug die Zahl der Netflix-Abonnenten 214 Millionen. Mehr als jeder dritte Abonnent also hat diesen Zombiefilm gesehen, oder zumindest mal reingesehen, Familienmitglieder nicht einberechnet.[10]

Und weil diese Netflix-Zahlen nicht wiedergeben, ob Filme bis zum Ende geschaut werden, veröffentlicht der Streamingdienst noch lieber Statistiken mit weltweit gestreamten Stunden seiner Inhalte. Das geht bei Film- und gerade Serienhits natürlich in die Millionen. So entstehen eindrucksvolle Zahlen, die kein Analyst geschweige denn Leser einzuordnen weiß. Auf Platz 1 stand im Jahr 2021 die Serie BRIDGERTON mit 625

10 *Insider*, bit.ly/3srJTP7 (31.01.2023).

Millionen Stunden, ein Jahr später erzielte die vierte STRANGER THINGS-Staffel nach nur einer Woche mit 781 Millionen einen neuen Rekord.[11] Hunderte Millionen von Stunden! Was sagt uns das? Nicht viel. Die tatsächliche Erfolgskennziffer würde auf der Zahl der streamenden Haushalte beruhen, die eine Serie von Anfang bis Ende abrufen. Sie ist eine verlässlichere Einheit für die Bestimmung der Popularität eines Sendeformats.

Aber ob Zuschauer nun bis zum Schluss an ihren Sesseln klebten oder bereits nach wenigen Minuten angewidert oder angeödet umgeschaltet haben: 75 Millionen Haushalte für ARMY OF THE DEAD, das ist sehr beeindruckend. Und das Selbstbewusstsein, eine Evolutionserzählung zu konstruieren, also den Gedanken zur Darlegung einer fortschreitenden Machtfülle seiner Geschöpfe zu vollenden, hat Zack Snyder von Romero übernommen. Auch Snyders Untote werden schlauer: In Las Vegas sind die «Alphas» genannten Exemplare zu Anführern ihrer überwiegend debilen Gefolgsleute geworden. Die Alphas können nicht nur Stammeshierarchien bilden, sie schmieden außerdem Pläne, werden zu Liebespaaren und kommunizieren, wenn auch nonverbal, mit den verfeindeten Menschen, die um Las Vegas Schutzwälle aufgebaut haben. Denn noch beschränkt sich das untote Leben nur auf die Spielermetropole.

ARMY OF THE DEAD ist nicht Snyders bester, aber sein unterhaltsamster Film. Das krachende Setting wurde ab den 1990er-Jahren von den Produzenten und Regisseuren Jerry Bruckheimer (CON AIR, 1997) und Michael Bay (ARMAGEDDON, 1998) etabliert. Raue, muskulöse, sich in herzlicher Feindschaft gegenüberstehende Außenseiter raufen sich mehr oder weniger zusammen, um einem höheren Auftrag zu dienen, erteilt von Leuten, denen sie nicht wirklich vertrauen – aber sie selbst haben auch keine Lust, den Irrsinn infrage zu stellen. Ein Wild Bunch mit Kerlen voller Mutterwitz.

Zur Bankräubertruppe Snyders gehören nicht nur Stiernacken wie Scott Ward (Dave Bautista), sondern mit dem Deutschen Ludwig Dieter (Matthias Schweighöfer) auch ein hochintelligenter Safecracker, feinfühlig und schreckhaft. Eigenschaften, die Schweighöfer zu einer derart feinen Performance verhelfen, dass sich die Frage stellt, ob er so einen Film nicht auch allein tragen könnte.

Seine Qualitäten sind hierzulande bekannt. Neben Til Schweiger und Elyas M'Barek ist er der größte Comedy-Star des Kinos. Jeder von ihnen bedient seine eigene Generation. Der 1981 geborene Schweighöfer befindet sich, wenngleich Teenie-Schwarm M'Barek nur ein Jahr jünger ist, in der Mitte der Zielgruppen-Alterspyramide dieses Trios. Er ist der Mann, der nur von Menschen unter 20 gesiezt und von jedem Menschen über 30 noch für heranwachsend gehalten wird. Auch in ARMY OF THE DEAD zieht Schweighöfer seinen Stiefel durch, zuverlässig als Wuschelkopf, den Frauen nicht küssen, sondern in den Arm nehmen wollen. Er muss ständig beschützt werden, ist kaum überlebensfähig, vor allem nicht in einer Las-Vegas-Ruinenwüste voller Zombies.

ARMY OF THE DEAD dokumentiert Schweighöfers größte Errungenschaft: die Bewältigung, nein, Überwältigung auch internationaler Kritiker. Kaum ein Rezensent außerhalb des deutschsprachigen Raums dürfte ihn gekannt haben. Dann kam

11 *Serienjunkies.de*, bit.ly/352S5gX (31.01.2023).

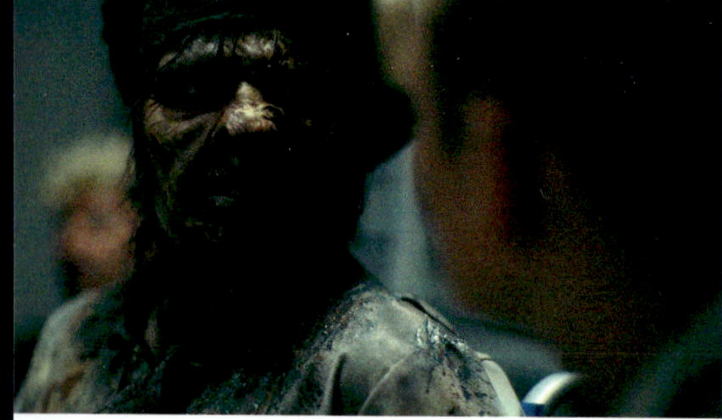

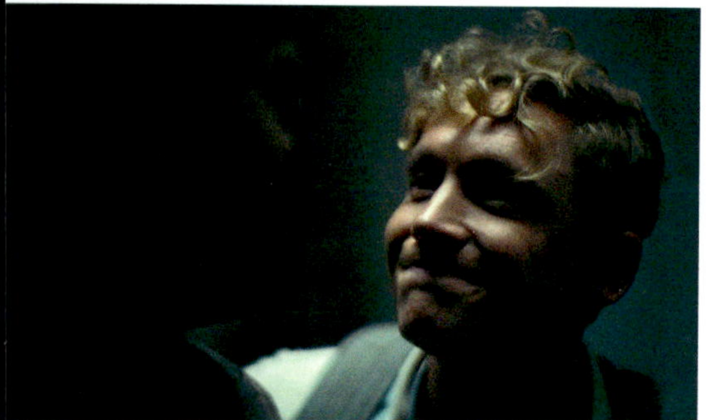

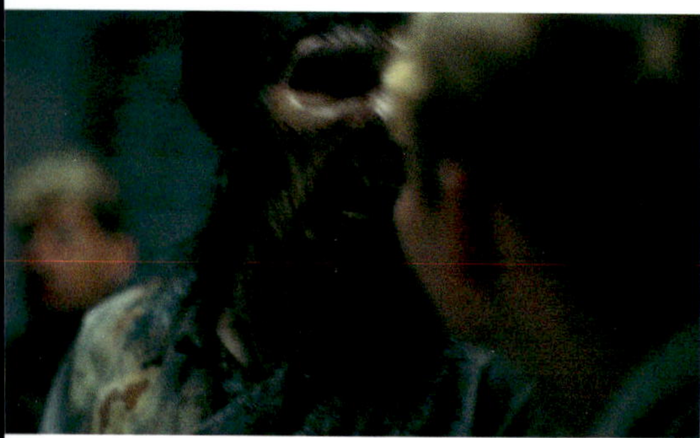

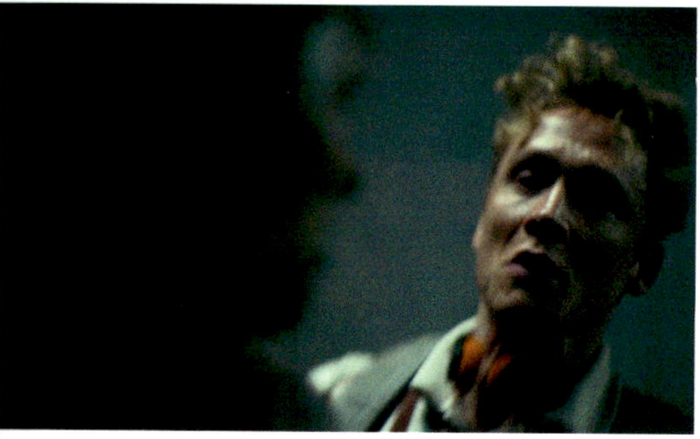

58–61 Ein misstrauischer, gefesselter Zombie beäugt Ludwig Dieter (Matthias Schweighöfer). Als der Bankräuber nahe genug an seinem Gesicht ist, schnappt er nach ihm. (ARMY OF THE DEAD, USA 2021)

ARMY OF THE DEAD, und kein Rezensent außerhalb Deutschlands brandmarkte seine Gags als «deutsch», als unwitzig, was auch daran gelegen haben könnte, dass er nicht «deutsch» wirkt. Menschen anderer Länder verstehen unter Deutschsein eine unbezwingbare Steifheit sowie die Unlust, ein englisches «th» als «th» auszusprechen.

Ludwig Dieter meistert eine absurde Szene, die es im Zombie-Kino zuvor nicht gab. Mit überlegenem Lächeln nähert er sich einem Untoten, der ihn nicht angreifen kann, weil er senkrecht auf eine Bahre gefesselt wurde. Der lebende Leichnam schenkt ihm einen «Was will *der* Typ denn jetzt von mir?»-Blick, überlegt kurz – und erschrickt ihn dann mit einem «Buh!» Der Zombie scheint ein Bewusstsein für seine Ausstrahlung zu haben und setzt sie ein, um jemandem Angst zu machen. Ein Psychospiel, das die lebende Leiche gewinnt. Machtverhältnisse wiederhergestellt (Abb. 58–61).

Hieße Ludwig Dieter nicht Ludwig Dieter, sondern Larry Dawson, er wäre im Kollektiv vielleicht als Sprüche klopfender Amerikaner durchgegangen. Seine deutsche Herkunft aber spielt eine Rolle. Nicht nur, weil Ludwig den Komponisten Richard Wagner anhimmelt. Schweighöfers Engagement als deutscher Krimineller geht einher mit der vor Ausstrahlungsstart als aufsehenerregend wahrgenommenen Mitteilung, dass Schweighöfer längst selbst einen Film der ARMY-Reihe gedreht hat, nicht mehr nur als Schauspieler, sondern auch als Regisseur, und produziert von Snyder. ARMY OF THIEVES wurde fünf Monate nach ARMY OF THE DEAD auf Netflix bereitgestellt: ein Prequel, das die Apokalypse nur am Rande behandelt;

in den Nachrichten wird von ersten Attacken vermeintlich Tollwütiger auf Menschen berichtet. Ludwig Dieter, der in Wirklichkeit Sebastian Schlencht-Wöhnert heißt, ist in dieser Vorgeschichte ein Bankangestellter, der heimlich als Tresorknacker aktiv ist und den Auftrag erhält, die drei größten Safes der Welt aufzukriegen.

Das Erstaunen über eine derartige Netflix-Produktion mit einem deutschen, wenn auch einem der größten deutschen Komödienstars, wich schnell der Anerkennung eines gewitzten, immer häufiger zur Anwendung kommenden Think-Local-Plans des Streamingdienst-Giganten. Eine weltweite Army-Reihe könnte jedem Darsteller der multinationalen Bankräubertruppe von Army of the Dead ein Spin-off widmen. Vor allem in ihren Heimatländern populäre Schauspieler, wie eben Schweighöfer, könnten mit einem Basisfilm zunächst über die Landesgrenzen hinaus bekannt werden, um dann mit dem Nachfolgewerk sowohl global als auch wieder zu Hause abzusahnen. Der Plan ging auf: Army of Thieves stand in 90 Ländern auf Platz 1 der Netflix-Charts.

Im Interview, das ich mit ihm für den *Rolling Stone* wenige Tage vor Sendestart im Oktober 2021 führte, steht Schweighöfer noch unter dem Eindruck der bei Testvorführungen in den USA erfahrenen positiven Resonanz. «Der führende Comic Relief in einem Ensemblefilm ... Und der ist aus ... *what*?», er macht eine kleine Pause, «... aus Deutschland? Die Leute waren baff. Das ist noch mal etwas anderes, als nur ‹der German Safecracker› zu sein.»[12] Sein Ludwig Dieter verehrt nicht nur die Musik Wagners, er liebt auch nordische Sagen. «Die Zombie-Apokalypse», sagt Schweighöfer, «ist Ludwigs Ragnarök, die Legende von Geschichte und Untergang der Götter. Die Zeitenwende, die Abdankung des Menschen.» Gerade die Amerikaner, sagt er, lieben nordeuropäische Mythen, weil sie bei ihnen noch nicht bekannt sind. «Die Amerikaner forderten mich auf: ‹Erzähl mehr davon!›»

Schweighöfer ist froh darüber, dass die Zombiestreifen ihren Weg aus der Schmuddel-Zone gefunden haben. Auch er erkennt jenen Reiz, den nur diese Geschöpfe ausüben können. «Zombies haben etwas Attraktives. Sie fühlen sich weit entfernt an und sind plötzlich ganz nahe. Sie wirken beherrschbar. Aber sobald du sie in deine Welt holst und nur einen einzigen Fehler machst – dann hast du ein ernsthaftes Problem.»

In seinem Film unterscheidet der Regisseur Schweighöfer nicht immer zwischen Menschen und Untoten, auch die Lebenden wirken beizeiten wie Zombies. In seinem Stress-Job hinter dem Schalter hat es der Bankangestellte Ludwig Dieter täglich mit Zombies zu tun. Sie sind die unzufriedenen Kunden, die ihn unisono anschreien, ohne dass man ein Wort versteht. Ein Kameraschwenk zum Decken-Fernseher der Bank, in dem die ersten Berichte über zeternde Menschenfresser ausgestrahlt werden, zeigt die Ähnlichkeit zwischen brüllendem Homo Sapiens an Ludwigs Schalter und brüllendem Untoten auf der Straße.

Schweighöfer springt in seinem Vortrag, aber er zieht kluge Schlüsse: «Wo begegnen uns Zombies im Alltag? Das ist eine philosophische Frage. Zombies stehen für Negativität. Den ersten Zombie sehen wir vielleicht dann schon, wenn wir morgens

12 *Rolling Stone*, bit.ly/ 3rJ3pqU (31.01.2023).

in den Spiegel blicken. Wenn man aufsteht und vergisst, was es überhaupt bedeutet, morgens aufzustehen. Warum nicht einfach innehalten: Ey, ich stehe jetzt auf! Ich bin ein denkender Mensch! Aber wenn man morgens schon nicht mal mehr das Licht einschaltet, findet die Farbe Grau ihren Weg ins Sein. Beginnen wir den Tag mit ein wenig Strom! Licht und Strom können sehr positiv sein – aber auch sehr dröge. Elektrische Zahnbürste anstellen, rein in den Mund schieben, nix merken.»

Die Fernsehnachrichten über Zombies spricht Dunja Hayali, ein weiterer Beleg für den larvierten Humor des Regisseurs Schweighöfer. Hayali ist eine der engagiertesten Journalistinnen des Landes, sie setzt sich gegen Fremdenfeindlichkeit ein, für Meinungsfreiheit und Selbstbestimmung in der sexuellen Identität. Im Jahr 2020 traf sie den mutigen Entschluss, für eine Reportage auf einer Berliner Anti-Corona-Demo mit eigenen Wahrheiten munitionierte «Querdenker» mit Fakten zu konfrontieren. Danach hat der Hass auf die irakisch-stämmige Deutsche weiter zugenommen, auf ihren Profilen in den sozialen Netzwerken tobte der Shitstorm.

In Schweighöfers Film moderiert Hayali einen Bericht über einfältig erscheinende Menschen, die Andersartige anfallen und gleichzeitig ihrer Herde folgen – also Zombies geworden sind. Sie können nicht mehr denken. Die Leute auf den Bildern ähneln manchen, die man auf echten Demonstrationen sieht.

Abseits aller Verhohnepipelung ignoranter Mitbürger ging es Schweighöfer aber auch darum, positive Signale zu setzen. «Mir war die Abbildung von Diversity wichtig, die Einbeziehung starker Frauen», sagt er. Schlägereien versucht Ludwig Dieter aus dem Weg zu gehen, seine Verteidigung übernimmt die Komplizin Gwendoline (Nathalie Emmanuel). Gwendoline leitet auch die Verhandlungen mit Gegnern, wenn Ludwig vor lauter Aufregung nicht weiterweiß und schrill schreit.

«In allen meinen Filmen versuche ich das Männerbild zu analysieren», sagt Schweighöfer. «Was ist Männlichkeit? Ein kariertes Holzfällerhemd tragen, einen schweren Baumstamm wuchten, der Fels in der Brandung sein? Ein Freund wies mich darauf hin: Sich dem Dreh eines Films über einen Zeitraum von zwei Jahren hinzugeben, das kann sehr männlich sein. Und Ludwigs Passion für Safes? Die kann auch sehr männlich sein, oder? Dann lasst ihn auch schrill schreien!»

Die Zombie-Revolution in Fernsehen und Streaming: Die Welt von THE WALKING DEAD und Nachfolgern wie Z NATION

«People you love, they made you who you are. They're still part of you. If you stop being you, that last bit of them that's still around inside, who you are, it's gone.»
Glenn Rhee, THE WALKING DEAD

Im November 2022 wurde die 177. und letzte Episode von THE WALKING DEAD ausgestrahlt. Die erste Staffel startete 2010. Eine über den Zeitraum von zwölf Jahren und elf Seasons laufende Serie, das ist zur Rarität geworden. Und dann auch noch eine Zombieserie? Das AMC-Format stand bis zu seinem Ende auf Platz 10 der *«longest-running scripted American primetime television series»*[13]. Noch im September 2021 wies eine Studie des Marktforschungsinstituts Parrot Analytics diese Show als jene mit den meisten Google-Suchanfragen aus.[14] Die erfolgreichste Episode, der Auftakt von Staffel 4, sahen in den USA im linearen Fernsehen 16,1 Millionen Zuschauer, und die Serie hielt den Status als beliebteste in der Altersgruppe 18–49 bis zum Ende der Season bei.[15]

THE WALKING DEAD, abgekürzt TWD, basiert auf der gleichnamigen Comicreihe Robert Kirkmans, deren erster Band 2003 und deren letzter 2019 erschien. Sie erzählt die Geschichte des Polizisten Rick Grimes, der nach einem Koma im Krankenhaus erwacht (Kirkman hat sich offensichtlich von Alex Garlands Filmbeginn von 28 DAYS LATER inspirieren lassen) und dann erfahren muss, dass Kreaturen die Welt beherrschen (Abb. 62). Grimes kämpft sich durch Atlanta und in die umgebenden Wälder, um seine Frau und seinen Sohn zu finden.

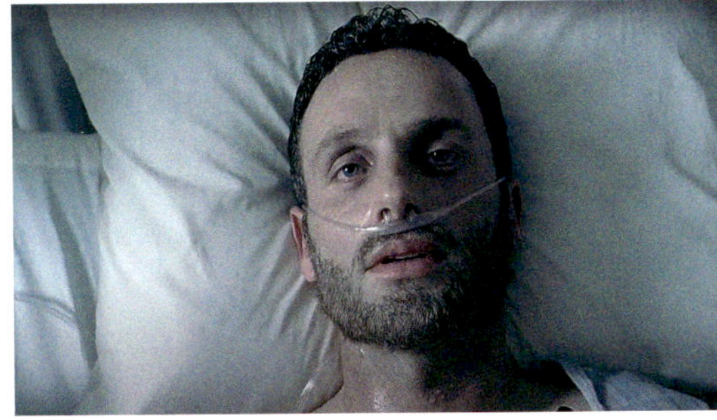

62 Rick Grimes (Andrew Lincoln) erwacht aus dem Koma, im Krankenhausbett. (THE WALKING DEAD, USA 2010–2022)

Für die TV-Adaption und überwiegende Regie der ersten Staffel zeichnet Frank Darabont verantwortlich. Mit den Stephen-King-Verfilmungen DIE VERURTEILTEN (1994), THE GREEN MILE (1999) und DER NEBEL (2007) schuf er drei Arbeiten des Thrillers, der Fantasy und des Horrors, in denen trotz Monsterattacken oder Spuk nichts aufregender ist als die dysfunktionalen Beziehun-

13 *TV Times*, bit.ly/366WmAd (31.01.2023).
14 *Forbes*, bit.ly/34xLL0I (31.01.2023).
15 *AMC*, bit.ly/3gCpwZU (31.01.2023).

gen der Hauptfiguren. Eine gute Voraussetzung, um sich nun dem Drama eines Cops zu widmen, der sich im Laufe der Jahre auf eine beschwerliche Suche nach einer neuen Heimat begibt und der nicht nur die Sicherheit seiner Familie gewährleisten, sondern auch Allianzen mit anderen Überlebenden schmieden muss. Darabont standen Co-Regisseure wie Greg Nicotero zur Seite, jener Fanboy, der mit Anfang 20 für George A. Romeros ZOMBIE 2 als Visagist und Schauspieler tätig war.

Season 1 erhielt zu Recht berauschende Kritiken, und das Staffelfinale sahen fast sechs Millionen Zuschauer. Eine Quote so stark, dass mit einer Gewissheit gearbeitet werden konnte: Nicht nur Geeks wollten sehen, wie Zombies Menschen zerfleischen. Alle wollten das sehen. THE WALKING DEAD wurde zu einer Familienserie. Eine unerwartete Entwicklung, hierzulande vielleicht auch befördert durch die Entscheidung der FSK, einige Episoden nicht ab 18, sondern schon 16 Jahren freizugeben. Dabei zeigen manche Szenen ausgiebige Zerstückelungen von Menschen. In der Vergangenheit haben derartige Darstellungen, wie bei Romeros ZOMBIE 2, bereits für eine Beschlagnahmung durch die Bundesprüfstelle für jugendgefährdende Medien gereicht.

Denkbar ist, dass diese über Jahrzehnte offensichtlich größer gewordene Gewalttoleranz mit der Annahme einer höheren Zumutbarkeit solcher Szenen für noch nicht volljährige Zuschauer zusammenhängt. Studien über die Gründe dieser Voraussetzung einer höheren Zumutbarkeit lassen sich jedoch nicht finden. Ich vermute, dass beim Betrachter eine größere Abstraktionsfähigkeit gegenüber den heute üblicherweise am Computer erschaffenen, also per visuellem Effekt kreierten Monstern oder entstellten Menschen, veranschlagt wird, als wenn er einen Spezialeffekt, einen inszenierten Trick mit Masken, Modellen und Kunstblut sieht, wie es bis in die mittleren 1990er-Jahre Standard war. Ein Spezialeffekt in-camera sieht haptischer, also echter aus, er geht uns näher. Wir haben dann das Gefühl, dass nicht nur einer Leinwandfigur, sondern auch deren Darsteller etwas Böses geschieht. Vielleicht macht es einen Unterschied aus, ob man weiß oder erkennt, dass Opfer oder Monster durch echte Menschen dargestellt und nicht als Pixelwesen durch eine Computermaus bewegt oder modifiziert werden.

Was darf mit wem in einem Film oder in einer Serie geschehen, ohne dass eine Jugendgefährdung vorliegt? Welche Darstellungen sind ausreichend für eine Indizierung? Darüber entbrannte im Jahr 1983 eine maßgebliche Diskussion zwischen der Freiwilligen Selbstkontrolle der Filmwirtschaft und der Spitzenorganisation der Filmwirtschaft (SPIO). Erstmals wurde darüber debattiert, ob ein Zusammenhang zwischen der Identifikationsmöglichkeit mit einem Leinwandcharakter und unserem Maß an Gewalttoleranz gegenüber diesem Charakter existieren kann. Ertragen wir die Massakrierung einer Figur eher, wenn wir uns nicht in ihr erkennen, wenn sie also ein übernatürliches Wesen, ein Monster darstellt? Bei TANZ DER TEUFEL ging es um die Frage, ob die darin zu sehende Abschlachtung infizierter Menschen überhaupt ein Verbot rechtfertige, da ja nicht Menschen abgeschlachtet werden, sondern Menschen, die zu Dämonen mutierten. Es stürben also nur Fantasiefiguren. Eine derartige Bebilderung fiele nicht unter §131 StGB (Vergehen der Gewaltdarstellung). Diese unter Maßgabe des

Strafgesetzbuchs relevante Frage wurde beantwortet. Sam Raimis Film kam 1984 ins bundesdeutsche Kino und zeitgleich in die Videotheken – und wurde kurz darauf von der Staatsanwaltschaft beschlagnahmt. Auch Dämonen-Menschen haben demnach ein Recht auf Würde. Wir sollen nicht sehen, wie sie vernichtet werden. Erst im Oktober 2016 wurde die Indizierung aufgehoben.

THE WALKING DEAD bietet weit drastischere Aufnahmen als TANZ DER TEUFEL. Wer den zerschmetterten Kopf Glenn Rhees (Steven Yeun) gesehen hat, dem es gelingt, während seiner letzten Atemzüge noch einen Liebesschwur an seine Ehefrau Maggie (Lauren Cohan) zu senden, die die Hinrichtung an seiner Seite ertragen muss, wird das Bild nur schwer wieder los.

Aber schon fünf Staffeln davor, nach Ende von Season 1, verließ Frank Darabont die WALKING DEAD-Produktion im Streit. Über den seitdem schleichenden Qualitätsverlust herrscht unter Rezipienten seltene Einigkeit, und auch die Einschaltquoten sanken nach dem Gipfel in Staffel 4 bis zum Serienende 2022 kontinuierlich. Das Mid-Season-Finale der elften Staffel sahen im amerikanischen linearen Fernsehen lediglich 1,61 Millionen Zuschauer, fast 600.000 weniger als zum Staffel-Auftakt.[16] Selbst davon ausgehend, dass nach elf Jahren vor allem Die-Hard-Fans THE WALKING DEAD die Treue halten, dokumentieren diese Zahlen einen gehörigen Schwund. Gerade die letzten Episoden einer (Horror-)Serie ziehen normalerweise mehr Zuschauer an, auch längst abgesprungene, weil die zumindest wissen wollen, welcher Held am Ende überlebt.

Spätestens mit Season 7 war ein Abwärtstrend erkennbar, trotz der Parrot-Analytics-Erhebung, die dem Format noch 2021 eine höhere Popularität zuordnete als dem zweiten großen Serienphänomen der Zehnerjahre, GAME OF THRONES. In der siebten Staffel wurde eben jener Zuschauerheld Glenn ermordet, was nur für diejenigen ein Schock sein konnte, die mit den Comics nicht vertraut sind. Die Serienmacher fassten einen verzweifelten Entschluss: Die Frage nach Glenns Tod – rast der Baseballschläger des Antagonisten Negan (Jeffrey Dean Morgan) wirklich auf dessen Kopf herab, oder doch auf den eines unwichtigeren Helden, Abraham (Michael Cudlitz)? – würde als Cliffhanger des Finales von Staffel 6 inszeniert, die Frage also erst zum nächsten Staffelauftakt geklärt werden. Ein außergewöhnlich schlichter, an Fernsehen der 1990er-Jahre erinnernder Versuch der Zuschauerbindung. Auch in den besten Serien des Goldenen Fernsehzeitalters gibt es zwar den einen oder anderen Cliffhanger (BREAKING BAD, Episode «To'hajiilee», 2013). Aber wenige enden derart plump wie in THE WALKING DEAD: Ein Mordinstrument in Großaufnahme, wir hören Schreie, aber sehen nicht das Opfer, nur den Baseballschläger in Bewegung. Sekunde auf Sekunde klebt mehr Blut am Stiel.

Sind Sie enttäuscht, hätten Sie gern Details erblickt? Ob die Keule den Kopf tatsächlich trifft? Wie der Schädel sich durch jeden einzelnen Treffer verformt? Die Auflösung erfahren Sie doch noch – in einem halben Jahr! Später hat Produzent Greg Nicotero

16 *Showbuzzdaily*, bit.ly/3Mv8daZ (31.01.2023).

indirekt eingeräumt, dass die Serie damit ihren Touch verlor: «Der Tod von Steven Yeun *(Glenn)* in Staffel 7 war kontrovers, und, um ehrlich zu sein, gleich danach hat die Show sich verändert.»[17]

Das war nicht mehr THE WALKING DEAD, das war Trash. Wie konnte es passieren, dass die Serie immer schlechter wurde?

Von Michael Douglas ist eine Anekdote zur effektiven Ausreizung von immer schmaler werdenden Budgets überliefert, mitgebracht aus der Produktion von DIE STRASSEN VON SAN FRANCISCO (1972–1977): «Wenn dir nichts mehr einfällt oder wenn du Geld sparen musst, dann filme die Leute einfach beim Autofahren.» Die WALKING DEAD-Macher haben die Idee radikal beherzigt, auch wenn es in der Apokalypse kaum noch Sprit gibt. Rick Grimes und seine Freunde lieben die Wanderlust. Sie wandern durchs Gehölz und reden. Ausgiebig. Und das drückt die Drehkosten gewaltig.

Zu gerne hätte man den Produzenten bei ihren Konferenzen gelauscht, um verstehen zu können, warum nach dem Erfolg von Staffel 1 eine verblüffende Entscheidung getroffen wurde: erst mal weniger Budget zur Verfügung zu stellen.

Für diesen Schritt kann es nur eine Begründung geben. Das Format wird als Selbstläufer betrachtet. Zur Qualitätssicherung reiche weniger Geld. Frank Darabont musste gehen, weil AMC nach Staffel 1 für künftige Seasons mehr Folgen produzieren, den Etat aber pro Episode um ein Fünftel streichen wollte.

Mit atemberaubender Konsequenz wurde die zweite Staffel auf nur einen Hauptschauplatz zusammengekürzt, die Farm von Hershel Greene (Scott Wilson). Deputy Grimes hat seine Frau und den Sohn gefunden und sich einem Trupp Überlebender angeschlossen. Sie kommen bei Hershel an. Allerdings wird nun ein Mädchen vermisst. Ganze sieben Folgen suchen sie die kleine Sophia im Wald rund um das Haus. Zwischendurch Lehrstunden in Agrarkultur und die Säuberung eines Trinkbrunnens. In Staffel 1 durchquerten Rick und Gefährten noch halb Georgia.

Wer sich von wehmütigen Gefühlen für die frühere Erzählstärke des Formats überrumpeln lässt, deutet die langgezogene Rettungsmission in Season 2 frohen Mutes als epische Erzählung. Aber aus Season 1 sprach eine größere Ambition. Die Entdeckung einer Welt. Kämpfe in den Häuserschluchten Atlantas, Forschungslabore, Krankenhäuser, und selbst nach Verlassen urbaner Territorien noch genug Waldmärsche, wie sie bis zum Ende der Serie leider zur Folklore werden würden. Bis auf einen Abstecher in Staffel 5 kommt Atlanta nicht mehr vor. Ortswechsel sind essenziell, denn im bewaldeten Grün sieht alles gleich aus. Es wirkt, als würden die 171 Episoden nach Staffel 1 sämtlich in einem Radius von zehn Kilometern spielen, gerade weil städtische Wahrzeichen oder Naturmonumente fehlen.

Von Darabonts Rauswurf hat sich THE WALKING DEAD nicht erholen können. Wir kehren zur Serie zurück, werfen aber erst einen Blick auf die erste Zombieserie, die mit diesem Genre-Dickschiff wetteiferte.

17 *Empire*, 11/2022.

Z Nation: Zombies gegen Trump

Das Goldene Zeitalter der Zombies ab Beginn der Jahrtausendwende hat einige Filmklassiker hervorgebracht, aber mit The Walking Dead über viele Jahre lediglich eine einzige Hitserie. All of Us Are Dead, der Netflix-Überraschungserfolg aus Südkorea, erschien erst 2021.

Die einzige Zombieserie war The Walking Dead keinesfalls, doch ihr Schatten erschien lang. Mit Z Nation versuchte vier Jahre nach TWD-Start ein Comedy-Format dem Pionier Konkurrenz zu machen. Nach Ansicht des Publikums ist das nicht gelungen, Z Nation wurde nach stetig sinkenden Quoten mit Ende der fünften Staffel abgesetzt. Und doch ist sie die bis heute herausragende Genre-Serie.

Z Nation hatte es von Anfang an schwer, obwohl Z Nation von Anfang an gut war. Das im Viral-Zeitalter der Zehnerjahre wichtige User-Ranking der Internet Movie Database hielt sich während der ersten Staffel unter 5,0 von 10 Punkten – das ist eine Katastrophe. Dazu gab es Shitstorms in den sozialen Medien. Der Hass erschien organisiert, wie eine Kampagne im Stil der von Troll-Armeen ausgeführten «Review Bombings», die Ratings drücken wollen. Ständig wurden Vergleiche zu The Walking Dead gezogen, obwohl sich Z Nation als Komödie präsentierte. Auf der inzwischen wichtigeren Seite Rotten Tomatoes, einer Rundschau aggregierter Kritiken sowie Fan-Votings, hat Z Nation heute einen «Average Audience Score», eine Zuschauer-Bewertung von 67 Prozent, auf der noch wichtigeren Seite Metacritic einen «User Score» von 7,9 von 10 Punkten. Das ist keine Glanzleistung, aber auch längst keine Peinlichkeit mehr.

Im Oktober 2018 berichtete ich für den *Rolling Stone* von den Z Nation-Dreharbeiten, die in den Wäldern rund um Spokane im US-Bundesstaat Washington, dem «Evergreen State», stattfanden. Ich sprach mit den Serienmachern und Schauspielern über die anstehende fünfte Staffel, von der noch nicht klar war, dass sie die letzte sein würde.

«Z Nation soll in erster Linie nicht gruselig sein, sondern Spaß machen», sagte Karl Schaefer. Schaefer war Showrunner der Serie, ein breit lächelnder, grauhaariger Mann mit der schnellen, schnippischen Sprechweise eines Martin Scorsese und dem festen Händedruck eines Produzenten, der Niederlagen wegstecken kann, es sportlich nimmt, wenn er hausieren gehen muss und seine Ideen belächelt werden. Schaefer hat Erfahrung im Sci-Fi-Genre, er entwickelte 1991 gemeinsam mit Regisseur Joe Dante (Das Tier, 1981; Gremlins – Kleine Monster, 1984) die Mystery-Serie Eerie, Indiana. Das Format wurde nach nur einem Jahr gecancelt, war aber einflussreich. Ohne die ungeklärten Kleinstadtphänomene in Eerie hätte der heutige, nostalgiegetränkte Netflix-Hit Stranger Things anders ausgesehen.

Schaefer beansprucht für Z Nation keineswegs die Neuerfindung des Rads. Die Serie bot Fanservice, unzählige Verneigungen vor Klassikern des Horrorkinos. Und auch in anderer Hinsicht war der Showrunner wenig eitel: «Wir zeigen eine Welt, die die Dinge beim Namen nennt.» Gegenläufig zum Trend also, den Untoten mehr oder weniger geistreiche Bezeichnungen zu verleihen, nur um das Z-Wort zu vermeiden. «Bei uns heißen Zombies auch Zombies.»

Das post-apokalyptische Amerika wurde bei Spokane auf wenigen Quadratkilometern errichtet. Der Drehort, rund eine Flugstunde von Seattle entfernt, ist kostengünstig und befindet sich in einer strukturschwachen Region. Was in einer Episode als leerstehende Fabrikhalle genutzt wurde, stand in der anderen als Rathaus zur Verfügung. Alles sah gleichermaßen abgeranzt aus. Das geht, weil Zombies alles verkommen lassen.

Die Erzählung beginnt mit der Reise des Patienten Murphy (Keith Allan), der, anscheinend immun gegen das Zombie-Virus, von New York nach Kalifornien in ein Labor eskortiert werden soll. Murphy ist die letzte Hoffnung der Menschheit auf einen Impfstoff. Ostküste bis Westküste? Große Teile der Drehstrecke liegen in Wirklichkeit auf den wenige Hektar großen Feldern und Industriebrachen bei Spokane.

Was Murphy und seiner Gefolgschaft um Lt. Roberta Warren (Kellita Smith) und Doc (Russell Hodgkinson) auf ihrer Odyssee zustößt, bietet die Grundlage für lustige, manchmal tragikomische Momente. Wir werden Zeuge eines Angriffs von Zombies, die durch Tornados herangeschleudert werden, bestaunen Zombie-Bären, kopulierende Zombies oder den Zombie George R.R. Martin. Der neben J.K. Rowling populärste Fantasy-Schriftsteller unserer Tage ist ein Fan und hatte einen Gastauftritt als Untoter. Zu weiteren mit Nebenrollen bedachten Promis zählen Henry Rollins, Kelly «Top Gun» McGillis, Mario van Peebles und Michael «Hügel der blutigen Augen» Berryman.

Mit der finalen, fünften Staffel gab sich Z Nation überraschend politisch, sie fiel 2018 in das zweite Jahr von Donald Trumps Präsidentschaft. In der Serie gibt es eine neue Zombie-Unterart, die «Talkers». Die sprechenden Leichen werden von den Menschen gejagt, dabei soll eigentlich darüber abgestimmt werden, ob sie im neuen Amerika, «Newmerica», Wahlrecht erhalten. Z Nation hat dazu eine klare Haltung: Ja, sollen sie. Fremde sind willkommen. Mauern bauen zu wollen, ob im Zombieland oder im echten Leben auf der Grenze zu Mexiko, ist menschenverachtend.

Im Rückblick erscheinen Gespräche über Trumps Versuch einer radikalen Herrschaft über die Vereinigten Staaten einerseits lange her; er musste 2021 nach einer Amtszeit gehen. Andererseits hat er die Spaltung der Nation vorangetrieben. Sein Schatten scheint über nahezu jedes dort täglich stattfindende Hassverbrechen zu liegen. 2025 könnte er ein zweites Mal ins Weiße Haus einziehen. Wird Amerika dieses orangenfarbene Monstrum je wieder los?

«Trump wird weltweit gehasst, ist verabscheuungswürdig, und dennoch übt er weiterhin Macht über Amerika aus», sagt Z Nation-Showrunner Schaefer. »Wir mussten seiner Politik einfach Tribut zollen.» So weit ist es mit Amerika gekommen. Eine Zombiegeschichte nicht mehr nur als Kommentar zur Kriegspolitik wie noch bei Romero, sondern als konkret adressierte Maßnahme gegen den POTUS. Die vor Trump unbeliebtesten US-Präsidenten der letzten 50 Jahre, Richard Nixon und George W. Bush, hatten mehr Glück. Sie blieben von Zombieserien, die als Darstellungen ihres destruktiven Lebenswerks intendiert waren, verschont.

Aber Trumps Politik versagt, im echten Leben wie in der Fiktionalisierung. Am Ende von Z Nation kann es nicht mehr darum gehen, die lebenden Leichen auszumerzen. Sondern um Koexistenz. Damit ist Z Nation positiv utopisch – und Romeros Zivilgesellschaftsfantasie Survival of the Dead ähnlicher als die meisten anderen Genre-Beiträge.

Auch Karl Schaefer hat eine Theorie zur neuen Popularität der Zombies: «In allen diesen Geschichten geht es um die Wiederherstellung und Sicherung sozialer Normen.» Das apokalyptische Szenario setze den Standard für unsere Ängste: Was ist das Schlimmste, das uns zustoßen kann? Wachsendes Zuschauerinteresse, sagt Schaefer, hänge mit weltpolitischen Entwicklungen zusammen, etwa dem 11. September, später dem Kampf gegen den «Islamischen Staat». «Wir fürchten uns vor der Zukunft, haben Angst vor dem unbekannten Gegner, der in unser Land eingedrungen ist.»

Von der Angst vor Unterwanderung habe auch The Walking Dead profitiert. Schaefer glaubt, dass der Erfolg des konkurrierenden AMC-Formats dem politischen Klima geschuldet ist. «The Walking Dead ist exzellent. Aber hätte eine Zombieserie wie diese in einer anderen, friedlicheren Epoche 16 Millionen Zuschauer angezogen?»

«Fear the Dead. Fight the Living» lautet die Walking Dead-Tagline, und darin sieht der Showrunner auch den grundlegenden Unterschied zu seiner eigenen Serie. Bei ihm sind Zombies wichtiger als menschliche Gegner. Im Walking Dead-Universum sind die Beißer eine oft nur zufällig ins Spiel kommende Gefahr. Der eigentliche Überlebenskampf findet zwischen den verfeindeten Menschengruppen statt. «Bei uns stehen die Kreaturen über allem. Wir bringen pro Folge ein ‹Monster of the Week›.» Dazu gehöre auch ein affirmativer Zugang zu unsinnigen Ideen. «Wir sind die Show, die ‹Ja› sagt: Ja, das machen wir! Den Zombie-Tornado, Z-Nado? Yep. Komposthaufen-Zombie? Check!»

Komposthaufen-Zombie? Das ist weniger abwegig als gedacht, denn hinter der Produktion steckte The Asylum. Die Independent-Filmfirma genießt einen gewissen Ruf, der auch Z Nation belastete und für den Vorschuss an miserablen Ratings verantwortlich gewesen sein könnte.

Die Asylum-Geschichte verdient ihre eigene Fernsehserie, eine Hollywood-Satire, die den Kampf der Indies gegen die Majors erzählt. The Asylum gilt als König des Mockbusters: Abwandlungen von Blockbustern, direkt fürs Heimkino produziert. Verehrt von Trash-Fans, gehasst von den Großstudios, die bereits einige Plagiatsklagen gegen den Außenseiter anstrengten. Zu den Verfahren pflegt The Asylum eine entspannte Haltung. Gerichtsprozesse enden in der Regel mit einer Umbenennung ihrer Filme.

Die Liste der Asylum-Machwerke kündet von bewundernswerter Cleverness und grandioser Unverschämtheit. Titel wie diese werden im Kopf – man muss die Originale gar nicht erst erwähnen – automatisch zurechtgerückt, als würden wir Fehler korrigieren: Snakes on a Train, The Da Vinci Treasure, The Terminators, Transmorphers, AVH: Alien vs. Hunter, I am Omega, Paranormal Entity, Atlantic Rim. Schließlich das göttlich benannte, gleich drei Vorbilder kopierende Allan Quatermain and the

Temple of Skulls sowie die schillernde Idee namens Titanic II, die einen rätseln lässt, ob darin ein zweiter Luxusdampfer in See sticht oder die Titanic geborgen wird und dann weiterfährt und wieder einen Eisberg rammt. Alle diese Filme sind, im Gegensatz zu Z Nation, keine Komödien.

Am Set teilte ich dem Titanic II-Kameramann und späteren Z Nation-Regisseur Alexander Yellen meine Begeisterung für die Filme mit. Oder zumindest für den Mut, solche Filme zu drehen. Er beäugte mich misstrauisch. Journalisten, dachte der Asylum-Söldner vielleicht, wollen ihn doch eh nur provozieren.

The Asylum wirbt mit angeblich konstanten Erfolgen. Jedes ihrer Werke hätte die Kosten wieder eingespielt. Mit den Sharknado-Streifen (in der auch einige Z Nation-Charaktere vorkommen) wurde sogar eine eigene Kino-Reihe initiiert. Der clowneske Befreiungsmoment in Z Nation kam noch in der ersten Staffel. Im Mittelpunkt ein gigantischer, runder, durch die Straßen rollender Käselaib, an dem die Untoten wie die Fliegen kleben. «Wir probieren alles aus, was The Walking Dead nicht ausprobiert», sagt Karl Schaefer. «Denn das, was sie machen, machen sie eh zu gut. Es wäre sinnlos, gegen sie anzutreten.» Dafür sei der Rivale berechenbarer. «Bei The Walking Dead kommt es zum Auftritt Negans, und man weiß schon zu Beginn der Folge, dass er am Ende mit dem Baseballschläger jemanden zu Brei schlägt. Darauf wartet man auch. Bei uns jedoch lassen sich keinerlei Vorhersagen treffen.»

Serienheldin Lt. Roberta Warren wird gespielt von Kellita Smith, eine Frau Anfang 50 mit permanentem Stirnrunzeln und Sicherheitshalber-gleich-zuschlagen-Haltung. Eine Figur wie von George A. Romero erdacht. Weiblich, bewaffnet, in der Mitte ihres Lebens, und sie ist Afroamerikanerin (Abb. 63). Auch in einer Welt ohne Zombies hatte sie stärker kämpfen müssen als andere. Smith kennt ihren Gegner. «Trump ist ein Zombie, ein lebender Toter», sagte sie. «Der Mann hat keinen Puls, keinen Funken Leben in sich, wenn es um die Bedürfnisse anderer geht. Unsere Serie bietet nicht nur Entertainment. Sie ist mehr als nur Satire. Sie fordert dazu auf, uns umeinander zu kümmern.»

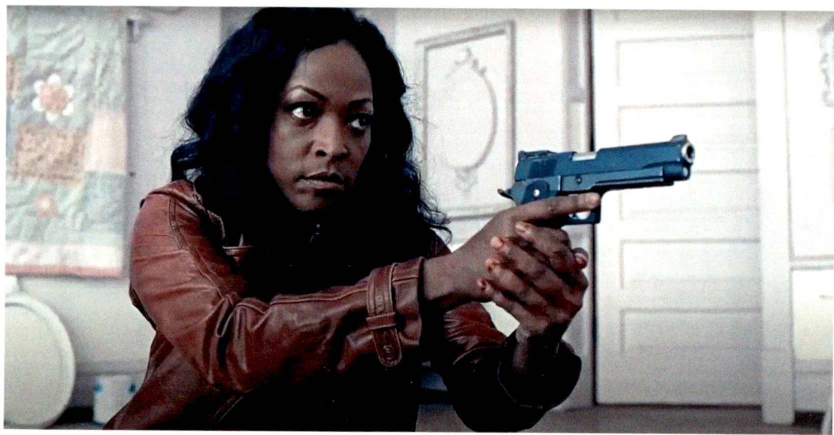

63 Lt. Warren (Kellita Smith) zückt die Pistole. (Z Nation, USA 2014–2018)

Die Zombies und Menschen können miteinander klarkommen, Unterschiede sollten Unterschiede bleiben dürfen.

Ihr Kollege Russell «Doc» Hodgkinson pflichtet Smith bei: «Die sprechenden Zombies, die Talkers, wollen Bürgerrechte. So ziehen wir Parallelen zu den Migranten, die in die USA kommen. Sie verdienen dieselben Rechte wie wir. Und wir fordern, dass Vernunft und Würde ins Weiße Haus einziehen.» Hodgkinson ist ein Schlaks in Latzhose, um den Kopf ein Bandana mit eingravierten Symbolen, die wohl keiner versteht, der in den 1960ern nicht dabei gewesen ist. Er sieht aus wie jemand, der als Twen in Woodstock war und nun in den Wäldern Washingtons, auf der anderen Seite Amerikas, das lange Nachbeben in seinem Kopf genießt. Dabei wollte der Doc nach dem Zombie-Ausbruch – das bringt die Nähe seines Berufs zur Pharmazie mit sich – eine Karriere als Marihuana-Dealer antizipieren. Ein zweiter Blick auf die Zeit seit Serienstart 2014 lohnt sich. Dann erst bemerkt man, dass Hodgkinson aufgehört hat sich zu rasieren und die Haare zu schneiden. Er wurde zum Hippie mit grauem Haarkranz und Zottelbart.

Das Trio der Hauptfiguren komplettiert Keith Allan alias «Patient Zero» alias Murphy alias The Murphy. The Murphy, das klingt wie McMurphy, der Antiheld aus Ken Keseys Roman *Einer flog übers Kuckucksnest*, jener Aufwiegler, der den Außenseitern eine Stimme gibt. The Murphy hat sich mit dem Virus angesteckt, verwandelt sich jedoch nicht, lernt dafür, die Untoten zu verstehen. Er wird zu ihrem Vorkämpfer. Sein Körper hat sich blau verfärbt. Eine Erinnerung an die Zombies aus Romeros DAWN OF THE DEAD, die eigentlich leichengrau aussehen sollten, aber vom Farbfilter des Films nicht begünstigt wurden.

«Wir leben in ‹Newmerica›», sagt Allan. «Es ist wie im Jahr 1775 in den USA, also ein Jahr vor der Gründung der Vereinigten Staaten. Unabhängige Kolonien bestimmen über die Bildung eines einzigen großen Landes. Alles ist möglich, es ist eine aufregende Zeit!»

The Murphy ist eine beispiellose Figur in der langen TV- und Kinogeschichte der Untoten. Ein unzuverlässiger Opportunist, halb Mensch, halb Zombie. «Er ist egozentrisch, oft sogar verachtenswert», sagt Allan. «Aber eben nur im Umgang mit Menschen. Murphy trägt Zombie-DNA in sich. Er ist der Einzige, der sich die Zeit nimmt, infrage zu stellen, wie wir die Untoten behandeln.» Das macht ihn zu einer Art Superstar der Apokalypse. Alle haben schon von ihm gehört, alle wollen ihn sehen, alle wollen sein Blut, in dem das Antivirus zirkuliert.

Die fünfte und finale Staffel von Z NATION führt denkende und sprechende Untote ein. Das wirft Fragen nach der Legitimation von Glauben und Religion auf, denn das Jenseits kann anscheinend warten, solange man als Toter weiterleben, weiterfühlen, weiterreden darf. Es gibt keinen Grund mehr, Zombies auszuschalten. Die Infektion beunruhigt Infizierte nicht, denn das Leben als Untoter gewährleistet Unsterblichkeit unter erträglichen Bedingungen – falls man gerade nicht verfolgt wird und damit klarkommen kann, dass der eigene Körper von Wunden übersät ist. «Take it easy», sagt Doc und ruft Gebissene zur Besonnenheit auf: «Der Tod ist auch nicht mehr das, was er mal war.» Der Tod wurde besiegt.

Z NATION wird nicht wiederauferstehen, zumindest nicht auf dem Muttersender Syfy, von dem Showrunner Karl Schaefer, wie er sagt, immer weniger Zuspruch erhielt. Mit seiner zweiten Zombieserie BLACK SUMMER, von der seit 2019 zwei Seasons von The Asylum produziert wurden, hat er es immerhin auf Anhieb zu Netflix geschafft. Der Streamingdienst übernimmt den Vertrieb, wie inzwischen auch für die fünf Staffeln von Z NATION, das heute den Ruf eines «Kult-Hits» genießt, weil es dank Netflix in etliche Haushalte gespült wird. BLACK SUMMER spielt in demselben «Television Universe» wie die Basis-Serie, also derselben Erzählrealität; wenngleich die Geschichte einer Mutter, die sich in Nordamerika auf die Suche nach ihrer Tochter begibt, nicht als Comedy konzipiert ist.

Die Zukunft des WALKING DEAD-Universums

Innerhalb von 68 Episoden hat Z NATION eine Evolution der Zombies dargelegt. Sie entwickelten sich von Fressmaschinen zu Lebewesen mit Bewusstsein und Schmerzempfinden. In THE WALKING DEAD blieben die Wiederauferstandenen in 177 Folgen so, wie sie von Anfang an waren.

Das muss kein Nachteil sein. Die Selbstverpflichtung zur Evolutionserzählung, der neben Karl Schaefer auch George A. Romero und Zack Snyder folgten, macht deren Erfinder zum Gott einer Schöpfungsgeschichte, der Verantwortung für eine glaubhafte Entwicklung seiner Kreaturen trägt. Vom tumben Streuner zum denkenden Sprecher, das kann ungewollt lustig sein. Sowohl Romero als auch den mit weniger Erfolgsdruck arbeitenden Kollegen Schaefer und Snyder ist die Evolutionserzählung ihrer Monster gelungen.

An einer Ausarbeitung der lebenden Toten als entwicklungsfähige Individuen ist THE WALKING DEAD nicht interessiert, wenngleich ein für 2023 angekündigtes Spin-off angeblich Superzombies vorstellen soll, die über Mauern klettern und Türen öffnen können.

Der Slogan *«Fear the dead. Fight the living»* verweist auf Konflikte zwischen Menschen als treibendes Narrativ. Wie der Comic berichtet auch THE WALKING DEAD von der Reorganisation von Familie, der Notwendigkeit von Diplomatie, zähneknirschender Vergebung von Feinden sowie der Resozialisierung von Gemeindeverbrechern. Also von grundlegenden Vorgängen zur Neu-Errichtung von Zivilisation.

Die Basen werden immer größer. Auf den Wohnwagen-Treck (Staffel 1) folgt die Farm (2), eine verlassene Gefängnisfestung (3), schließlich die neu gründete Kleinstadt Alexandria (5), am Ende in Handelsbeziehungen zueinanderstehende Kleinstädte, die sich gegen den Verbund anderer Kleinstädte behaupten müssen. Ein besonders mächtiger Städtebund nennt sich Commonwealth.

Die Kommunen gründen zum Teil auf neuen Herrschaftsformen. In seinem ersten Leben war Rick Grimes ein Polizist, er wird auch hier wieder zum Anführer seiner Gruppe und behält den Deputy-Hut buchstäblich auf. Zum «Ricktator» wird er erst, als seine Leute nicht sputen. Im Comic wird dem Rechtshänder früh seine Führungshand abgeschlagen, und erst viele Bände später erhält er für seinen Armstumpf einen Greifer-Aufsatz. Er muss sich einhändig behaupten; in der Serie behält Rick die Hand. Dabei hat die Behinderung im Comic, in einem schönen amerikanischen Kniff der Heldenerzählung à la Theodore Roosevelt, nie der Ausübung seiner Autorität im Weg gestanden.

Eine andere Gemeinschaft hat einen «Governor» als Oberhaupt, der in Wirklichkeit kein gewählter Gouverneur ist, sondern ein Tyrann. Ein weiterer Antagonist, Negan mit dem Baseballschläger, bewohnt und beherrscht eine Fabrik, also eine Arbeitsstätte, in der er ein Aufseher ist. Er setzt angekettete Zombies als Schutzschilde ein und hält sich im obersten Stockwerk einen Harem aus geraubten Frauen, deren Männer für ihn schuften müssen.

Dass keiner dieser Sklaven den Suizid wählt, ist nur auf den ersten Blick erstaunlich. Denn alle wissen, dass sie keine Totenruhe genießen würden, sondern früher oder später zu Untoten werden. Die Menschen, nicht nur die Zombies, sind «The Walking Dead», die «wandelnden Toten». Rick Grimes erfährt schon in der ersten Staffel die Wahrheit, ein Wissenschaftler flüstert ihm sein Forschungsergebnis zu: Das Virus – unbekannter Abstammung – wird über die Luft eingeatmet und hat womöglich jeden Winkel der Erde erreicht. Niemand schaufelt sich als Skelett aus dem Grab, aber jeder frisch Verstorbene verwandelt sich. Hierin liegt das größte Missverständnis in der geläufigen Interpretation der TWD-Zombies. Eines, das auch schon bei den Romero-Filmen entstand: Nicht der Zombiebiss ist verantwortlich für die Metamorphose. Er ist nur so giftig, dass wenig später der Tod eintritt. Das eingeatmete Virus kreist dann längst im Körper. Es gibt bei The Walking Dead keine Patient-Zero-Situation, ebenso wenig wie bei Romero.

Daryl Dixon (Norman Reedus), ein neuer, nicht in Robert Kirkmans Comic-Vorlage vorhandener Charakter, wird zum zweiten Anführer. Er ist ein Survivalist, der schon vor dem Weltuntergang selbsterlegte Eichhörnchen verzehrte und Schlangen die Haut abzog. Daryl wird in die Gruppe von Deputy Grimes aufgenommen, obwohl seine Loyalität anfangs zur Disposition steht, denn sein Bruder Merle (Michael Rooker) gehört zu den Feinden. Bei Selbstfindungstrips in der Natur überkommen Daryl Halluzinationen und er verfällt in alte Backwoodsman-Rituale. Als Grimes ihn entkräftet in einer Moosmulde findet, reißt er ihm sogleich die im Wahn angefertigte, auf Kriegsmodus verweisende Halskette aus erbeuteten Zombie-Ohren vom Leib, damit keiner aus der Gruppe Angst vor dem Waldläufer bekommt.

Zum Ende der elften Season ist Daryl Dixon längst zum Hauptdarsteller der Serie befördert worden, die Co-Hauptdarstellerinnen Danai Gurira (Michonne) und Lauren Cohan (Maggie Greene) haben sich rausschreiben lassen beziehungsweise setzten staffelweise aus. Walking Dead-Star Andrew «Rick» Lincoln ging schon zur Hälfte von Season 9.

Von einem sinkenden Schiff zu sprechen, wäre übertrieben. Aber jede Serie, die ihre Top-Quoten (hier erreicht zwischen Staffel 4 und 6) nicht hält, steht zur Diskussion. Die inhaltlichen Probleme wurden ab Staffel 2, jener mit den ersten Budgetstreichungen, stetig präsenter. Die Dramaturgie nahezu jeder Episode richtet sich nach diesem Muster: Alle neu vorgestellten, nicht einsehbaren Handlungsorte, seien es dunkle Schuppen, leere Fabriken, stillgelegte Bunker oder ein moorastiger See, dienen allein dem Zweck eines Überraschungsangriffs der Zombies. Z NATION zelebriert das «Monster of the week», THE WALKING DEAD anscheinend den «Course of the week». Am Anfang betreten die Helden das ungewohnte Terrain. Es herrscht Grabesruhe. Dann macht einer ein etwas zu lautes Geräusch. Die Untoten kommen. Und es wird ungemütlich.

Die Charakterentwicklungen sind haarsträubend. Maggie vergibt Negan, dem Mörder ihres Mannes Glenn, bildet mit ihm ein Team und vertraut ihm sogar ihr Kind an. Unklar, warum. Aber Maggie und Negan machen sich Schulter an Schulter auf Postern gut, Lauren Cohan und Jeffrey Dean Morgan haben sich zu Sexsymbolen entwickelt. Im April 2023 soll DEAD CITY anlaufen, eine Ableger-Serie, die sich um die Abenteuer des unglaubwürdigen Duos dreht. Die tote Stadt ist New York, aber es bleibt abzuwarten, ob AMC für die Dreharbeiten in der Metropole genug Geld bereitstellt. Wer die Zombie-Endzeit im Big Apple glaubhaft darstellen will, muss den Times Square sperren und ihn apokalyptisch auskleiden, muss U-Bahn-Schächte zu Action-Schauplätzen machen, muss Negan das Empire State Building hochwetzen lassen. Eine außerordentliche finanzielle Herausforderung. Mit dem apokalyptischen Los Angeles, inszeniert in der ersten Tochterserie FEAR THE WALKING DEAD, hat der Sender bereits enttäuscht, dazu gleich mehr.

Von der erotischen Ausstrahlung Negans waren die TWD-Macher selbst überrascht, obwohl von Anfang an alles für ihn sprach. Jeffrey Dean Morgan ist ein Berg von Mann, hat ein Kinn wie ein Schneeschieber und das umwerfende Lächeln eines Wolfs. Gegen Ende der Serie wurde für Negan deshalb per Rückblende eine tragische Liebesgeschichte verfasst. Liebende Männer sind noch heißer. Unter Tränen und zu den Klängen von Joe Cockers «You are so beautiful» muss Negan seine geliebte, zum Zombie gewordene Frau Lucille verbrennen – jene Lucille, nach der er seinen Baseballschläger benennen wird, mit dem er den Kopf von Maggies Ehemann Glenn zertrümmert. Und diese Maggie soll mit Negan eine Symbiose bilden? Es bleibt ein Rätsel, weshalb gerade Trauer aus diesem solide im Leben stehenden Kerl – im früheren Leben war er Sportlehrer an einer High School – einen grienenden Massenmörder macht.

Es knirscht also mächtig im Erzählgefüge dieser Serie, in der so vieles nicht durchdacht wirkt. Das wird bei den Abenteuern Daryl Dixons noch deutlicher. Immer wieder schwört der Überlebensexperte der Gewalt ab und kündigt sein Einsiedlertum an. Aber schon in der Episode danach veranstaltet er ohne Erklärung einen Amoklauf unter den «Walkern». So wie Daryl verhalten sich alle Figuren in Windeseile inkongruent gegenüber ihren Vorsätzen, immer so, wie es die fest eingeplante Actionszene der jeweils 45-minütigen Episode verlangt. Mit «interessanter Ambivalenz» im Sinne einer «inneren Zerrissenheit», die zu «Überraschungen» führt, hat das nichts zu tun. Die hanebüchenen Entscheidungen der Charaktere sind Ausdruck mangelnder Charakter-Pflege durch ihre Autoren, die alles dem Schauwert des nächsten Blutbads unterordnen.

Dazu kamen ab Staffel 7 eine nicht erkennbare Planungsperspektive mit nicht mehr entwicklungsfähig erscheinenden Figuren, ein unprofessioneller bis unseriöser Umgang mit ungeliebten Schauspielern sowie das generelle Unvermögen, Stars an sich zu binden. Für den Comic essenzielle Persönlichkeiten wie Carl Grimes, Ricks Sohn, wurden aus der TV-Serie katapultiert. Aus «erzählerischen Gründen», wie es offiziell heißt. Spekuliert wird aber ebenso über andere Gründe. Carl-Darsteller Chandler Riggs stieg in Staffel 1 als Zehnjähriger ein, erwies sich jedoch als unbegabter Schauspieler, auch als Jugendlicher lernte er wenig dazu. In sozialen Netzwerken kursierte der Begriff des «annoying kid». In Film und Fernsehen ist damit ein Kind gemeint, das in Gefahr gerät und schützenswert sein soll, tatsächlich aber derart nervt, dass Zuschauer ihm möglichst intensive Schmerzen, gar den Tod wünschen.

Der damalige Showrunner Scott Gimple traf in der achten Staffel die Entscheidung, Carl aus der Serie zu schreiben. Der Junge wird gebissen und wählt den Freitod. Diese Wendung allerdings wird fabulös begründet, und der vorangehenden Writer's-Room-Sitzung hätte man gerne beigewohnt. Carls Vater Rick, so Gimple, bräuchte doch einen Antrieb, um den Frieden mit seinem Erzfeind Negan zu suchen, denn das sei schon immer ein Wunsch des Sohns gewesen. Als Carl noch lebte, habe Rick abgeblockt. Aber falls Carl ein trauriges Ende findet, davon waren die Autoren nun überzeugt, gäbe das seinem Dad einen Motivations-Boost. Den Wunsch nach Frieden zwischen den Kriegsherren würde Rick dem Filius dann erfüllen. Er will ja den Verstorbenen ehren.

In Walking Dead-typischer Ignoranz längst definierter Plot Points spielt diese Motivation aber bald keine Rolle mehr, denn Spektakel ist wichtiger als Entwicklungslogik. Rick gedenkt der Ideale seines verstorbenen Sohns nicht. Er schneidet Negan stattdessen die Kehle durch (er überlebt) und buchtet ihn ein. Und nur eine Staffel später verschwindet Rick Grimes selbst aus der Serie, bedingt durch die Kündigung seines Darstellers Andrew Lincoln. Carls Tod war dementsprechend umsonst, denn die Erzfeinde Rick und Negan bekämpften sich nicht nur weiter, sie werden bald darauf sogar für immer getrennt, im Hass.

Noch Monate nach Beendigung seines Vertrags äußerte ein tief verletzter Chandler Riggs sein Unverständnis über die Entscheidung, Carl aufgeben zu müssen. Nicht zuletzt wurde der Comic als Coming-of-Age-Geschichte des Sohns, nicht als Abenteuerstory des Vaters konzipiert. Rick setzt Carl nicht zum Spaß den Deputy-Hut auf. Er soll zum Anführer werden. *The Walking Dead*-Schöpfer Robert Kirkman finalisiert die Wichtigkeit des Jungen, sie hätte den Serienmachern ein Vorbild sein müssen. Kirkman schenkt Carl das allerletzte Panel seines Comics. Als Erwachsener blättert er in einem Familienbuch und berichtet von seinen Erlebnissen und denen seines Vaters. Carl liest seiner kleinen Tochter, die auf seinem Schoß sitzt, aus der Chronik vor.

Die Darsteller-Abgänge schienen die Showrunner dermaßen zu überfordern, dass sie mit Zeitachsen hantieren mussten, um eine neue Generation von Walking Dead-Helden heranzüchten zu können. Der Verlust der Grimes-Männer, einer (Carl) beabsichtigt, der andere (Rick) bedauernd, also der Verlust beider Hauptfiguren, setzte sie unter einen Zugzwang, den sie sich selbst zuzuschreiben haben. Denn das einzige noch zur Verfügung stehende Mitglied der Grimes-Familie, Judith, besetzten sie über viele Staffeln zunächst mit einem Baby, dann einem Kleinkind. Beide sind aufgrund ihres Alters als Identifikationsfiguren ungeeignet. Also entschieden sich die Autoren für einen Zeitsprung von 18 Monaten, um Judith von einem Mädchen (Cailey Fleming) spielen lassen zu können, das eine Waffe halten und Gespräche führen kann.

Das Carl-Rick-Judith-Dilemma steht exemplarisch für den Eindruck, dass die Produzenten und Autoren falsche Erzählentscheidungen treffen, sich von Schauspieler-Abschieden beeindrucken lassen und die gedrechselte Story letztendlich nur weitererzählen können, indem sie das Alter der Charaktere bearbeiten und neue Leute engagieren. Carl soll sterben, weil die Zuschauer meckern; der Ausstieg Lincolns bringt alles durcheinander; wir brauchen schnell eine Protagonistin, eine Person mit Reife und Ausdruck; die Autoren drehen deshalb am Rad der Zeit.

Die Trennung von Vater und Sohn führt zur Auflösung der wichtigsten Beziehung des WALKING DEAD-Figurenensembles. Ihr Band war einzigartig, im Comic ist das noch offenkundiger. In einer aufwühlenden Sequenz, dem Tod von Ricks Frau Lori und ihrem Baby Judith (im Comic stirbt das Mädchen), hatte man vielleicht eine Ahnung davon bekommen, wie schlimm es für eine Familie sein muss, im Krieg innerhalb von Sekunden Entscheidungen zu treffen, sich ohne Abschied zu trennen, damit zumindest *ein* junges Mitglied überlebt. Lori wird, mit dem Säugling im Arm, auf der Flucht vor den Truppen des Govenors von Kugeln niedergestreckt. Rick und Carl sind vorangerannt und hören die Schüsse. Der Mann riskiert einen kurzen Schulterblick auf die erschossene Frau und seine erschossene Tochter. Innerhalb von Augenblicken muss er eine unmenschliche Entscheidung fällen. Soll er zurückeilen und schauen, ob nicht doch eine der beiden überlebt hat? Im Kugelhagel könnte es ihn dann selbst treffen, und sein – noch – unverletzter Sohn bliebe allein zurück. Rick muss die schreckliche Frage abwägen, ob er ein Leben retten kann, oder ob zwei geliebte Menschen schon tot sind, und es bald drei sein könnten, falls er kehrtmacht. Rick trifft seine Wahl. «Renn weiter, schau nicht zurück», ruft er seinem Sohn zu. Beide schauen nicht zurück. Sie flüchten gemeinsam in die Wälder, fort von den Toten, fort von Lori und Judith. Der Vater wird nie die absolute Gewissheit haben, dass er seiner Frau und der Tochter nicht mehr hätte helfen können.

Comic-Schöpfer Robert Kirkman traf hier den – auch die Geschichten moderner Romane und TV-Serien wie GAME OF THRONES auszeichnenden – Beschluss, mit Lori Grimes eine Figur, die längst nicht zu Ende erzählt war, aus dem Spiel zu nehmen. In der WALKING DEAD-Fernsehfassung trifft es dagegen stets jene Charaktere, die die Showrunner langweilen oder derart nachlässig gescriptet werden, dass sie die Zuschauer langweilen.

Der beeindruckendste Antagonist im Comic wie in der Serie ist eine Frau. Sie nennt sich Alpha (Samantha Morton) und ist eine Mutter mit grausamen Prinzipien. Die Enddreißigerin betrachtet sich nicht mehr als weibliches Wesen, sondern versteht sich als deindividualisierte, numerische Einheit (Abb. 64). Selbst ihre Tochter muss sie mit

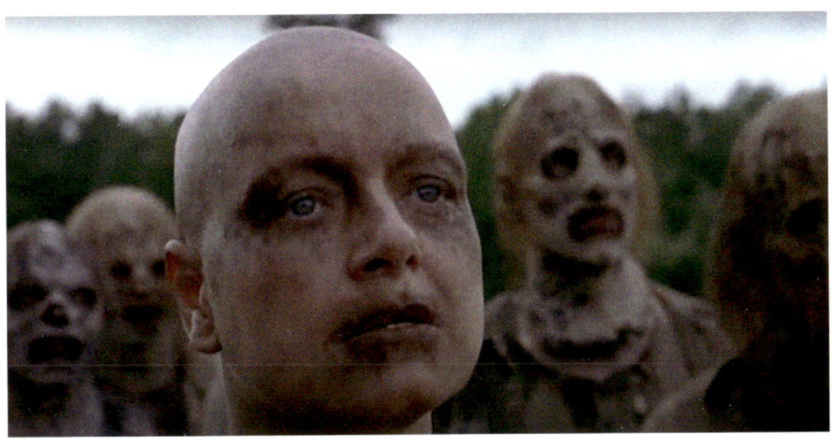

64 Alpha (Samantha Morton) ist die Anführerin der «Flüsterer», die sich unter Zombies mischen, indem sie deren Häute tragen. THE WALKING DEAD, USA 2010–2022

Alpha anreden, die «Erste». Alpha würde das Mädchen, ohne zu zögern, dem Feind opfern, da ein Leben nichts wert sei.

Alpha ist nicht nur die Anführerin ihrer Gruppe, deren Nummer zwei sich «Beta» nennt. Alpha versteht sich als die Erste einer neuen Gattung namens «Flüsterer», einer Art Pseudo-Bastard aus Zombie und Homo Sapiens. Ihre Gemeinde kleidet sich in die Häute der Untoten. Nicht nur, weil der Kostümgestank Ruhe vor den Beißern gewährt, die nicht erkennen, dass unter den Häuten Menschen stecken. Sondern weil Alpha die Zombies als Teil der Umwelt akzeptiert. Es geht ihr um eine geteilte Lebenssphäre. Sie und ihre Soldaten leben frei im Wald, die Gated Communities von Rick und den anderen lehnen sie ab. Wer solche Risiken im Überlebenskampf eingeht und trotzdem hunderte Gefolgsleute um sich schart, der kann nicht mehr verlieren.

Auch für Alpha markiert die Apokalypse einen Evolutionsschritt. Kirkman bedient sich hier, wie Romero und Karl Schaefer, bei Richard Matheson, der in *Ich bin Legende* die vom Menschen aufgestellte Hackordnung in Frage stellt: Was berechtigt uns zu glauben, niemand dürfe in der Nahrungskette über uns stehen? Warum sollten wir annehmen, dass wir auf ewig existieren dürfen? Nur, weil es uns länger gibt als die neue Rasse, eine Mutation?

Auch das jüngere Kino wurde von Mathesons Gedanken erfasst. Ein verwandtes Motiv des Versuchs einer Restrukturierung der Nahrungskette beschreibt Colm McCarthys THE GIRL WITH ALL THE GIFTS (2016) nach dem Roman von M.R. Carey. Darin muss die Menschheit aussterben, damit eine intelligente Subspezies von Zombies, eine Generation mutierter Kinder, überleben kann. Die Menschen würden die «Hungries» genannten Carnivoren sonst auf ewig jagen.

Fear the Walking Dead und World Beyond

Die Bekanntgabe des ersten Spin-offs Fear the Walking Dead, auf das bis heute mit World Beyond und Tales of the Walking Dead (2022, bei Druckschluss des Buchs noch nicht angelaufen) zwei weitere folgen würden, fiel 2014 in eine Hochphase der Walking Dead-Begeisterung. Die neue Serie würde in Los Angeles lokalisiert sein und den Ursprung der Zombie-Seuche behandeln. Gleich zwei Gründe zur Freude. Der erste: In Städten angesiedelte Gemetzel haben einen größeren Reiz, nicht nur, weil Untote und Menschen sich in Gebäuden verstecken können und Situationen damit undurchsichtiger werden. Der Untergang einer Zivilisation führt in verlassenen Metropolen zu sensationellen Bildern. Sich türmender Autoschrott auf wichtigen, zu überquerenden Brücken, wildernde Hunde, zugewachsene Häuser, Flucht über Feuertreppen. Mehr Chaos als in der unberührt erscheinenden Walking Dead-Waldnatur, in der Menschen und Zombies lediglich Gäste sind, und in der die Vögel ungetrübt ihre Lieder singen.

Der zweite Grund zur Freude: Seuchengenese steht bei Zuschauern in der Wunschliste der Plot-Offenbarungen ganz oben. Romero hielt nichts von Erklärungen, die Ursache für die Pandemie war ihm egal. Das ist eine coole Haltung, spiegelt aber nicht unbedingt das Interesse seines Publikums wider. Selbstverständlich will man wissen, wer an der Sache schuld ist. Die Wissenschaft, das Militär, die Aliens, die Verschiebung der Erdachse, das UFO?

Im Dezember 2021 wurde die bereits achte Staffel von Fear the Walking Dead bestätigt, das Geschäft läuft also. Abgesehen davon hat Fear seine zwei Versprechen nicht eingelöst. Die Serie zeigt den Patient Zero von Los Angeles, aber nicht die Keimzelle der Krankheit. Action gibt es lediglich in einem Vorort des Molochs, eine Suburb ohne Wiedererkennungswert, die zudem mit Beginn der zweiten Staffel verlassen wird. Kostet die AMC-Sparfüchse auch weniger, vor allem, wenn dann eine Yacht zum Schauplatz wird, die auf dem Pazifik nur vereinzelt auf Hindernisse stößt. Fear The Walking Dead sah anfangs also noch preiswerter aus als die Stammserie.

Zwei Familien mit einigen ungeliebten Stief-Mitgliedern (interne Konflikte!) flüchten aus dem überrannten L. A., aber erst ab der dritten Season findet das Format seine Bestimmung, in der Darstellung einer Umkehrung von Migrationsströmen sowie Territorialkämpfen. Die Kalifornier um Matriarchin Madison Clark (Kim Dickens) sind in Mexiko angekommen und müssen mit dort ansässigen Clans über ihre Einwanderung verhandeln.

Später gerät die Familie an ein Kartell, das in Zeiten unsicherer Trinkwasserversorgung über einen Staudamm herrscht. Eine Apokalypse verändert vieles, aber vieles auch nicht. Das Machtstreben der Ganglords ist intakt geblieben, die Amerikaner müssen nun betteln. Zurück in Südkalifornien geraten sie mit Angehörigen des Hopi-Stammes aneinander. Die indigenen Kämpfer um Chief Qaletaqa Walker (Michael Greyeyes) fordern ihr Land von einem Großgrundbesitzer zurück, der den Stamm einst enteignete.

Die Idee der Ausweitung der Kampfzone auf Gebiete außerhalb der USA ist so reizvoll wie die Einbindung Indigener, die ihre Chance auf Wiedergutmachung sehen. Es entstehen neue politische Dynamiken, die es in einer Serie wie The Walking Dead, die nur in Georgia spielt, nicht geben könnte. Revanchismus und Nationalstolz werden zu bestimmenden Faktoren. Die Neubildung von Machtverhältnissen zwischen den Ländern verleiht Fear the Walking Dead eine Qualität, wie sie auch Max Brooks mit *Operation Zombie* herausstellte, als ausgerechnet Kuba und Nordkorea zu Großmächten aufsteigen.

Young Adults im Zombie-Kosmos

Mit The Walking Dead: World Beyond erschien 2020 ein weiterer Ableger. Eine auf zwei Seasons angelegte Mini-Serie, die in Nebraska zehn Jahre nach Ausbruch der Seuche ansetzt und als Adoleszenz-Geschichte junger Menschen konstruiert ist, die nichts anderes als eine Welt mit Untoten kennen. Wer von Geburt an mit den Zombies in Sichtweite lebt, dem fehlt das durch die Einkehr von Bestien in unsere Welt ausgelöste Trauma der Unumkehrbarkeit dieser neuen Weltordnung. Die Teenager kennen nur die Koexistenz, haben nie die Erfahrung machen müssen, überrannt worden zu sein und trotz ihrer Intelligenz den Krieg nicht zu gewinnen. Für die junge Generation scheint die Möglichkeit eines Nebeneinanderbestehens nicht ausgeschlossen.

Die Kurzserie war der Versuch von Scott M. Gimple und des Senders AMC, mit Zombie-Stoffen im «Young Adult»-Genre Fuß zu fassen. Mit Young Adult alias «YA» sind Stories bezeichnet, in denen Heranwachsende durch Krisen reifen. Alle Ereignisse werden aus ihrer Sicht geschildert, wir erleben also gerade auch heranreifungstypische Unsicherheiten (Bin ich hässlich? War das peinlich?) aus ihrer Perspektive. Der YA-Markt ist riesig, und manchmal bleibt einem das Young-Adult-Zielpublikum auch im Erwachsenenalter treu. Ein moderner «Young Adult»-Klassiker ist die *Bis(s) zum...*-Romanreihe Stephenie Meyers, deren erster Band 2005 erschien. In diesen Storys muss sich eine junge Frau zwischen den sexuellen Offerten zweier junger Männer entscheiden, von denen einer ein Vampir, der andere ein Werwolf ist.

World Beyond beschreibt bereits im Titel den Aufbruch ins Erwachsenenalter, den Abschied aus dem Jugendzimmer. Vier Teenager verlassen ihre sicher abgeriegelte «Campus Colony» und begeben sich auf eine Quest, die sie von Nebraska bis in den Osten der USA führen soll. Die einen suchen ihren Vater, der sich im New York State in Gefahr zu befinden scheint, die anderen eine Mutter, die seit Jahren vermisst wird.

Innerhalb der 20 Episoden sanken die Einschaltquoten allein in den USA von anfangs bereits überschaubaren 1,5 Millionen auf krümelige 0,4 Millionen.[18] Dabei können «Young Adult»-Erzählungen auch im Zombie-Genre funktionieren. Jonathan Levines Romanverfilmung Warm Bodies zeigt einen Untoten, der sich in eine junge,

18 *Show Buzz Daily*, bit.ly/4PS0No (31.01.2023).

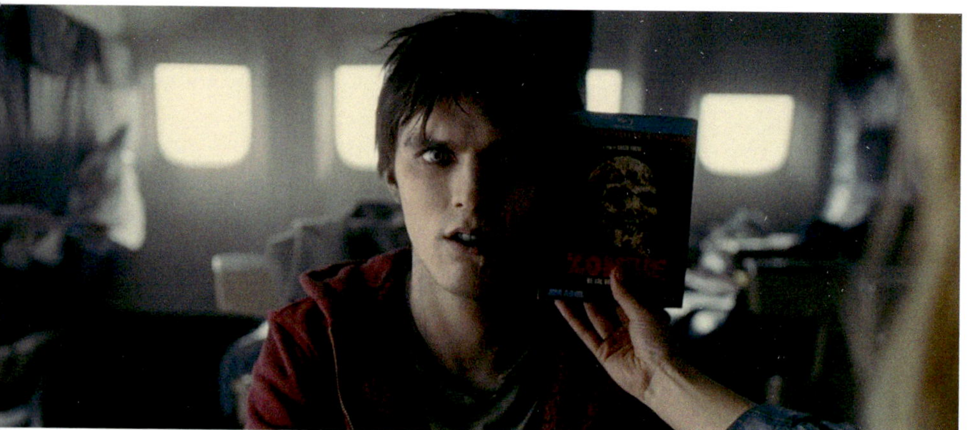

65 «R» (Nicholas Hoult) ist ein hübscher Zombie. Das zeigt der Vergleich mit dem Untoten, der auf einer Blu-ray-Filmhülle von WOODOO – SCHRECKENSINSEL DER ZOMBIES abgebildet ist. (WARM BODIES, USA 2013)

lebende Frau verguckt. Er kann sich sogar zurückverwandeln in einen Menschen, weil er die Liebe entdeckt, sein verliebtes Herz wieder zu schlagen beginnt. Praktischerweise handelt es sich bei dem Zombie namens «R» um einen halbwegs unversehrten. Kein Auge fehlt, kein Arm ist ab, kein Millimeter Darm hängt raus. Er hat nur ein paar Kratzer im Gesicht und ist leichenblass, aber das heilt sich aus (Abb. 65).

Den Zombie «R» spielt Nicholas Hoult mit brillanter Tapsigkeit, ihn lernten wir 2002 in der Nick-Hornby-Verfilmung ABOUT A BOY als schüchternen Außenseiter kennen. Nicht weniger brillant ist die Idee, dessen fahrige Zombie-Motorik mit der Verdruckstheit eines Teenagers gleichzusetzen, der sich in einer Phase voller Hemmungen befindet. «Was mache ich nur mit meinem Leben?», fragt sich der pubertäre Zombie, dessen Gedanken wir per Voice-Over erfahren. «Ich bin so blass. Ich sollte mehr raus. Ich sollte mich besser ernähren. Meine Körperhaltung ist furchtbar. Ich sollte gerader stehen. Die Leute würden mich mehr respektieren, wenn ich gerader stünde. Was ist nur verkehrt mit mir? Ich suche doch nur Anschluss. Warum finde ich keinen Anschluss?» Das sind die Selbstzweifel, die jeden von uns in der Adoleszenz befallen. Nur, dass «R» seine Gedanken mit einer anderen Erkenntnis beendet: «Warum finde ich keinen Anschluss? Oh, genau, ich bin ja tot.» Der Junge ist ein verschüchterter Millenial. Er möchte nicht mal, dass der Zuschauer beim Menschenfressen dabei ist, weil dies eine ziemlich unansehnliche Sauerei darstellt: «Ich fänd's toll, wenn ihr mal einen Moment wegschauen könntet.»

Der seltene Einblick in die Gedanken- und Empfindungswelt eines Zombies führt zu erhellenden Schlussfolgerungen. Warum isst das Monster Gehirne? «R» weiß es: Das Gehirn lässt ihn wieder wie ein Mensch fühlen. In den grauen Zellen des Opfers sind fremde Erinnerungen gespeichert, die der Untote beim Verzehr abrufen kann. «R» klärt auch über Gruppenverhalten auf, den Grund der Zusammenrottung der Zombies:

«Im Rudel zu laufen leuchtet ein, besonders, wenn Hinz und Kunz versuchen, dir in den Kopf zu schießen.»

Warm Bodies ist eine Komödie, die Young-Adult-Serie World Beyond nicht, und ein wenig Humor hätte dem Format gutgetan. Die Serie ist für das Walking Dead-Worldbuilding jedoch nicht unwichtig. Die Post-Credit-Szene der letzten Folge enthält ein entscheidendes Detail zum Ursprung der Seuche. Elf Jahre nach Start des Walking Dead-Universums wird geklärt, dass das Virus nicht aus dem Weltall stammt, sondern aus einem Labor, womöglich in Frankreich oder Kanada (Abb. 66).

«Les morts sont nés ici» – «Die Toten wurden hier geboren» steht als Graffito auf einer Wand in einem verfallenen biomedizinischen Labor. Ein Mann mit gezückter Pistole bedroht eine Wissenschaftlerin, die sich über einen Computer beugt. Sie sprechen französisch. «Du dachtest, du könntest all dem ein Ende bereiten?», fragt er die Frau. «Du hast all das doch verantwortet. Du und all die Teams … und dann habt ihr es nur noch schlimmer gemacht.» Sie kann dem Vorwurf nichts entgegensetzen, schweigt. Der Mann drückt ab und eilt davon.

Die getötete Frau verwandelt sich in einen Zombie. Aber, im Gegensatz zu allen bisherigen Verstorbenen, innerhalb von Sekunden statt Minuten, und sie hämmert, kaum erwacht, mit rasender Geschwindigkeit gegen die Labor-Tür, ihr Mörder hat sie eingeschlossen.

Die Untoten sind also menschengemacht. Und neuerdings, wie diese eben noch tote Forscherin, dank Bärenkräfte und zackigem Tempo, gefährlicher denn je. Auch diese Zombies durchlaufen also eine Evolution. Im Hintergrund der Hinrichtungsszene läuft auf einem Bildschirm ein Video von Dr. Jenner (Noah Emmerich), dem wir zuletzt in der ersten Season der Basis-Serie The Walking Dead begegnet sind. Er spricht über einen Forschungsansatz, von dem nicht ganz klar ist, ob er Infizierte heilen oder Untote möglichst schnell vernichten soll. Dafür setzt Dr. Jenner zu einem fantastischen

66 In einem verlassenen biomedizinischen Labor bedroht ein Mann eine Forscherin mit einer Pistole. Er macht sie verantwortlich für die Erschaffung des Zombie-Virus. (The Walking Dead: World Beyond, USA 2020–2021)

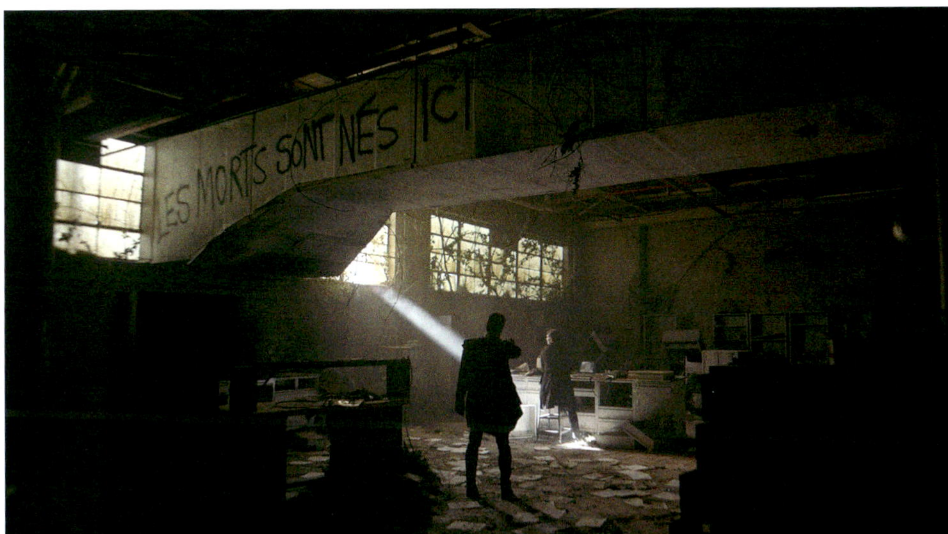

Hollywood-Wissenschaftsgefasel an, das maximal beeindrucken, also möglichst nicht hinterfragt werden soll, weil uns schon jedes einzelne Keyword überfordert: «Wir nutzen koronare Plaques als Trägermedium für Steroidtherapien, die dazu beitragen sollen, den Kreislauf anzukurbeln, in der Hoffnung das Gehirn einfach kurzzuschließen, vielleicht die Funktion wiederherzustellen und die Nerven zu verwirren – das ist ein faszinierender Ansatz!»

Bleibt zu hoffen, dass unsere zukünftigen Walking Dead-Helden die Erhebungen Dr. Jenners nicht zu nutzen wissen, denn die Zombies sollen ja noch weiter unter den Lebenden wandeln. Zwei Serien-Spin-offs befinden sich in Arbeit, von denen bislang so gut wie keine Inhalte bekannt sind: ein noch unbetiteltes Format, das auf die Abenteuer von Daryl Dixon fokussiert und in Frankreich gedreht wird, also von der schwülen Wald-und-Wiesen-Kulisse des Walking Dead-Panoramas in Georgia abweicht. Der Hillbilly wird seine geliebte Umgebung verlassen müssen, dafür aber in Europa vielleicht das Forschungslabor besuchen, wo die Seuche ihren Ursprung nahm.

Und schließlich wird es ein Projekt mit Serienstar Andrew Lincoln geben, das, in klassischer TWD-Großspurigkeit, am Tag der Bekanntgabe vielversprechend klang, aber mittlerweile zusammengeschrumpft ist. Mit dem Serien-Abgang Lincolns 2018 wurde sogleich ein Walking Dead-Kinofilm mit ihm in der Hauptrolle angekündigt, der einer cineastischen Feuerprobe gleichgekommen wäre: Funktioniert die Saga auch innerhalb eines Zwei-Stunden-Formats? Außerdem wäre erstmals messbar geworden, wie viele Zuschauer das seit 2003 bestehende Franchise in die Kinosäle locken könnte. Im Juli 2022 dann die ernüchternde Mitteilung, dass Rick lediglich in einer AMC-Miniserie (gemeinsam mit Michonne-Darstellerin Danai Gurira) zu sehen sein würde. Ärgerlich besonders für Andrew Lincoln, der sich zurechtgestutzt fühlen muss. Sein damaliger Abschied aus dem TV-Geschäft brachte dem zu Karrierebeginn noch im Kino reüssierenden Schauspieler kein Glück, seine auf The Walking Dead folgenden Leinwand- wie Fernseh-Rollen sind bislang spärlich gesät und unbedeutend.

Walking Dead-Regisseur Greg Nicotero wird derweil seinem Idol George A. Romero eine Ehrung erweisen. Er dreht einen Film über Die Nacht der lebenden Toten. Kein Remake also, sondern ein Werk über die abenteuerlichen Dreharbeiten. «Es wird eine Arbeit im Stil eines Ed Wood-Biopics», sagt er. «Herz und Charakter des Menschen Romero sollen sichtbar werden.» Für Nicotero ist die Crew Romeros eine zeitgenössische Version der Cowboys aus den Glorreichen Sieben: «Sie waren sich nicht sicher, ob ihr Plan aufgehen würde, aber sie stellten sich der Herausforderung.»[19]

Produziert wird der Film in Schwarzweiß. Aber nicht vollständig. Manches, sagt Nicotero, sei nur in Farbe zu würdigen. In Rot. Man müsse erkennen können, wie Romero in die Trickkiste griff und Schokolade schmelzen ließ. Schokolade, die auf der Leinwand aussah wie Blut.

19 *Deadline*, bit.ly/3J0zXnG (31.01.2023).

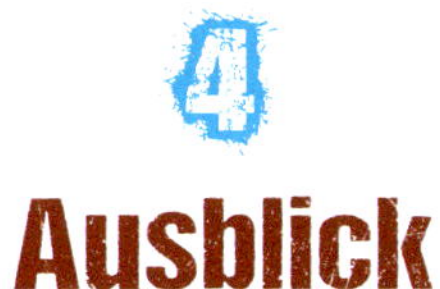

4 Ausblick

Bis hierhin habe ich mich vor einem naheliegenden, schlechten Wortspiel drücken können: Zombies sind einfach nicht totzukriegen. Aber es stimmt nun mal. Erinnern wir uns daran, wie die Untoten über Jahrzehnte wahrgenommen wurden. Als Monster, die in den Grabbelecken der Videotheken bestens aufgehoben sind. Seit den Nullerjahren aber spielen Hollywood-Stars in Zombiestreifen mit, die hunderte Millionen Dollar kosten und hunderte Millionen einnehmen. Diese Filme sind nicht besser als die alten. Aber auch sie halten das Genre am Leben.

Selbst in das erfolgreichste Comic- und Kino-Universum des noch jungen 21. Jahrhunderts sind die unappetitlichen Gestalten eingedrungen. In der Was wäre, wenn ...?-Reihe Marvels, in der die Superhelden alternative Persönlichkeiten mit überwiegend schlechten Absichten verkörpern, werden Idole wie Iron Man zu Untoten (Abb. 67).

Schon mit dem unerwarteten Erfolg von George A. Romeros Nacht der lebenden Toten wurde die zunehmende Popularität der Zombies in Abhängigkeit von Weltkrisen betrachtet, die künstlerisch nachempfunden werden konnten. Für Pessimisten ist die Anziehungskraft von Bestien, die Menschen verspeisen, groß. Nach Ansicht der Schwarzseher befinde sich unsere Zivilisation seit Vietnam, seit den Terroranschlägen vom 11. September, den Golfkriegen, dem Sturm auf das Kapitol, seit Facebook, Twitter und dem Dompteur der Social-Media-Hassmaschinen, Donald Trump, im Niedergang. Und nun droht auch noch Putin mit der Atombombe.

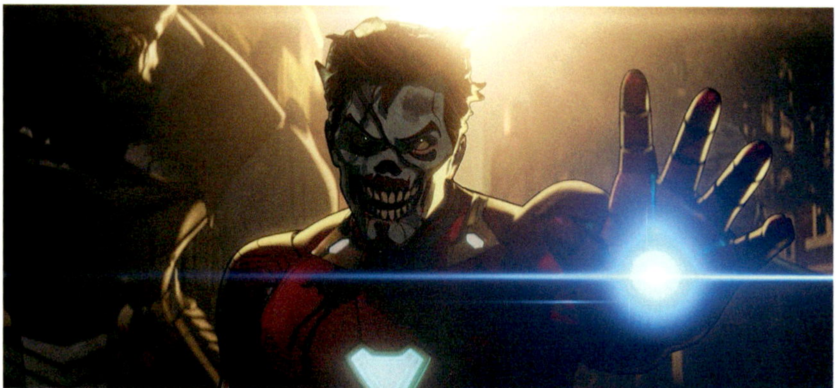

67 Hulk streunt durch das verlassene New York und trifft auf Iron Man. Der hebt seine Hand und richtet den Energiestrahl auf seinen Freund. Außerdem sieht er aus wie ein Zombie. (WAS WÄRE, WENN … ?, USA 2021)

Als ich das Buch zu schreiben begann, war Corona das weltweit bestimmende Thema. Viele meiner Interviews mit den hier zu Wort kommenden Filmschaffenden drehten sich schnell um den Vergleich der Zombie-Pandemie mit der Covid-Pandemie.

Als ich das Buch beendete, beherrschte ein zweites Thema die Welt. Es gibt einen neuen Krieg in Europa, Russlands Armee ist in die Ukraine einmarschiert. Ich werde zu einem anderen Zeitpunkt mit den Mitstreitern Romeros besprechen müssen, inwieweit dieser Krieg sich als Analogie für den Krieg in der NACHT DER LEBENDEN TOTEN eignen könnte, und die Soldaten im Ukrainekrieg Gemeinsamkeiten mit denjenigen aus ZOMBIE 2 haben könnten.

Es wäre traurig, wenn die stärkere Sichtbarkeit einer Filmgattung lediglich durch politische Entwicklungen bedingt wird. Nur ein Zyniker würde auf den nächsten Krieg warten wollen, damit die Zombie-Welle einen Impuls erhält.

Es gibt Anlass zur Hoffnung, dass die Untoten nicht mehr in ihre Gräber zurückkehren. Zombie-Stoffe werden einem immer breiteren Publikum nahegebracht – nicht nur einem breiteren Zuschauerpublikum, sondern auch einem breiteren Kritikerpublikum. Dadurch werden Vorurteile auf allen Seiten abgebaut.

Zombies sind überwiegend dumm, natürlich. Viele der Filme aber nicht.

Zombiefilme lehren uns, wie wir ein friedlicheres Zusammenleben gestalten können. Wenn schon nicht mit Untoten, dann zumindest mit unseren Nachbarn.

Falls ich alles richtig gemacht habe, habe ich diese Botschaft an Sie übermitteln können. Zusammenhalt ist wichtig, über Grenzen hinaus. Nur sollten wir unsere Grenzen kennen. Gehören wir ins All? Besser nichts überstürzen. Wer weiß, was passiert, wenn eine Sonde ein Virus aus dem Weltraum mitbringt.

Danksagung

Unterhaltungen über Untote sind mit mir nicht einfach. Ich erkenne zwar Allegorien an und warte auf den ersten Film, der Corona-Leugner als Zombies zeigt. In erster Linie nehme ich Zombies jedoch als echte Bedrohung wahr. Wenn es nachts im Hausflur scharrt, denke ich nicht an Einbrecher, ich denke an Untote.

Die meisten Gesprächspartner schalten bei solchen Berichten ab. Ich rette mich mit dem Gedanken, dass Menschen wie mir nicht geholfen werden muss. Meine Fantasie macht mich nicht verrückt.

Das Wort Zombie klingt freundlich, weil auf hart schnell weich folgt. Auf die hart zischende erste Silbe, dessen erster Buchstabe für mich auf ewig mit Zorros Signatur per Peitschenschwung verbunden sein wird, folgt ein langanhaltender Ausklang mit jenen zwei Buchstaben, die Kleinkinder am liebsten von sich geben: «ie». Es gibt nicht viele Wörter, die sich auf «Zombie» reimen. Die ersten, die mir einfallen, sind Bambi und Baby. «Zombie» ist brutal, dann einladend, mich hat das Wort schon als Junge fasziniert.

Ich habe meinen ersten Zombiefilm nicht als Kleinkind, sondern als Elfjähriger gesehen. Welches Kind fühlt sich nicht von Titeln wie «Zombies im Kaufhaus» angezogen? Es brauchte nur einen Freund, der an die VHS-Sammlung seiner Eltern herankommt.

Ich danke meinen Freunden, die mir zugehört haben, auch wenn sie nicht ahnten, dass es um Zombies geht: Andreas Jung, Dirk Krampitz, Hartwig Vens, Arne Willander, Daniel Logemann, Marc Vetter, Peer Steinwald.

Ich danke Annette Schüren und Erik Schüßler vom Schüren Verlag für Ratschläge und die Umsetzung des Buchs.

Vor allem danke ich meiner Frau Ines und meinen Kindern Ted und Polly. Zombies lassen Ines unbeeindruckt. Wäre das Gegenteil der Fall, wären wir wahrscheinlich zur

Prepper-Familie geworden. Ich erzählte ihr von meinem Traum, auf einer schwimmenden Stadt mein Leben zu verbringen, in Sicherheit vor allem, was schlurft. Ihre Antwort ließ nicht lange auf sich warten. «Ein Schiff dieser Größe», sagte sie, «wäre nicht manövrierfähig.» Manövrierfähig ist ein schönes Wort; zumindest meine Träume bleiben manövrierfähig.

Mit meinem Sohn und meiner Tochter rede ich erst in ein paar Jahren über Zombies. Bis dahin haben sie Ruhe, die Welt ist für sie, so wie sie ist, schön genug.

Literaturverzeichnis

Abagnalo, George und William, Terry Ork: Night of the Living Dead – Interview with George A. Romero. In: *Interview*, April 1969.

Alexander, Chris: Dawn of the Dead – Over and Over. In: *George A. Romeros Dawn of the Dead – Dissecting The Dead*, Buch in der Limited Edition von Dawn of the Dead, Second Sight Films.

Aubrey, Elizabeth: Shaun of the Dead: Edgar Wright and Simon Pegg on their zombie classic. In: *The Guardian*, 04.05.2020, bit.ly/3fOQEVd (31.01.2023).

Birth of the Living Dead, Dokumentation, USA 2012. Regie: Rob Kuhns.

Brooks, Max: *Der Zombie Survival Guide: Überleben unter Untoten*. Goldmann, 2010.

Brooks, Max: *Operation Zombie – Wer länger lebt, ist später tot*. Goldmann, 2010.

Centers, Josh: New statistics on modern prepper demographics from FEMA and Cornell. In: *Theprepared.com*, 04.08.2021, bit.ly/3KXfhxc (31.01.2023).

Clark, Travis: The most popular Netflix movies of all time, including Red Notice and Don't Look Up. In: *Insider*, 11.01.2022, bit.ly/3srJTP7 (31.01.2023).

Cutrone, Ronnie, Lebowitz, Fran und Hackett, Pat: George Romero: From Night of the Living Dead to The Crazies. In: *Interview*, April 1973.

Diverse: Dawn of the Dead-Buch in der Blu-ray von Dawn of the Dead. *Second Sight Films*, 2020.

Ebert, Michael und Michaelsen, Sven: «Der Zombiefilm erlaubt uns den Blick des Psychopathen». In: *Süddeutsche Zeitung Magazin*, 04.09.2013, bit.ly/3nRMDDH (31.01.2023).

Ebert, Roger: Night of the Living Dead.

In: *Chicago Sun-Times*, 05.01.1969, bit.ly/3z1sDmw (31.01.2023).

Elder, Robert: Movie review, RESIDENT EVIL. In: *The Chicago Tribune*, 07.09.2010, bit.ly/3KkykkN (31.01.2023).

FAQ: Auswirkungen der Corona-Krise auf die Luftqualität. In: *umweltbundesamt.de*, 17.07.2020, bit.ly/3tWd2UX (31.01.2023).

Fleming Jr., Mike: THE WALKING DEAD's Greg Nicotero & Jimmy Miller to make film on the making-of George Romero's zombie classic NIGHT OF THE LIVING DEAD. In: *Deadline*, 21.07.2022, bit.ly/3J0zXnG (31.01.2023).

Foster, Don: The Message in the Anthrax. In: *Vanity Fair*, 10/2003, bit.ly/3qG38Vh (31.01.2023).

Graham, Jamie: I don't think my imposter syndrome has ever gone away – an Interview with Edgar Wright. In: *Total Film*, 1/2022.

Hasan, Zaki: Interview: Director Alex Garland on EX MACHINA. In: *Huffington Post*, 06.12.2017, bit.ly/3FB585G (31.01.2023).

Jolin, Dan: Toxic Masculinity. In: *Empire*, 6/22.

Klawans, Stuart: Mere Anarchy Is Loosed. In: *NIGHT OF THE LIVING DEAD*, Vorwort, Criterion Collection.

Lippe, Richard, Williams, Tony und Wood, Robin: The George Romero interview 1979. In: *George A. Romero – Interviews*, University Press of Mississippi, 2011.

MANY DAYS OF DAY OF THE DEAD, DVD-Doku, Divimax Special Edition.

McConnell, Mariana: Interview: George A. Romero on DIARY OF THE DEAD. In: *Cinemablend*, 2008, bit.ly/32CEds1 (31.01.2023).

Metcalf, Mitch: Show Buzz Daily's Sunday 10.04.22 Top 150 Cable Originals & Network Finals Updated. In: *Show Buzz Daily*, bit.ly/3Mv8daZ (31.01.2023).

Metcalf, Mitch: Show Buzz Daily's Sunday 12.05.21 Top 150 Cable Originals & Network Finals Updated. In: *Show Buzz Daily*, bit.ly/34PS0No (31.01.2023).

Niasseri, Sassan: Interview mit Matthias Schweighöfer. In: *Rolling Stone*, 29.10.2021, bit.ly/3rJ3pqU (31.01.2023).

Nicotero, Greg: My Life among the Undead. In: *Empire*, 11/2022.

Rivlin, Gary: A Retail Revolution Turns 10. In: *New York Times*, 10.07.2005, nyti.ms/3qsMHLZ (31.01.23).

Robey, Tim: George A. Romero: Why I don't like THE WALKING DEAD. In: *The Telegraph*, 8.11.2013, bit.ly/3EqFH61 (31.01.2023).

Rose, Steve: I called it «post-horror» – and now I've created a monster. In: *The Guardian*, 02.08.2022, bit.ly/3QrX1hq (31.01.2023).

Schlozman, Steven C.: *The Zombie Autopsies – Secret Notebooks from the Apocalypse*. Grand Central Publishing, 2011.

Seligston, Tom: George Romero: Revealing the Monsters within us. In: *Rod Serling's The Twilight Zone Magazine*, 8/81.

Statista Research Department: Marburg-

Fieber – Weltweite Ausbrüche nach Fall- und Todeszahlen bis 2014. In: *Statista*, 15.11.2012, bit.ly/3fTLTKd (31.01.2023).

Stolworthy, Jacob: Danny Boyle hired retired athletes to make 28 DAYS LATER's running zombies more terrifying. In: *The Independent*, 24.4.2020, bit.ly/3nFzPQU (31.01.2023).

Tassi, Paul: Believe It or not, THE WALKING DEAD Season 11 Is the most in-demand show on earth. In: *Forbes*, 02.09.2021, bit.ly/34xLL0I (31.01.2023).

The Dead Walk – Remaking a Classic. THE NIGHT OF THE LIVING DEAD-Doku, 1999.

The Numbers: DAY OF THE DEAD, bit.ly/3n11RWO (31.01.2023).

Unbekannt: THE WALKING DEAD SEASON 4 Premiere Breaks Series Record With 16.1 million viewers. In: *AMC*, 2014, bit.ly/3gCpwZU (31.01.2023).

Unbekannt: Creating evil incarnate: The making of RESIDENT EVIL. In: *GamePro*, 4/1996.

Unbekannt: Mortality attributable to HIV infection/AIDS among persons aged 25–44 Years – United States, 1990, 1991. In: *MMWR Weekly*, 02.07.1993, bit.ly/3qnbeSz (31.01.2023).

Unbekannt: Von welcher Netflix-Serie wurden die meisten Stunden gestreamt? In: *serienjunkies.de*, bit.ly/352S5gX (31.01.2023).

Unbekannt: Zum Frühstück ein Zombie am Glockenseil. In: *Der Spiegel*, 11/1984, bit.ly/3KZIXdi (31.01.2023).

Unbekannt: Longest-running scripted american primetime television series. In: *Wikipedia.org*, bit.ly/ 366WmAd (31.01.2023).

Unbekannt: Ebola virus disease. In: *WHO Key Facts*, 23.02.2021, bit.ly/3I9dbrY (31.01.2023).

United States Strategic Command, CDRUSSTRATCOM CONPLAN 8888-11 Counter-zombie dominance operations (CONPLAN 8888), 30.04.2011, bit.ly/3KONvmx (31.01.2023).

Walters, Ben: Simon Pegg interviews George A. Romero. In: *Time Out*, 08.09.2005, bit.ly/3Imuvty (31.01.2023).

Weedon, Paul: Interview with George A. Romero, 2017, bit.ly/3FHCQGx (31.01.2023).

ZMZreloaded – Zombie Survival Labs: «Are boats GOOD in a Zombie Apocalypse?», bit.ly/3zetlOU (31.01.2023)

Titelregister

Namensregister

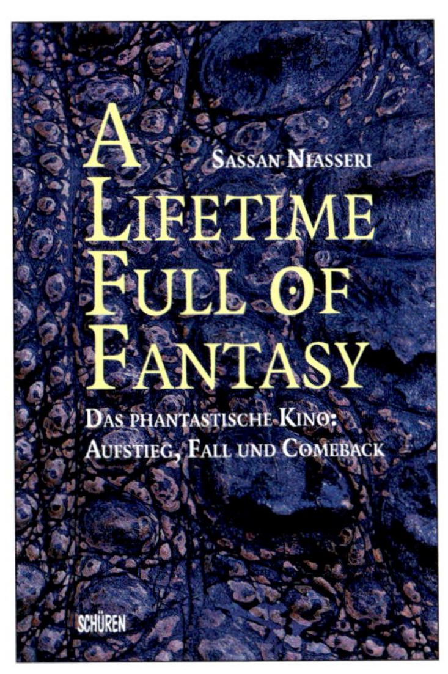

Sassan Niasseri
A Lifetime Full of Fantasy.
Das Phantastische Kino: Aufstieg, Fall und Comeback
258 S. | 85 Abb. | Pb. | € 28,00
ISBN 978-3-7410-0396-7

Sassan Niasseri widmet sich jenem Genre, das seit Beginn des neuen Jahrtausends Kino und Fernsehen dominiert wie kein anderes: Fantasy im Allgemeinen, und «Sword and Sorcery» im Speziellen, angeführt durch Der Herr der Ringe und Game of Thrones. Die erste Blütezeit des Genres lässt sich klar bestimmen. Ralph Bakshi reüssierte 1978 mit seinem Animationsfilm Der Herr der Ringe, John Boormans Artussagen-Interpretation Excalibur läutete 1981 das Zeitalter des «Sword and Sorcery» ein, und John Milius' Conan der Barbar setzte die Welle der Muskelmänner-Filme in Gang. Aber noch im selben Jahrzehnt ebbte die Welle ab. Es sollten die Werke dreier großer Filmemacher sein, die für viele Jahre das Ende der Fantasy besiegelten, weil sie als Misserfolge galten: Jim Hensons Der Dunkle Kristall, David Lynchs Der Wüstenplanet sowie Legende von Ridley Scott. Was ermöglichte nach diesem Niedergang die Renaissance der Zauberer, Drachen und Trolle am Anfang dieses Jahrtausends? Eine Spurensuche von 1978 bis heute.

www.schueren-verlag.de

SCHÜREN